CD-ROM つき&ダウンロードも!

改訂版
これなら書ける!

2歳児の指導計画

2018年度施行 指針・要領対応! & たっぷり充実の個人案・文例!

川原佐公／監修・編著　田中三千穂／執筆協力

たっぷり収録!
で
これなら書ける!

※本書の183ページを必ずお読みいただき、
ご了承のうえ、CD-ROMを開封してください。

ひかりのくに

はじめに

　2歳児では、脳は成人の大きさのおよそ5分の4ぐらいに成長し、ぽっちゃりとした赤ちゃんらしい体型から、少し引き締まり、幼児期にさしかかります。歩行が習熟しバランスがとれるようになると、転ぶことなく走り回ることが大好きになります。基本的な運動機能や、指先の機能が発達し、それに伴って食事、衣服の脱ぎ着、手洗い、うがい、掃除、かたづけといった身の回りの清潔などを、自分でする意欲を持ちます。神経支配が確かになって、排せつの自立を目ざせるようになります。

　行動範囲が広がり、探索活動が盛んになるとともに、認知と結び付いて言葉で知ったことを話したり、要求を伝えたり、イメージが豊かになって、ごっこ遊びが盛んになります。自分以外の存在がわかるとともに、友達を求めるようになり、いっしょにごっこなどを楽しめます。しかし自我の現れとして自己主張が強くなり、友達とのトラブルが発生しだします。また「じぶんで」という意識が育ち、主体性を持って行動することや、自分を言葉でコントロールする姿が見られるようになります。しかし、生活習慣の自立過程や、社会性の育ち、感情の豊かさなどは個人差が大きく、個別の配慮がますます重要になってきます。

　各園では、人数が多くなると個人案の作成は難しいと思います。月齢にとらわれず、個別の発達の姿をよく見極め、発達の近い子どもをグループ分けして、環境や配慮を考えていってもいいのではないでしょうか。専門性の向上をお祈りします。

川原　佐公

　2018年改定の保育所保育指針では、保育所は「幼児教育施設」であると明記され、今まで以上に、養護と教育が一体となった保育を展開していくことが求められています。この時期の心と体の発達は著しく、指導計画の作成においては、今、どの発達段階（P.26〜P.29）にいるかを見極めることが重要です。自分でできることが増え、発達の違いも目立ち始めるので、「個人計画」または「グループ別計画」を立案し、各人に合った方法で根気よく援助していきたいと思います。

　また、運動能力が飛躍的に発達し、指導計画には体を使った遊びを積極的に取り入れていくため、衝突・転落などに対する「安全への配慮」の欄も欠かせません。睡眠時にはSIDS(乳幼児突然死症候群)など、文字通り命の危機が日常に潜んでいます。保育現場では、乳児の睡眠中に起こるSIDSの発生を防ぐため、2歳までは睡眠チェックを行なうことが望ましいとされています。本書の「日の記録」は、SIDSのチェックを2歳児は15分に1回 観察して記録する書式にしています。このチェック表の存在は、子どもの命を守るということが1番の目的ですが、書面に残すことでSIDSによる事故が起きたときに、保育者がきちんと見守りをしていたという証ともなるのです。

　2歳児の最大の特徴は"魔の2歳児"と呼ばれ自己主張が強くなることです。園で起こりがちなのが、玩具の取り合いです。保育者は双方の子どもの気持ちを受け止めつつ、譲り合いができるように促したり、他の遊びに誘ったりするなどの「援助・配慮」を心がけましょう。そういった自分の主張を受け止められたという喜びや自信は、自己肯定感として子どもの心に刻まれていきます。その成長を間近で体感できるのは保育者冥利に尽きるのではないでしょうか？

　本書に掲載された資料は、実際の保育の現場にて記録されたものが土台とされています。日々、子どもたちの笑顔の中で、時には迷いつつも、乳児保育に"やりがい"を感じる保育者たちが記入したものとして参考にしていただけたら幸いです。

奈良・ふたば保育園 田中三千穂

本書の特長

指導計画への理解と、
子どもひとりひとりの姿の理解がより深まる1冊です！

1 個別の指導計画がたっぷり！

15人の子どもの1年間の発達を見通せる指導計画例で、
目の前の子どもに沿った指導計画を立案するヒントになります！
毎月の指導計画には、ふりかえりが付いて、
次月の計画立案もさらにわかりやすくなります！

2 書ける！ 指導計画のための工夫が満載！

巻頭ページでは、指導計画を書くための基本をわかりやすく説明！
さらに、すべての月案・個人案・日の記録には、よい表現を示し、
ひとりひとりの育ちや実践的なポイントがわかる解説付きです。
指導計画を書くこと、そして保育が楽しくなる工夫が満載です！

3 多様なニーズにこたえる計画がいっぱい！

月案はもちろん、全体的な計画や食育、避難訓練、健康支援など、
様々な計画を網羅しています。指導計画のつながりがわかります！

▶ しょうこ先生
指導計画に苦手意識があり、
わかりやすく教えて
もらえないか悩んでいる。

◀ ふくろう先生
悩める保育者のもとにかけつける
指導計画のプロ。
著者・川原佐公先生の弟子。

子どもたちのことは
大好きなんです。

指導計画のことなら
なんでもお任せ！
いっしょに学んでいこうね。

第1章 指導計画の基本

ふくろう先生といっしょに！
楽しく学ぶ！ 指導計画

第1章 項目別！立案のポイント

子どもの姿について書く！

立案のポイント：発達のポイントとなる姿をとらえる

子どもがその時期ごとに示す発達の特性や、それまでに見られなかった育とうとしている姿を特に取り上げ、記入します。

書き方のヒント！ 生活、遊びの場面からとらえよう！

→ P.8のマンガへ

記録を取る！
- 発達のポイントとなる姿
- 前月に見られなかった姿
- 成長を感じる場面
- ひとつの言動を詳しく観察する　など

例：ハイハイしているときの手足の動きは？　背骨はどうなっている？　など。

深める！
- 何を楽しんでいるだろう？
- 何に興味を持っていたのだろう？
- なぜ、何に、こだわっていたのだろう？　など

子どもの言動ひとつひとつに意味がある！　それを探ろう！

文章にしてみる！
- 抽象的な表現でなく、子どもの姿が目に浮かぶように書く。（抽象的→具体的な表現の例は次ページ参照）
- 事実（実際の子どもの姿）と、解釈（保育者の視点で感じたこと、思ったこと）を分けて書こう！

例：積み木を高く積み、「ア〜」と言って、うれしそうにしている。
（解釈）　　　　（事実）

指導計画の基本

Q 4月の初めの姿はどうとらえて書けばよいのでしょうか？

A 前年の担任や保護者とのやりとりをヒントに！
進級児の場合は、前年のクラス担任に話を聞いておき、新入園児の場合は、入園前に保護者とやりとりをしておきます。そのうえで予想をたてながら、4月の初めの姿を実際に見て記入するようにしましょう。

 抽象的 ➡ 具体的に書こう！

抽象的		具体的
●手づかみでこぼしながら食べている。	▶	●スプーンを持っているが、手づかみで口に運ぶこともあり、こぼしながらも自分で食べている。
●眠くなると特定のサインを見せている。	▶	●耳をかいたり目をこすったり、眠くなると保育者に決まった動作で知らせる。
●靴の脱ぎ履きをひとりでできない。	▶	●靴に足を入れることはできているが、かかとの部分を引っ張って足を全部入れることは、保育者に手伝ってもらいながらしている。
●おしぼりを渡すとふいている。	▶	●食後おしぼりを渡すと、汚れた手を自分でふき、にっこりと笑っている。
●ハイハイして移動している。	▶	●両手とひざを床に着け、おなかを浮かせながらハイハイして前へ進んでいる。
●両手で持ったものを打ち合わせている。	▶	●両手に持った玩具を打ち合わせて鳴らし、喜んでいる。
●「いないいないばあ」を喜んでいる。	▶	●保育者が「いないいないばあ」をすると、手をたたいて喜んでいる。
●指さして、声に出して知らせようとしている。	▶	●知っているものを指さして、保育者に「ワンワン」などと言って知らせようとしている。

第1章 項目別！立案のポイント

ねらい について書く！

立案のポイント　育とうとしているところ ＋ 保育者の願いで

子どもの姿から読み取れる、育とうとしているところに、保育者の願いを込めてねらいをたてます。発達のことや月齢、季節も考慮したうえで作成しましょう。

→ P.9のマンガへ

書き方のヒント！ よく使う文末表現

指針、教育・保育要領のねらいの文末表現を特に抜き出しました。「感覚が芽生える」や「〜を感じる」「関心をもつ」というように、この時期に「できる」ということを目指すのではなく、今後育っていった際の、「力の基盤を養う」ことを大切にしましょう。

0歳児
- 〜する心地よさを感じる。
- 〜をしようとする。
- 〜の感覚が芽生える。
- 喜びを感じる。
- 〜に興味や関心をもつ。
- 〜に自分から関わろうとする。

例
- ゆったりとした環境の中で、保育者や友達と共に過ごす喜びを感じる。
- いろいろな食材を進んで食べ、食べることにも興味や関心を持つ。

1歳以上3歳未満児
- 〜を楽しむ。
- 〜しようとする気持ちが育つ。
- 〜する心地よさを感じる。
- 〜に気付く。
- 〜に興味や関心をもつ。
- 〜を味わう。
- 〜が豊かになる。

例
- 進んで友達や保育者と体を動かすことを楽しむ。
- 保育者と関わる中で、自分なりに思いを表現しようとする。
- 身近な自然物に関わりながら、様々なものに興味や関心をもつ。

指導計画の基本

内容 について書く！

立案のポイント　「ねらい」を達成するための子どもが経験する事項

ねらいに向けて、子どもがどのようなことを経験する必要があるかを考えて、内容をたてます。

→ P.10のマンガへ

ねらいを達成するための
- 保育者が適切に行なう事項
- 保育者が援助して子どもが環境にかかわって経験する事項が内容です。

決して保育者側からの押し付けにならないように、「子どもがみずからかかわって」経験できるように考えましょう。

書き方のヒント！　よく使う文末表現

ここでも、指針、教育・保育要領の文末表現から抜き出しています。参考にしましょう。5歳の修了時も念頭に置く一方で、この乳児期に必要な「気持ちの芽生え」や「意欲の育ち」などを大切に考えていきましょう。

0歳児

- 生活をする。
- 体を動かす。
- 楽しむ。
- 過ごす。
- やり取りを楽しむ。
- 意欲が育つ。
- 気持ちが芽生える。
- 豊かにする。
- 見る。
- 遊ぶ。

例
- 保育者や友達と室内で体を動かす。
- 保育者に見守られて、安心して過ごす。
- 型はめなど、指先を使って遊ぶ。

1歳以上3歳未満児

- 生活をする。
- 楽しむ。
- 身に付く
- 自分でしようとする。
- 感じる。
- 過ごす。
- 遊ぶ。
- 気付く。
- 育つ。
- 親しみをもつ。
- 興味や関心をもつ。
- 使おうとする。
- 聞いたり、話したりする。
- 体の動きを楽しむ。
- 自分なりに表現する。

例
- 保落ち葉やドングリに親しみをもつ。
- 簡単な衣服の脱ぎ着を自分でしようとする。
- パスや絵の具で、自分なりに表現する。

第1章 項目別！立案のポイント

環境づくり について書く！

立案のポイント 子どもがみずからかかわれるように

ねらいや内容を達成するために、どのようにすれば子どもがみずからかかわるか、具体的な方法を考えましょう。

→ P.12のマンガへ

書き方のヒント！ 人的環境
子どもによい刺激を与えることで発達を助長します。

保育の現場では

- 保育者 ……… 保育者が率先して遊んで、楽しんでいる姿を見せる。
- ほかの子ども ……… 意欲的に食べる子とそうでない子を並べる。
- 保護者、兄弟 ……… 保護者、兄弟への信頼・安心感を伝える。
- 異年齢の子ども ……… あこがれを抱くことができるふれあう機会をつくる。
- 地域住民 ……… 敬老の日などに、地域の高齢者とかかわる。　など

人的環境と援助の違いは？

人的環境 子どもによい刺激を与える	援助 子どもの思いを受け止めてかかわる
保育室で保育者がピアノをひとりで弾いて歌っているときに子どもが近づいてくる場面	ひとりで歌っている子どもに気づいた保育者がピアノ伴奏をつけている場面

 例 季節の歌を弾き、子どもといっしょに歌えるようにする。

 例 子どもが歌っているときにはピアノ伴奏をつけ、歌への興味が増していけるようにする。

指導計画の基本

気になるこんな Q&A

Q 初めにたてた環境と子どもの姿がずれてしまったらどうしたらよいのでしょうか。

A 子どもに寄り添って環境の再構成を。
活動の途中で子どもの興味・関心が変わったり、夢中になってかかわり、物が足りなくなったりすることがあります。柔軟にとらえ、必要に応じて物の補充を行なったり、コーナーを作っている場合はその内容を変更したりするなど、子どもに寄り添いながら再構成しましょう。また子ども自身で環境を発展させていけるようにしておくことも重要です。

書き方のヒント！ 物的環境
大きく、生活のための環境と、遊びの環境に分けられますが、一体化している場合もあります。

生活
日々の生活を快適に過ごせるように、生活習慣の自立に向けて子どもが自分からしたくなるように、環境を構成するようにしましょう。

例
- スプーンとフォークを用意しておき、自分で選んで食事できるようにしておく。
- ひとりでパンツやズボンの脱ぎ着をできるように、低い台を用意しておく。

遊び
子どもたちは遊びを通して多くのことを学びます。環境に意欲的にかかわっていけるように、発達に合った環境を用意しましょう。

例
- 巧技台やマットを用意しておき、広い環境で存分に体を動かせるようにする。
- コーナーに人形などままごとの道具を準備しておき、ごっこ遊びを十分に遊び込めるようにする。
- のびのびとなぐり描きを楽しめるように、四ツ切の画用紙を用意しておく。

書き方のヒント！ 空間・雰囲気
人的環境と物的環境が互いに関係し合いながら、総合的につくり出すようにします。

例
- にっこりと温かい笑みでかかわることを心がけたり、家庭で慣れ親しんだ玩具を持ってくることができるようにしたりして、ゆったりとした温かい雰囲気をつくる。

書き方のヒント！  時間
時間配分を考えたり、子どもがひとりでする時間を取ったりするのも環境のうちです。

例
- 着替えに時間がかかっても、自分でしようとする姿を大切にし、ゆったりとひとりで着替えられる時間を取るようにする。
- 戸外で体を動かして遊んだあとは、ゆったりと汗をふいたり水分補給をしたりできるような時間を取る。

書き方のヒント！ 自然事象
季節によって変わる自然事象にふれられるように心がけましょう。

例
- 落ち葉やドングリなどにかかわって遊べるように、たくさん落ちている場所を事前に確認しておく。

第1章 項目別！立案のポイント

保育者の援助 について書く！

立案のポイント：子どもの育ちを支える手助けを

子どもに寄り添い、受容したり共有したり共感したり、必要に応じて働きかけることが援助になります。

→ P.14のマンガへ

書き方のヒント！ 0・1・2歳児保育で特に重要な援助

子どもの主体性を育てるために、0・1・2歳児のころに特に大切にしていきたい援助として以下のものが挙げられます。

	例
●子どもの行動をそのまままねて返す。	○子どもがほほを触りにっこり笑うなどのしぐさをしたときに、保育者も同じようにほほを触って笑い、まねて返す。
●子どもの発した音声や言葉をまねて返す。	○「アー」と子どもが喃語を発したとき、思いを十分に受け止めてかかわり「アー」と返すようにする。
●子どもの行動や気持ちを言葉で表す。	○友達と玩具の取り合いになり、手が出てしまったときには、「玩具が欲しかったんだね」と子どもの思いを言葉にして返す。
●大人の行動や気持ちを言葉で表す。	○手を洗うとき、黙って洗わずに保育者が「ああ手を洗うと気持ち良いな」と言葉にしながら手を洗うようにする。
●子どもの言い誤りを正しく言い直す。	○戸外へ出るとき、靴を「クチュー」と言ったときには「そうね、靴ね」と優しく語りかけながら、ひとりで履こうとするようすを見守る。
●子どもの言葉を意味的、文法的に広げて返す。	○散歩のとき、車を指さして「ブーブー」と言うと「車だね、速いね」と子どもの思いを認める。

指導計画の基本

Q 介助と援助と指導の違いは？

A かかわり方に違いがあります。

介助は子どもがひとりでできずに手助けを必要とするときに直接助けて解決すること。援助は子どもが環境にかかわって行なっている活動の過程で、必要に応じて働きかけていくことです。指導はより広い意味を持ちます。つまり子どもが発達に必要な体験を得ることを促すために、適切に行なう保育者の営みすべてを指します。

書き方のヒント！ 援助の手だて9つと文末表現のヒント

	援助の具体的な手だて	子どもの心に育つもの	文章表現のヒント
受容	● 大人の考えで評価せず、子どもの価値を丸ごと受け入れる ● 子どもの小さなつぶやきも、聞き逃すことなく聞き取る ● 子どもが「何をしたいのか」「何をしようとしているのか」ということを探る ● 子どもを信じて、温かいまなざしで見守る ● 子どもの関心、好奇心を見守り受け止めていく ● ひとりひとりの発達のようすを把握し、子どもの内面を理解し受け止める ● 気後れしている子に対しては、そっとひざに抱いたりして、優しく受容する	● 子どもの心が開放される ● 自分を見てくれているという安心感、愛情を感じる ● 子どもの感情や生活を豊かにしていく	例 ● 〜見守る ● 〜受け止める　など
共有	● 行動の共有 ● 視線の共有 ● 指さしの共有 ● 音声の共有 ● 感情の共有	● 子どもの心が安定して信頼関係が生まれる ● コミュニケーションが図れる ● 子ども自身が自分の存在感を感じることができる	例 ● 子どもと同じ動きをする ● 子どもと同じほうを見る ● 子どもと同じほうを指さす ● 子どもと同じ言葉を言う　など
共感	● 感情を共にする ● 子どもと同じ目線に立ち、子どもの感じていることをそのまま感じ取る	● 心を通わせ、信頼関係が生まれる ● 大人との共感関係で自信を持つようになり、心豊かになる ● 同じイメージを持って遊ぶことで、遊びが持続し発展していく	例 ● 子どもがびっくりしたとき、「びっくりしたねぇ」と言いながら共感する　など
承認・認める	●「○○のところがいい」と具体的に褒める	●「これでいいんだ」と自信が持てる	例 ● 子どもがちょっとした段差を跳べたら「○○ちゃん、跳べたね。すごいね」と褒める　など
支援	● 目的を持ち、子どもにとって有益な支持をする ● しゃべりすぎない	● 子ども自身の行動目的がはっきりする	例 ● 子どもと視線を合わせてうなずく　など
誘導・提案	● 子どもに考える余地を残して働きかける ● 子どもが言葉で返せるように引き出していく ● 子どもが迷ったり、つまずいたりしているときは、子どもみずから、答えが出せるようにかかわる ● 遊びに取り組んでいる過程を大切にし、子ども自身が考えて遊べるように誘導しすぎないようにする。結果を気にしない	● 子どもに気づかせることができ、遊びが発展する ● 自分で考えて行動できるようになる	例 ●「○○くんは、どうしたいかな？」と問いかける　など
疑問・質問	● 保育者はわかっていても考えるチャンスを与える ● 年齢に応じて、単純でわかりやすい言葉にする ● 年長児には、子どもの中に疑問を投げかける。反論することが効果的	● 考えるきっかけをつくり、創意工夫が生まれる	例 ●「これって、どうするんだっけ、教えて！」と投げかける　など
物的補充	● 活動している過程で、子どもが必要としているものをタイミングよく補充していく	● 必要な物を補充していくことで遊びが発展する	例 ● 欲しそうにしている色の折り紙をそっと見える場所に置く　など
成就感・達成感	● 困難にぶつかっているとき、思いを受け止め、解決の糸口を与える	● やった！　できた！　という思いを味わう	例 ● おイモの色がない…と困っている子どもといっしょに、絵の具を混色して納得できるまでつき合う　など

© 川原佐公

第1章 項目別！立案のポイント

評価・反省・課題 について書く！

立案のポイント：ねらいと、子どもの育ちとみずからの保育の振り返り

たてた計画に対して、ねらいを達成できたか、そして子どもがどのように育ったか、みずからの保育はどうであったか、という視点から振り返ります。

書き方のヒント！ ポイントをしぼって振り返ろう！

- **ねらいに照らして反省する**
  みずからたてたねらいが子どもの発達に合っていたか、その時期に適切なものであったかを振り返ります。

- **子どもの育ちとみずからの保育を振り返る**
  子どもが1か月でどのように育ったか、また立案した環境や援助に基づいてどのように保育を進められたか振り返ります。

例
- ●ねらい
  ○友達や保育者とふれあって遊ぶことを楽しむ。
- ●評価・反省・課題
  ○隣で同じ遊びをしている子どもに「○○ちゃんも遊んでるよ」と仲立ちをしたことで、友達とかかわって遊ぶ姿が見られるようになってきた。これからも、子どものようすを見ながら、友達関係が発展していくように仲立ちやことばがけをしていきたい。

質の向上のスパイラル

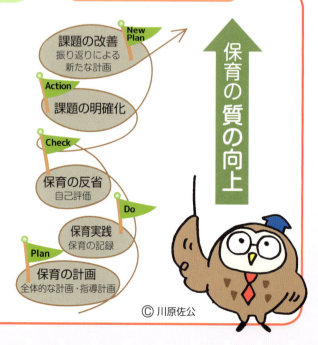

保育の質の向上

- New Plan — 課題の改善（振り返りによる新たな計画）
- Action — 課題の明確化
- Check — 保育の反省（自己評価）
- Do — 保育実践（保育の記録）
- Plan — 保育の計画（全体的な計画・指導計画）

© 川原佐公

指導計画の基本

健康・食育・安全　毎月の保育の中で大切にしたいことを具体的に

これらの項目は、別に計画をたてることもありますが、毎月の保育の中で特に大切にしたいことを記入していきます。季節ごとにふれておきたい事柄や、クラス全体で留意していきたい事柄にふれます。

例
○朝夕の気温が低くなったこともあり、頻尿の子どもがいるので、室温・湿度を調節する。また、くしゃみや鼻水の出る子に注意し、適切なタイミングで排尿を促すようにする。

保育者間の連携　役割の確認や個別の配慮事項の確認から

複数担任制を敷く乳児保育では特に連携が求められます。それぞれの人員の役割の把握や、共通認識するべき事柄について記入します。

例
○保育者間で、子どもたちの排尿のサインについて共通理解をしておき、同じかかわりができるようにする。

家庭・地域との連携　保護者や地域との共育ての思いで

保護者との信頼関係を築き、保護者への支援と、保育への理解を深めてもらうとともに、＊エンパワメントを支援していくことが目的です。

例
○排せつの自立について保護者にも伝えながら、家庭と連携して支援をしていく。

※エンパワメントとは、保護者が就労などみずからの生活を創りあげていけるようなしくみを指します。

第1章 項目別！立案のポイント

書き方のコツ

指導計画を書くうえで、押さえておきたい実践的な書き方のルールから、より書きやすくなるためのヒントまで、全体にわたって活用できる8つの項目をご紹介します。

1 子ども主体で書く

「させる」という表現を使うと、保育者主導の従わせる保育のニュアンスが強まってしまいます。子どもがみずから環境にかかわって保育するためにも、子ども目線の文章を心がけましょう。

ねらい ✕ 夏の自然に触れさせ、興味や関心を持たせる ➡ 〇 夏の自然に触れ、興味や関心を持つ。

2 現在形で書く

指導計画はその月のその時期の子どもの姿をイメージして書くものです。ですが、すべて現在形で書くようにします。

内容 ✕ パスでのびのびとなぐり描きをするだろう ➡ 〇 パスでのびのびとなぐり描きをする。

3 子どもを肯定的にとらえる

子どもの姿をとらえるとき、「〜できない」とばかり書くのではなく、「〜はできるようになってきた」など、プラス視点でとらえることを心がけましょう。子どもがどこまでできるようになってきたかを見る目も養えます。

子どもの姿 ✕ ズボンをひとりではくことができない ➡ 〇 ズボンに足を入れるようになっているが、おしりまで引き上げるのは保育者に手伝ってもらいながらしている。

4 目に浮かぶように書く

保育を進めるためにはある程度の具体性が必要です。子どもの姿を見極めてもう少し詳しく書くことで、子どもの姿を書きやすく、ねらいをたてやすく、援助を考えやすくなります。

子どもの姿 ✕ 積み木で遊んでいる ➡ 〇 積み木を高く積み、「ア〜」と言ってうれしそうにしている。

5 前の月の計画を参照する

前の月の計画は子どもの育ちを知るための重要な手がかりです。発達の連続性を踏まえて、子どもの育ちにつなげましょう。

6 より大きな計画を参照する

全体的な計画や年の計画など、より長期で子どもの姿をとらえた計画を参照し、月の計画に下ろしていくことが大切です。

7 子どもの24時間の生活を考慮する

当然ながら家庭での生活と園での生活は不可分のものです。例えば家庭で寝ている時間が短い子には園では午睡の時間を長く取るよう配慮するなど、24時間を見通していくことが求められます。

8 ひとりひとりの体調、性格、成長・発達のテンポをとらえる

ひとりひとりに合わせた計画を立案するためには、個別の特徴をしっかり把握しておくことが欠かせません。時には前年の担任保育者にも確認することも必要です。

第1章 よくわかる！指導計画の全体

指導計画作成の流れ

子どもたちの実態を把握し、発達と保育内容を見通して、指針、教育・保育要領に寄り添いながらそれぞれに計画を立案します。

指針、教育・保育要領をもとに

0歳児　1歳児　2歳児　3歳児　4歳児　5歳児

全体的な計画 （0〜5歳児）

入園から卒園までを見通して、保育の目標に向けてどのような道筋で保育を進めていけばよいか、園全体で考えます。いちばん長期的な視点を持った計画だね。

年間計画 （4月〜3月）　　　　### 月案 （月初〜月末）

1年間の発達を見通しながら、年齢別に作成します。1年をいくつかの期に分けて、ゆるやかに全体的な計画でたてた内容の達成を目ざします。

いちばん実践に近い具体的な計画です。その月の子どもの生活の流れを見通して作ります！ 日々の保育をイメージしながら具体的にねらいや内容を考えていきます。

右ページの基本のきを見ると、全体がもっとよくわかるよ！

指導計画基本の き

指導計画の基本

全体的な計画が、園の指導計画とどのような関係性になっているか図解で説明します。

※認定こども園の場合は、教育・保育要領を参考にしながら全体的な計画を立案していきます。

©川原佐公

第1章 よくわかる！指導計画の全体

全体的な計画
P.40〜45 参照

立案のポイント　園生活でどのように育つかを示す

入園から卒園までの保育期間に、在園する子どもの成長の見通しを持ち、目標に向かってどのような道筋で保育を進めていくかを示した全体計画です。

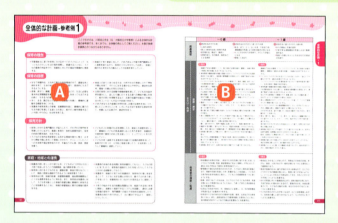

A　保育理念、目標、方針

児童福祉施設としての保育所の社会的機能や役割を押さえ、どのような姿を目ざすか目標を明確にし、どのような方法で運営するか保育の基盤となる考えや姿勢を記入していきます。

B　ねらい・内容

保育理念を念頭に、また発達過程を踏まえたうえで、保育者の願いとしてねらいを設定します。保育の養護のねらいと教育の3つの視点・5領域のねらいは分けずに、相互に関係しながら展開できるようにします。

※本書では保育所における全体的な計画の根幹となる部分を掲載しています。

●認定こども園では

3歳以上児の教育課程に係る時間、保育を必要とする子どものための計画や、一時預かり事業など子育て支援の内容も含めた、教育及び保育の内容並びに子育て支援等に関する全体的な計画を作成します。これらは、個別に作成するのではなく、一体的に作成します。

指導計画の基本

年の計画

P.46～47 参照

立案のポイント 1年間で子どもの育ちをとらえる

1年間の発達を見通して、それぞれの発達の時期にどのような保育内容にしていくかを、書きます。月案作成のよりどころになります。

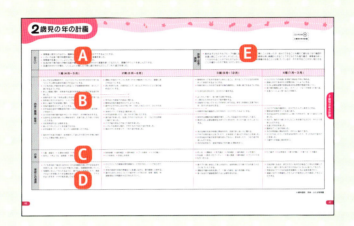

A ねらい
入園から修了までの発達を見通したうえで、その年齢の中で1年の間に育てたい目標を記入します。

B 期のねらい・内容
この時期に育てたいことを、全体的な計画を念頭に置き、子どもの前の時期の姿と次の時期の姿とを見通したうえで設定します。

C 行事
その時期ならではの留意する点を記入します。

D 家庭との連携
時期ごとの保育内容に応じて、地域や家庭と連携していく事柄を記入します。年間を通して共育てを目ざします。

E 評価・反省・課題
実践したうえで、1年間の子どもの育ちや、保育者がたてたねらいが適切であったかを振り返ります。翌年の子どもの育ちや、指導計画の改善に生かします。

Aのねらいと、Bの期のねらい・内容は、Bのほうをより具体的に書きます。

第1章 よくわかる！指導計画の全体

週案的要素を含む 月の計画

4月はP.50～53参照
（4月～3月の各ページに掲載）

立案のポイント　月の中で具体的に子どもの育ちを考える

その月における子どもの生活の流れを見通して作成します。子どもが充実した生活を送ることができるよう、具体的なねらいや内容、環境の構成、援助を考えていきます。特にひとりひとりの発達に大きな差のある低年齢児保育については、個別に指導計画を立案することが求められます。

月案
クラス全体として留意したい点も含めてまとめています。

A 今月のねらい（クラス）
クラス全体での今月のねらいは、クラス全体でどのようになってほしいか、方向性を記入します。

B 前月の子どもの姿（今月初めの子どもの姿）
前月末の子どもの生活する姿の記録を読み返し、これまでには見られない今の時期に特に現れてきた姿をとらえて記入します。ひとりひとりの姿をつぶさにとらえることがよりよいねらい・内容の立案につながります。

C ねらい（個別）
前月末の子どもの姿から見えてくる子どもの育とうとしていることに、保育者の願いを込めてねらいをたてます。上記 A のクラスのねらいともつながっていきます。

D 内容
ねらいを達成するために、保育者が適切に指導する事項と、子どもが環境にかかわる中で経験したい事柄を記入します。

E 環境づくり
ねらいや内容を実際に経験できるように、子ども自身がかかわりたくなるような場や空間、人や物、自然事象をとらえて環境を構成します。月の半ばでも、子どもの気づきを取り入れて、再構成していくことも求められます。

F 保育者の援助
子どもがみずから主体的に活動できるように、保育者の具体的なかかわりを書きます。

指導計画の基本

●認定こども園の2歳児クラスでは

満3歳以上では、保育時間によって1号認定子どもと2号認定子どもに分かれます。多様な子どもの姿が生まれますが、そういった際に無理なく保育を進められるように各担当者間で話し合っておきましょう。

個人案

より多様な個別の指導計画の例としてさらにページを設け、計15人の計画を掲載しています。

G 子どもの発達と評価・反省・課題

ひと月の保育を終えて、子どもがどのように育ったか、またねらいに対してみずからの保育がどうであったかを評価・反省し、翌月以降の計画に生かします。

H 健康・食育・安全

心身の発達がまだ十分でない0・1・2歳児にとっては、健康・安全への配慮の記載が重要です。また、食育についても、その月に特に留意したい点を記入します。

I 保育者間の連携

複数担任で行なう0・1・2歳児保育では、特に保育者間の連携が欠かせません。また、調理担当者など園職員との協働にも留意します。

J 家庭・地域との連携

保護者との「共育て」が求められる乳児保育では、保護者への支援や家庭と連携してよりよい保育を進めていくための内容を記入します。

週案的要素を含む

K クラスの生活と遊び（環境・配慮）

ひと月を4週に割り、月の計画と合わせて週案的な要素も持ちながら、保育を具体的に見通していきます。月齢の近い子どもをクラス集団で見通しています。

週案的要素を含む

L クラスの行事・生活・遊びの計画

その月の保育でどのようなことをするかイメージし、またねらいを達成するためにどのような遊具などが必要か、保育資料としても活用します。

よくわかる！指導計画の全体

日の記録

4月はP.57参照
（4月～3月の各ページに掲載）

立案のポイント 保育と指導計画の質の向上のために

指導計画ではありませんが、毎日の保育を記録することは毎月の指導計画の改善につながります。

A 健康状態のチェック

朝の体温や与薬がある場合は忘れずに記載をします。

B 食事・排せつ・睡眠

食事、排尿・排便、どの時間まで寝ていたかなど、記録します。

C SIDSチェック

園としてSIDS（乳幼児突然死症候群）防止への対応が必要です。睡眠中には0歳児は5分に1回、1歳児は10分に1回、2歳児は15分に1回チェックしましょう。

D 主な保育の予定

登園時・降園時に留意したい点や、その日のねらい・環境づくりについて、月案に沿って考え、記入します。

E 保育の実際と評価・反省・課題

その日の保育について、健康観察で異状があれば記入し、養護・環境づくり・援助の視点からその日の保育がどうだったか、振り返ります。

月齢の近い6人を1グループとしてまとめてとらえて、環境づくりや反省をしているよ。

指導計画の基本

その他の保育にかかわるさまざまな計画

P.169〜参照

立案のポイント：園生活全体をとらえて

全職員で共通理解を持ったり、家庭や地域と協力したりしながら立案します。

施設の安全管理

保育中の事故防止を目的に、保育室内外の安全点検が求められます。全職員で共通理解を持つためにも、特に気をつけておきたい項目について、チェックリストを作成しておくことは有効です。

健康支援

ひとりひとりの子どもの健康の保持及び増進に努めるために、日々の健康観察や、家庭・嘱託医と連携して行なう内容についても、把握しておくようにしましょう。

避難訓練

火災や地震などの災害発生に備えて、園全体で避難訓練を実施したり、職員の役割分担について把握したりすることが重要になります。日常の防災教育では、子どもが自分で「災害時に取るべき行動を知り、身につける」ことをねらいに進めましょう。

食育

乳児期にふさわしい食生活を展開できるように、食育の年間計画に加え、調乳やアレルギーへの対処など、食事の提供も含めて計画するようにします。

子育て支援

保育所に通所する子どもの保護者に対する支援も必要ですが、地域での子育て支援の拠点としても、保育所の役割があります。そしてどのようなことを実施するか、計画をたてます。

第1章 指導計画 作成のヒント！

0〜3歳の発達を学ぼう 〈生活編〉

0・1・2歳児の場合、特に生活面での発達の理解が大切です。この見開きでは、いわゆる5大生活習慣といわれる5つの面から、3歳ごろまでの成長・発達の主な特徴を挙げています。

		おおむね6か月		おおむね1歳
排せつ	●膀胱に尿が一定量たまると、しぜんに排尿が起こる（7か月ごろまで） ●お乳を飲むたびに排せつする ●オムツがぬれると泣き、替えてもらうと泣きやむ ●1日の尿回数が減り、1回の量が増す 小便 1日 約10〜20回 大便 1日 約1〜4回	●食事と排せつの間にはっきり間隔が生じる ●排尿の時刻が一定化していく ●投げ座りができるようになり、オマルに座っても安定する		●排せつの間隔が定まってくる（1日に10回程度） ●オムツを取ると喜ぶ 
食事	●2〜3時間ごとに1日7〜8回の授乳（1回の哺乳量は約120〜150cc） ●スープ状のものが食べられる（ゴックン期） →おかゆ、野菜の裏ごしが食べられる	●舌でつぶして食べる（モグモグ期） 	●下から歯が生えてきて歯と歯茎で食べる（カミカミ期） ●離乳食が完了してくる 	●好き嫌いや味の好み、食べ方がはっきりしてくる ●スプーンは持っているものの手づかみで食べることが多い
睡眠	●1日に20〜22時間寝る ●日中3〜4回の睡眠を取る。睡眠リズムはひとりひとり異なる ●昼夜の区別がつくようになり、ぐずらないでぐっすり眠れるようになる	●全体の睡眠時間が13〜15時間くらいになる ●寝返りができるようになる 	●眠たくなるとぐずったり、しぐさで知らせたりするようになる	●夜間の睡眠時間が9時間30分、全体の睡眠時間は12時間くらいになる ●耳をかいたり、目をこすったりと、眠くなる前にその子なりの決まった動作をする
衣服の着脱	●ぬれたオムツが冷えると、不快に感じて泣く 	●肌着やオムツを替えてもらいながら、大人とスキンシップすることを喜ぶ ●脱ぐことのおもしろさを知る 		●自分からそでに腕を通したり、パンツに足を通したりする ●脱いだ衣服を、自分のロッカーやカゴの中に入れる ●パンツをひとりではこうとする 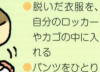
清潔	●いやがらずに顔をふいてもらう ●新陳代謝が激しく、発汗が目だつ 	●母体免疫が薄れて、病気にかかりやすくなってくる ●皮膚がカサカサしたり、発疹が出やすかったりする 	●目の前の物をパッとつかみ、口に持って行く ●何でも口に入れる ●おしぼりを渡すと口や顔に持って行き、ふこうとする	●自分の歯ブラシがわかり、口の中に入れて動かす

指導計画の基本

※あくまでもめやすです。発達には個人差があります。

おおむね1歳6か月

- オムツが外れている子どももいる
  - トイレに興味を持ち、他児のしているようすを見る
  - 漏らすと「シーシ」「夕、夕」と伝えにくる

- 口の中で食べ物を舌で動かしながら、奥のほうへ持って行く
- 器に残っている食べ物をスプーンで寄せ集めて、ひとりで食べ終える子もいる

- 2回寝から1回寝になる

- 帽子をかぶったり、ミトンの手袋をはめたりする

- 衣服が砂や泥などで汚れたら払おうとする

おおむね2歳

- 大人が付き添えば、ひとりで排せつできる

- 食べさせようとすると「ジブンデ」と言う
- スプーンやフォークをじょうずに使えるようになる
- はしを持って食べられるようになる

- 昼寝の途中で目覚めても、続いて眠ることがある
- 一般的な睡眠時間のめやすは、1日11〜12時間、うち午睡は1〜2時間になる
- 「おやすみ」とあいさつをして寝る

- 脱ぐことをおもしろがる
- 自分で時間をかけてでも着ようとする
- 衣服の前後、表裏がわかってくる
- 脱いだ物を、自分できちんと畳んで、決められた場所にしまう

- 手が汚れるとふいてもらいたがる
- 不潔、清潔の違いがわかる
- ブクブクうがいをする

おおむね3歳

- 大便はほとんど漏らさなくなる
- 遊んでいて、尿を漏らしてしまうことがある
- 排便後、便器に水を流し、手を洗い、ふく

- 「トイレまでがまんしてね」と言われ、しばらくがまんできる

- 食前・食後のあいさつをして食べる。
- 食事前のテーブルをふいたり、食器を運ぶなどの手伝いを喜んでしたりする

- ひとりで眠ることができるようになる
- ひと晩中、ずっと眠るようになる

- 友達と寝ることを喜ぶ

- 大きなボタンを留め外しする
- 鏡の前に立って、声をかけられると身だしなみを整える
- 服の好みがはっきりとしてくる
- 裏返った衣服を表に返す

- 短いガラガラうがいをする

- せっけんを使ってきれいに手を洗う
- 手の指をくっつけて水をすくい、顔を洗う

※弊社刊『発達がわかれば保育ができる!』(川原佐公・著)より変更を加えつつ掲載

第1章 指導計画 作成のヒント！

0〜3歳の発達を学ぼう　遊び編

生活にももちろんかかわってくるところでもありますが、この見開きでは遊びなどを考えるときに参考になる5つの面について0〜3歳の成長・発達の主な特徴を挙げています。

	おおむね6か月		おおむね1歳

運動機能
- 動く物に反応して顔を向ける
- 腹ばいで頭を持ち上げる
- 把握反射（手に触れた物をつかむ）を行なう

- 足を投げ出し、投げ座りをする
- 玩具を一方の手から他方の手へ持ち替える
- ハイハイをする

- 伝い歩きを始める
- きちんと1本の指を立てて指さしをする
- ひとり歩きを始める
- くぐる、またぐ、段を上る、下りる、などの簡単な運動をする

表現活動

（造）は特に造形に関するもの
（音）は特に音楽に関するものです

- 身の回りのさまざまな物に触れたり、口に入れたりして感触を楽しむ
- 玩具を握った手を振ると、もう一方の手も振る

- 物を引っ張ったり、つまんだりする

- 両手に持っている物を打ち合わせる（音）
- 楽しいテンポの曲を聴くと体を揺する（音）

- 紙を破って遊ぶ（造）
- シールはりを楽しむ

人とのかかわり
- 身大人の顔を見るとほほ笑み、なくなると泣く
- 「いないいないばあ」を喜ぶ

- 不快が、怒り・嫌悪・恐れに分化する
- 人見知りが始まる

- 愛情が大人に対して表れ始める
- 「いや」という言葉を使うようになる

言葉の獲得
- 泣き声が自分の快・不快の気持ちを訴えるような発声になる
- 音節を連ね、強弱、高低をつけて喃語をしゃべる

- 多音節、母音が出る（アバアバ、アウアウ）
- 喃語で大人とやりとりをする

- 「ブーブー」「マンマ」など、一語文で話す
- 片言で話そうとする
- 名前を呼ばれると返事をする

概念形成
- 動く人や物を目で追う
- 人の声や音のする方向に首を回す

- 目と手が協応するようになり、目についた物を取ろうとする。手に持つとよく遊ぶ
- 大人が指さしたほうを見る

- 見慣れた玩具がなくなると気づく
- 指さしが増える
- 自分のマークがわかる

指導計画の基本

※あくまでもめやすです。発達には個人差があります。

おおむね1歳6か月

- コップの水を違うコップに移す
- でこぼこ道を転ばずに歩く

- フェルトペンやパスなどを使い、腕全体を動かして線を描く（造）

- 人形やぬいぐるみを抱き締めて愛情を示す

- 知っている物の名前を指さしたり、言葉で言ったりする
- 「マンマちょうだい」など二語文で話す
- 絵本などに出てくる簡単な繰り返しのせりふを模倣する

- 色に興味を持ち、同じ色の物を集めて遊ぶ
- 冷たさや熱さがわかる

おおむね2歳

- 段（低め）から飛び降りる
- 容器のふたを開ける

- 立方体5〜6個を積む（造）
- ハサミで1回切りをして喜ぶ（造）
- のりを使って大きい紙に小さい紙などをはる（造）

- 何かを見せようとして人を引っ張る
- 「みててね」の言葉が多くなる
- 自己主張が始まる
- 生活の中の簡単な決まりを守ろうとする

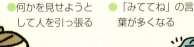

- 盛んに「なに？」と質問をする
- 三語文が出始める（「パパ　かいしゃ　いったね」）
- 日常の簡単なあいさつをしようとする

- 大人の喜怒哀楽の表情がわかる
- 物の大小、量の多少がわかる
- 3原色（赤、青、黄）の名前がわかり、正しい色を示す

おおむね3歳

- 転ばずにバランスを取って走る
- ひもに大きめのビーズを通す
- 片足で着地（ケン）をし、両足を開いて着地（パー）を1回する
- 土踏まずができてくる
- 鉄棒のぶら下がりを少しの間する
- 三輪車をこぐ（ペダルを踏む）

- 水平の線、十字形、丸を描く（造）
- 経験したことや想像したことを描く（造）
- "頭足人"を描く（造）
- フィンガーペインティングを楽しむ（造）
- 簡単な童謡を最後まで歌う（音）

- けんかを通して譲り合いや思いやり、自己抑制力などを身につけていく
- 喜怒哀楽のほとんどの感情が出そろう
- 気の合う友達ができる
- 「なんで」と質問が多くなる

- 「ぼく」「わたし」の一人称や「あなた」の二人称を理解し使えるようになる
- 保育者や友達の話を、興味を持って最後まで聞く
- ごっこ遊びの中で、日常会話を楽しむ

- 丸、三角、四角などの名前がわかる
- 10くらいまで数唱できるが、計数は5くらいから乱れる
- 上下前後の空間把握ができる
- 長い・短い、大きい・小さい、強い・弱いという対立関係の概念ができる

※弊社刊『発達がわかれば保育ができる！』（川原佐公・著）より変更を加えつつ掲載

第1章 指導計画 作成のヒント！

指針、教育・保育要領から ねらい・内容をチェック！

保育所保育指針と、幼保連携型認定こども園教育・保育要領では、乳児と、1歳以上3歳未満児のねらいがほぼ共通の表現です。じっくり読んで、指導計画に生かしましょう。

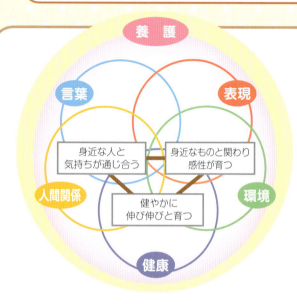

0歳児

ア 健やかに伸び伸びと育つ
健康な心と体を育て、自ら健康で安全な生活をつくり出す力の基盤を培う。
（ア）ねらい
① 身体感覚が育ち、快適な環境に心地よさを感じる。
② 伸び伸びと体を動かし、はう、歩くなどの運動をしようとする。
③ 食事、睡眠等の生活のリズムの感覚が芽生える。
（イ）内容
① 保育士（保育教諭）等の愛情豊かな受容の下で、生理的・心理的欲求を満たし、心地よく生活をする。
② 一人一人の発育に応じて、はう、立つ、歩くなど、十分に体を動かす。
③ 個人差に応じて授乳を行い、離乳を進めていく中で、様々な食品に少しずつ慣れ、食べることを楽しむ。
④ 一人一人の生活のリズムに応じて、安全な環境の下で十分に午睡をする。
⑤ おむつ交換や衣服の着脱などを通じて、清潔になることの心地よさを感じる。

イ 身近な人と気持ちが通じ合う
受容的・応答的な関わりの下で、何かを伝えようとする意欲や身近な大人との信頼関係を育て、人と関わる力の基盤を培う。
（ア）ねらい
① 安心できる関係の下で、身近な人と共に過ごす喜びを感じる。
② 体の動きや表情、発声等により、保育士（保育教諭）等と気持ちを通わせようとする。
③ 身近な人と親しみ、関わりを深め、愛情や信頼感が芽生える。
（イ）内容
① 子ども（園児）からの働きかけを踏まえた、応答的な触れ合いや言葉がけによって、欲求が満たされ、安定感をもって過ごす。
② 体の動きや表情、発声、喃語等を優しく受け止めてもらい、保育士（保育教諭）等とのやり取りを楽しむ。
③ 生活や遊びの中で、自分の身近な人の存在に気付き、親しみの気持ちを表す。
④ 保育士（保育教諭）等による語りかけや歌いかけ、発声や喃語等への応答を通じて、言葉の理解や発語の意欲が育つ。
⑤ 温かく、受容的な関わりを通じて、自分を肯定する気持ちが芽生える。

ウ 身近なものと関わり感性が育つ
身近な環境に興味や好奇心をもって関わり、感じたことや考えたことを表現する力の基盤を培う。
（ア）ねらい
① 身の回りのものに親しみ、様々なものに興味や関心をもつ。
② 見る、触れる、探索するなど、身近な環境に自分から関わろうとする。
③ 身体の諸感覚による認識が豊かになり、表情や手足、体の動き等で表現する。
（イ）内容
① 身近な生活用具、玩具や絵本などが用意された中で、身の回りのものに対する興味や好奇心をもつ。
② 生活や遊びの中で様々なものに触れ、音、形、色、手触りなどに気付き、感覚の働きを豊かにする。
③ 保育士（保育教諭）等と一緒に様々な色彩や形のものや絵本などを見る。
④ 玩具や身の回りのものを、つまむ、つかむ、たたく、引っ張るなど、手や指を使って遊ぶ。
⑤ 保育士（保育教諭）等のあやし遊びに機嫌よく応じたり、歌やリズムに合わせて手足や体を動かして楽しんだりする。

（満）1歳以上3歳未満児

ア 健康
健康な心と体を育て、自ら健康で安全な生活をつくり出す力を養う。
（ア）ねらい
① 明るく伸び伸びと生活し、自分から体を動かすことを楽しむ。
② 自分の体を十分に動かし、様々な動きをしようとする。
③ 健康、安全な生活に必要な習慣に気付き、自分でしてみようとする気持ちが育つ。
（イ）内容
① 保育士（保育教諭）等の愛情豊かな受容の下で、安定感をもって生活をする。

指導計画の基本

② 食事や午睡、遊びと休息など、保育所（幼保連携型認定こども園）における生活のリズムが形成される。
③ 走る、跳ぶ、登る、押す、引っ張るなど全身を使う遊びを楽しむ。
④ 様々な食品や調理形態に慣れ、ゆったりとした雰囲気の中で食事や間食を楽しむ。
⑤ 身の回りを清潔に保つ心地よさを感じ、その習慣が少しずつ身に付く。
⑥ 保育士（保育教諭）等の助けを借りながら、衣類の着脱を自分でしようとする。
⑦ 便器での排泄に慣れ、自分で排泄ができるようになる。

イ 人間関係
他の人々と親しみ、支え合って生活するために、自立心を育て、人と関わる力を養う。
（ア）ねらい
① 保育所（幼保連携型認定こども園）での生活を楽しみ、身近な人と関わる心地よさを感じる。
② 周囲の子ども（園児）等への興味や関心が高まり、関わりをもとうとする。
③ 保育所（幼保連携型認定こども園）の生活の仕方に慣れ、きまりの大切さに気付く。
（イ）内容
① 保育士（保育教諭）等や周囲の子ども（園児）等との安定した関係の中で、共に過ごす心地よさを感じる。
② 保育士（保育教諭）等の受容的・応答的な関わりの中で、欲求を適切に満たし、安定感をもって過ごす。
③ 身の回りに様々な人がいることに気付き、徐々に他の子どもと関わりをもって遊ぶ。
④ 保育士（保育教諭）等の仲立ちにより、他の子ども（園児）との関わり方を少しずつ身につける。
⑤ 保育所（幼保連携型認定こども園）の生活の仕方に慣れ、きまりがあることや、その大切さに気付く。
⑥ 生活や遊びの中で、年長児や保育士（保育教諭）等の真似をしたり、ごっこ遊びを楽しんだりする。

ウ 環境
周囲の様々な環境に好奇心や探究心をもって関わり、それらを生活に取り入れていこうとする力を養う。
（ア）ねらい
① 身近な環境に親しみ、触れ合う中で、様々なものに興味や関心をもつ。
② 様々なものに関わる中で、発見を楽しんだり、考えたりしようとする。
③ 見る、聞く、触るなどの経験を通して、感覚の働きを豊かにする。
（イ）内容
① 安全で活動しやすい環境での探索活動等を通して、見る、聞く、触れる、嗅ぐ、味わうなどの感覚の働きを豊かにする。
② 玩具、絵本、遊具などに興味をもち、それらを使った遊びを楽しむ。
③ 身の回りの物に触れる中で、形、色、大きさ、量などの物の性質や仕組みに気付く。
④ 自分の物と人の物の区別や、場所的感覚など、環境を捉える感覚が育つ。
⑤ 身近な生き物に気付き、親しみをもつ。
⑥ 近隣の生活や季節の行事などに興味や関心をもつ。

エ 言葉
経験したことや考えたことなどを自分なりの言葉で表現し、相手の話す言葉を聞こうとする意欲や態度を育て、言葉に対する感覚や言葉で表現する力を養う。
（ア）ねらい
① 言葉遊びや言葉で表現する楽しさを感じる。
② 人の言葉や話などを聞き、自分でも思ったことを伝えようとする。
③ 絵本や物語等に親しむとともに、言葉のやり取りを通じて身近な人と気持ちを通わせる。
（イ）内容
① 保育士（保育教諭）等の応答的な関わりや話しかけにより、自ら言葉を使おうとする。
② 生活に必要な簡単な言葉に気付き、聞き分ける。
③ 親しみをもって日常の挨拶に応じる。
④ 絵本や紙芝居を楽しみ、簡単な言葉を繰り返したり、模倣をしたりして遊ぶ。
⑤ 保育士（保育教諭）等とごっこ遊びをする中で、言葉のやり取りを楽しむ。
⑥ 保育士（保育教諭）等を仲立ちとして、生活や遊びの中で友達との言葉のやり取りを楽しむ。
⑦ 保育士（保育教諭）等や友達の言葉や話に興味や関心をもって、聞いたり、話したりする。

オ 表現
感じたことや考えたことを自分なりに表現することを通して、豊かな感性や表現する力を養い、創造性を豊かにする。
（ア）ねらい
① 身体の諸感覚の経験を豊かにし、様々な感覚を味わう。
② 感じたことや考えたことなどを自分なりに表現しようとする。
③ 生活や遊びの様々な体験を通して、イメージや感性が豊かになる。
（イ）内容
① 水、砂、土、紙、粘土など様々な素材に触れて楽しむ。
② 音楽、リズムやそれに合わせた体の動きを楽しむ。
③ 生活の中で様々な音、形、色、手触り、動き、味、香りなどに気付いたり、感じたりして楽しむ。
④ 歌を歌ったり、簡単な手遊びや全身を使う遊びを楽しんだりする。
⑤ 保育士（保育教諭）等からの話や、生活や遊びの中での出来事を通して、イメージを豊かにする。
⑥ 生活や遊びの中で、興味のあることや経験したことなどを自分なりに表現する。

これなら書ける！ 2歳児の指導計画

CONTENTS

はじめに ……………………………… 2
本書の特長 …………………………… 4

第1章　指導計画の基本　　5

● ふくろう先生といっしょに！
　楽しく学ぶ！　指導計画 …………… 5

■ 項目別！　立案のポイント …………… 6
子どもの姿 について書く！ …………… 6
ねらい について書く！ ………………… 8
内容 について書く！ …………………… 9
環境づくり について書く！ …………… 10
保育者の援助 について書く！ ………… 12
評価・反省・課題 について書く！ …… 14
書き方のコツ …………………………… 16

■ よくわかる！　指導計画の全体 ……… 18
指導計画作成の流れ …………………… 18
指導計画基本のき ……………………… 19
全体的な計画 …………………………… 20
年の計画 ………………………………… 21
月の計画 ………………………………… 22
日の記録 ………………………………… 24
その他の保育にかかわるさまざまな計画 … 25

■ 指導計画　作成のヒント！ …………… 26
0〜3歳の発達を学ぼう　生活編 ……… 26
0〜3歳の発達を学ぼう　遊び編 ……… 28
指針、教育・保育要領から
ねらい・内容をチェック！ …………… 30

● 15人の子どもの特徴早わかり表 …… 36
● お悩み解決！ Q&A ………………… 38

本書では、15名の子どもたちの発達を見通した指導計画の例を紹介しています。

各月の子どもたちの特徴は、P.36～37の 15人の子どもの ★特徴早わかり表★ をご参照ください。

第2章 子どもに合わせて計画をたてよう　39

- 全体的な計画・参考例1 ……… 40
- 全体的な計画・参考例2 ……… 44
- 2歳児の年の計画 ……… 46
- この本で！指導計画が書きやすくなる理由（ワケ）！ …… 48

4月　49
- 月案（A～C児） ……… 50
- 個人案（D～H児） ……… 52
- 個人案（J～N児） ……… 54
- これも！おさえておきたい　4月の計画のポイントと文例 ……… 56
- 日の記録 ……… 57
- 4月のふりかえりから5月の保育へ ……… 58

5月　59
- 月案（A～C児） ……… 60
- 個人案（D～H児） ……… 62
- 個人案（J～N児） ……… 64
- これも！おさえておきたい　5月の計画のポイントと文例 ……… 66
- 日の記録 ……… 67
- 5月のふりかえりから6月の保育へ ……… 68

6月　69
- 月案（A～C児） ……… 70
- 個人案（D～H児） ……… 72
- 個人案（J～O児） ……… 74
- これも！おさえておきたい　6月の計画のポイントと文例 ……… 76
- 日の記録 ……… 77
- 6月のふりかえりから7月の保育へ ……… 78

CONTENTS

第2章 子どもに合わせて計画をたてよう　39

7月　79
- 月案（A〜C児）・・・・・・80
- 個人案（D〜I児）・・・・・・82
- 個人案（J〜O児）・・・・・・84
- これも！　おさえておきたい
  7月の計画のポイントと文例・・・・・・86
- 日の記録・・・・・・87
- 7月のふりかえりから8月の保育へ・・・・・・88

8月　89
- 月案（A〜C児）・・・・・・90
- 個人案（D〜I児）・・・・・・92
- 個人案（J〜O児）・・・・・・94
- これも！　おさえておきたい
  8月の計画のポイントと文例・・・・・・96
- 日の記録・・・・・・97
- 8月のふりかえりから9月の保育へ・・・・・・98

9月　99
- 月案（A〜C児）・・・・・・100
- 個人案（D〜I児）・・・・・・102
- 個人案（J〜O児）・・・・・・104
- これも！　おさえておきたい
  9月の計画のポイントと文例・・・・・・106
- 日の記録・・・・・・107
- 9月のふりかえりから10月の保育へ・・・・・・108

10月　109
- 月案（A〜C児）・・・・・・110
- 個人案（D〜I児）・・・・・・112
- 個人案（J〜O児）・・・・・・114
- これも！　おさえておきたい
  10月の計画のポイントと文例・・・・・・116
- 日の記録・・・・・・117
- 10月のふりかえりから11月の保育へ・・・・・・118

11月　119
- 月案（A〜C児）・・・・・・120
- 個人案（D〜I児）・・・・・・122
- 個人案（J〜O児）・・・・・・124
- これも！　おさえておきたい
  11月の計画のポイントと文例・・・・・・126
- 日の記録・・・・・・127
- 11月のふりかえりから12月の保育へ・・・・・・128

12月　129
- 月案（A〜C児）・・・・・・130
- 個人案（D〜I児）・・・・・・132
- 個人案（J〜O児）・・・・・・134
- これも！　おさえておきたい
  12月の計画のポイントと文例・・・・・・136
- 日の記録・・・・・・137
- 12月のふりかえりから1月の保育へ・・・・・・138

1月 …… 139

- 月案（A～C児） …… 140
- 個人案（D～I児） …… 142
- 個人案（J～O児） …… 144
- これも！ おさえておきたい
  1月の計画のポイントと文例 …… 146
- 日の記録 …… 147
- 1月のふりかえりから2月の保育へ …… 148

2月 …… 149

- 月案（A～C児） …… 150
- 個人案（D～I児） …… 152
- 個人案（J～O児） …… 154
- これも！ おさえておきたい
  2月の計画のポイントと文例 …… 156
- 日の記録 …… 157
- 2月のふりかえりから3月の保育へ …… 158

3月 …… 159

- 月案（A～C児） …… 160
- 個人案（D～I児） …… 162
- 個人案（J～O児） …… 164
- これも！ おさえておきたい
  3月の計画のポイントと文例 …… 166
- 日の記録 …… 167
- 3月のふりかえりから次年度の保育へ …… 168

第3章 計画サポート集 169

- ● 施設の安全管理 …… 170
  - 施設の安全管理チェックリスト …… 170
- ● 健康支援 …… 172
  - 健康支援のポイント …… 172
  - 健康観察チェックポイント …… 172
  - 健康支援年間計画表 …… 173
- ● 避難訓練 …… 174
  - 避難訓練のポイント …… 174
  - 3歳未満児の防災って？ …… 174
  - 避難訓練年間計画表 …… 175
- ● 食育 …… 176
  - 2歳児の立案のポイント …… 176
  - 食育ってなに？ …… 176
  - 2歳児の食育計画・参考例1 …… 177
  - 2歳児の食育計画・参考例2 …… 178
  - 園における食物アレルギー対応10原則 …… 179
- ● 子育て支援 …… 180
  - 子育て支援年間計画表 …… 180
  - 1日の流れを表した例 …… 182

CD-ROMの使い方 …… 183

15人の子どもの 特徴早わかり表

	A児	B児	C児	D児	E児	F児	G児
4月 P.49〜	2歳 手が出ることもある	2歳4か月 排せつの自立に向かう	2歳6か月 怒って訴える	2歳 人見知りすることもある	2歳1か月 玩具の取り合いをする	2歳2か月 好き嫌いがある	2歳3か月 新しい環境に慣れない
5月 P.59〜	2歳1か月 スプーンに慣れてきた	2歳5か月 友達とかかわっている	2歳7か月 自分でできている	2歳1か月 園生活に慣れてきた	2歳2か月 布パンツに移行した	2歳3か月 戸外遊びが大好き！	2歳4か月 安心できる保育者ができてきた
6月 P.69〜	2歳2か月 砂場遊びが大好きな	2歳6か月 排尿より遊びに夢中	2歳8か月 清潔に関心がある	2歳2か月 感触をいやがる	2歳3か月 自分からトイレをする	2歳4か月 自分で脱ぎ着したい	2歳5か月 歌を楽しんでいる
7月 P.79〜	2歳3か月 排せつが自立してきた	2歳7か月 感触遊びを楽しんでいる	2歳9か月 水やりに関心を持つ	2歳3か月 水遊びをいやがる	2歳4か月 自分で脱ぎ着をしようとしている	2歳5か月 戸外で元気に体を動かす	2歳6か月 トイレをいやがる
8月 P.89〜	2歳4か月 水やりに興味を持つ	2歳8か月 しぐさで思いを伝える	2歳10か月 動植物に興味を持つ	2歳4か月 自分でなんとか脱ぎ着している	2歳5か月 友達と取り合いになることがある	2歳6か月 夏の遊びを十分に楽しむ	2歳7か月 水がかかるといやがる
9月 P.99〜	2歳5か月 友達のものを欲しがる	2歳9か月 月見団子に興味津々	2歳11か月 水やりに関心がある	2歳5か月 造形活動を楽しんでいる	2歳6か月 体を動かして遊んでいる	2歳7か月 歌を口ずさんでいる	2歳8か月 自分で脱ぎ着をしようとする
10月 P.109〜	2歳6か月 苦手なものにチャレンジ	2歳10か月 造形遊びが好きな	3歳 泣いて訴える	2歳6か月 製作遊びが好きな	2歳7か月 自然物を集めている	2歳8か月 体を動かしている	2歳9か月 友達と過ごすことを喜ぶ
11月 P.119〜	2歳7か月 戸外で遊んでいる	2歳11か月 自然物に興味がある	3歳1か月 小石や落ち葉を探す	2歳7か月 自分でしたがる	2歳8か月 手が先に出てしまう	2歳9か月 言葉で保育者に伝えようとする	2歳10か月 友達とぶつかることもある
12月 P.129〜	2歳8か月 友達と同じ遊びを楽しむ	3歳 友達とかけっこする	3歳2か月 友達と遊ぶ	2歳8か月 ドングリに興味を持っている	2歳9か月 少しずつ言葉にしようとしている	2歳10か月 上着を着て戸外に出る	2歳11か月 戸外で体を動かしている
1月 P.139〜	2歳9か月 戸外で走って遊ぶ	3歳1か月 戸外に出るのをいやがる	3歳3か月 絵本の言葉を楽しむ	2歳9か月 体を動かして遊んでいる	2歳10か月 冬の自然にふれている	2歳11か月 保育者と話すことを楽しむ	3歳 保育者に伝えようとする
2月 P.149〜	2歳10か月 友達を誘って遊ぶ	3歳2か月 言葉のやりとりを楽しむ	3歳4か月 戸外で体を動かす	2歳10か月 語彙が増えてきた	2歳11か月 はしに興味を持っている	3歳 友達と体を動かしている	3歳1か月 ごっこ遊びが好きな
3月 P.159〜	2歳11か月 ボタンの留め外しが苦手な	3歳3か月 会話することが楽しい	3歳5か月 遊びをまねようとする	2歳11か月 戸外で友達と遊んでいる	3歳 はしで食べようと挑戦する	3歳1か月 散歩先で自然物にふれる	3歳2か月 座って排せつしている

個別の指導計画をたてる際には、ひとりひとりの子どもの姿をとらえることが大切です。本書で紹介する15名の子どもたちの各月の特徴的な姿を一覧表にしました。立案時の参考にしてください。

QUICK LIST

H児	I児	J児	K児	L児	M児	N児	O児
2歳5か月 「保育者といっしょ」に安心する		2歳6か月 「ジブンデ」の気持ちが強くなる	2歳7か月 保護者と離れると泣いてしまう	2歳8か月 自分で身の回りのことをしている	2歳9か月 新入所(園)で不安なようすがある	2歳10か月 登園時に泣いている	
2歳6か月 春の自然に関心を持つ		2歳7か月 排せつの自立をしようとする	2歳8か月 苦手な食べ物がある	2歳9か月 保育者と会話しようとする	2歳10か月 ひとり遊びを楽しむ	2歳11か月 少しずつ園に慣れてきた	6月から途中入所(園)
2歳7か月 砂の感触を楽しんでいる	7月から途中入所(園)	2歳8か月 思いが伝わらないと泣く	2歳9か月 トイレでの排尿間隔が合わない	2歳10か月 身じたくを自分でしたい	2歳11か月 パンツで過ごせるよ！	3歳 自分で脱ぎ着をしようとしている	2歳8か月 他園からの途中入所(園)児
2歳8か月 感触遊びを楽しんでいる	2歳7か月 途中入所(園)児	2歳9か月 泣いて過ごすことが増える	2歳10か月 砂や水の感触を楽しんでいる	2歳11か月 身の回りのことを自分でする	3歳 水や泥で楽しんでいる	3歳1か月 尿意を自分から知らせる	2歳9か月 園に慣れてきている
2歳9か月 水に触れることが好きな	2歳8か月 園生活に慣れてきた	2歳10か月 引き続き泣いて過ごしている	2歳11か月 スプーンで食べている	3歳 排せつや着替えを自分でする	3歳1か月 友達と取り合いをする	3歳2か月 排尿が自立してきた	2歳10か月 取り合いになることがある
2歳10か月 ごっこ遊びを楽しんでいる	2歳9か月 模倣やリズム遊びが好きな	2歳11か月 粘土の感触をいやがる	3歳 ごっこ遊びを楽しんでいる	3歳1か月 異年齢児とかかわっている	3歳2か月 かけっこしている	3歳3か月 友達とのかかわりが増えてきた	2歳11か月 身近な動物に興味を持っている
2歳11か月 ままごと遊びが好きな	2歳10か月 自分で手洗いうがいをする	3歳 いやなことを表情で伝える	3歳1か月 秋の自然物とかかわる	3歳2か月 言葉で保育者に伝える	3歳3か月 ごっこ遊びが好きな	3歳4か月 戸外で遊んでいる	3歳 言葉のやりとりをする
3歳 友達と遊ぶことを楽しんでいる	2歳11か月 音楽に合わせて楽しんでいる	3歳1か月 清潔に関心を持つ	3歳2か月 自分で食べようとしている	3歳3か月 運動会を満喫した	3歳4か月 自分で服を着たい	3歳5か月 友達と同じ遊びを楽しんでいる	3歳1か月 秋の自然物を保育者に見せている
3歳1か月 自分の気持ちを言葉で伝える	3歳 音楽を口ずさむ	3歳2か月 自分でしたい気持ちが強い	3歳3か月 好きな曲に合わせて体を動かす	3歳4か月 戸外で体を動かす	3歳5か月 友達と走って遊ぶ	3歳6か月 自分でボタンを留める	3歳2か月 好きな絵本を楽しむ
3歳2か月 言葉のやりとりを楽しむ	3歳1か月 泣いて感情を表す	3歳3か月 保育者に思いをぶつける	3歳4か月 絵本を楽しんでいる	3歳5か月 はしを使い始めている	3歳6か月 ボタン留め外しが苦手な	3歳7か月 異年齢児と遊ぶのが好きな	3歳3か月 はしを使って食べている
3歳3か月 はしに慣れ始めた	3歳2か月 絵本を楽しんでいる	3歳4か月 積極的に戸外で遊ぶ	3歳5か月 言葉で保育者に伝える	3歳6か月 友達とやりとりして遊ぶ	3歳7か月 自分で脱ぎ着をしている	3歳8か月 保育者に泣いて訴える	3歳4か月 絵本の繰り返しの言葉を楽しむ
3歳4か月 約束事がわかる	3歳3か月 絵を描くことを楽しんでいる	3歳5か月 友達を誘って遊ぶ	3歳6か月 はしで食べることがうれしい	3歳7か月 戸外遊びが好きな	3歳8か月 保育者に言葉で伝えようとする	3歳9か月 ほかの友達の遊びに関心を持つ	3歳5か月 戸外で体を動かす

お悩み解決！ Q&A

指導計画をつくるとき よくある悩み、困りごとに おこたえします。

Q 文章を作るのが苦手です。考えを整理して、うまく文章にするには、どうしたらいいですか？

A 書きたいものを箇条書きにしてみましょう！

文章を書くには、何を書くのか目的を明確にすることが第一です。例えば、子どもの姿が目に見えるように客観的に描写するのか、自分の主観的な主張を的確に述べたいのか、まず箇条書きにして主なものを書き始めます。イメージを明確に文章化する訓練をしましょう。

Q ひとりひとりの個人差があって、クラス全体としてのねらいや配慮事項をつくるのが難しいです。

A 個人差を考慮し、平均的な段階をねらおう！

子どもの成長・発達に個人差があるのはあたりまえのことです。クラス全体のねらいは、月の季節感、発達の節の課題、集団の成長過程などを踏まえて、発達の早い遅いを考慮しながら、平均的な段階をねらいます。配慮は全体を目配りしてから考えていきましょう。

Q クラス全体のねらいから、個別に考えていくのに苦戦してます。

A 月の行事などから考えてOK！

個別の指導計画は、あくまでもその子どもの前月の発達の姿を押さえて、もう少しで到達する発達段階へ押し上げていくめやすを書くものです。しかし、その月の行事などがあれば、個人の現在の姿に下ろして参加のありようを、取り入れていくことは大切です。例えば、スピードはまちまちですが、走るのが大好きな2歳児の運動会などの場合は、〈母親が腕を広げて待つゴールを目ざして走る〉という「内容」にします。

Q 見通しを持って計画をたてるにはどうしたらいいですか？

A 全体的な計画、年の計画などを参考に！

各園にある「全体的な計画」には、園の運営目標、方針など目ざすべきものが書かれていて、それを基盤に年の計画へ具体化され、さらに月の計画に展開されます。これらの計画には子どもの成長・発達の見通しが踏まえられていますので、絶えず参考にしましょう。

Q 個人案を書き分けるコツを教えてください。

A 個別の性格に注目しよう！

発達が近いと、発達しつつある運動機能や、興味・関心も近くなり、ねらいや内容が同じようになってしまいますが、個別の性格があります。引っ込み思案な子ども、大胆な子どもなど、それぞれの子どもへの適した環境、取り組む際の援助・配慮に個別性を持たせて書きましょう。

第2章

立案のおおもとになる全体的な計画から、年間、各月の計画例を掲載しています。「15人の子どもたちの発達を見通せる」「各月の振り返りを次月に生かせる」など、立案に役だつ内容がたっぷりです！ 子どもに寄り添い、見通しを持った計画をたてましょう。

子どもに合わせて計画をたてよう

全体的な計画 ・・・・・ P.40	9月 ・・・・・・・・・ P.99
年の計画 ・・・・・・・・ P.46	10月 ・・・・・・・・ P.109
この本で！ 指導計画が書きやすくなる理由（ワケ）！・・・ P.48	11月 ・・・・・・・・ P.119
4月 ・・・・・・・・・・ P.49	12月 ・・・・・・・・ P.129
5月 ・・・・・・・・・・ P.59	1月 ・・・・・・・・・ P.139
6月 ・・・・・・・・・・ P.69	2月 ・・・・・・・・・ P.149
7月 ・・・・・・・・・・ P.79	3月 ・・・・・・・・・ P.159
8月 ・・・・・・・・・・ P.89	

全体的な計画・参考例 1

ここで示すのは、川原佐公先生（元・大阪府立大学教授）による全体的な計画の参考例です。あくまでも、全体像の例としてご覧ください。本書の指導計画例とのつながりはありません。

保育の理念

- 児童福祉法に基づき保育に欠けるすべての子どもにとって、もっともふさわしい生活の場を保障し、愛護するとともに、子どもの最善の利益を守り、保護者と共にその福祉を積極的に増進する。
- 地域の子育て家庭に対して、さまざまな人や場や専門機関などと連携を図りながら、保育のスキルを生かして応答し、地域に開かれた育児文化の拠点としての役割を果たしていく。

保育の目標

- 安全で保健的な、文化的で豊かな保育環境の中で、健康な体と感性を育て、生命の保持と情緒の安定を図り、意欲的に生活できるようにする。
- 食事、排せつ、睡眠、着脱、清潔、安全などの、生活に必要な基本的な習慣態度を養い、主体的に見通しを持って生活できる自律と、生きる力の基礎を培う。
- 歩く、走る、跳ぶなどの基礎的な運動能力を養い、積極的に運動する態度を身につける。
- 保護者や保育者等との愛着・信頼関係を基に、積極的に園での生活や遊びを通して友達とふれあい、相手の人権を尊重することや思いやりの心、社会性を育てる。
- 地球上のありとあらゆる生命、自然や社会の事象にふれて興味や関心を育て、それらに対する豊かな心や科学心、創造的な思考、環境への関心の芽生えを培う。
- 日常の保育における経験や感動体験を通して、子どもの内面世界を豊かにし、話したり聴いたりする言葉への興味や関心を育て、相手の思いを理解するなど、言葉の知識や技能などを養い、自分をコントロールする力や表現力を培う。
- さまざまな生活や虚構の世界を楽しみ豊かな感性を身につけ、感じたこと考えたことを、いろいろな手段で表現する意欲を育て、仲間に伝える喜びや、創造性を培う。

保育方針

- 保育にかかわる専門職同士が協力したり、それぞれの専門性を発揮したりしながら、養護と教育の一体的な展開を図り、保育の内容の質を高め、充実させる。
- 子どもの主体的な発達要求に応答する環境を豊かに整え、みずから興味や関心を持って環境にかかわり、チャレンジしたことへの充実感や満足感を味わわせ、年齢なりの心情、意欲、態度を養う。
- 子どもの24時間の生活を視野に入れ、家庭との連携を密にして、積極的に子どもの発達過程に応じた育ちを築き、保護者の共感を得て養育力の向上を支援しつつ、エンパワメントを引き出していく。
- 子どもが育つ道筋や生涯教育を見据えた長期的視野を持って、後伸びの力をつけ、小学校と情報交換したり、交流を密にしたりして積極的に連携していく。

家庭・地域との連携

- 保護者の思いをしっかり受け止め、子どものようすを伝え合い、子育てを話し合うことで信頼関係、協力関係を築いていく。
- 保育所における子どもの生活、健康状態、事故の発生などについて、家庭と密接な連絡ができるように体制を整えておく。
- 保育所は日常、地域の医療・保健関係機関、福祉関係機関などと十分な連携を取るように努める。また、保育者は保護者に対して、子どもを対象とした地域の保健活動に積極的に参加することを指導するとともに、地域の保健福祉に関する情報の提供をする。
- 保護者の余裕のある時間に保育参観をしてもらい、子どもの思いに気づいたり、保育者の援助のしかたを知ったりして子どもとかかわる経験をしてもらう。
- 保護者や、地域の子育て中の保護者が、保育所の行事に参加することで、子どもに対する関心が芽生え、親子でふれあう楽しさを知ったり、保護者同士のつながりが深まるように援助していく。
- 子育ての悩みや生活の困難な問題などを、相談できる窓口を常に開放し、遠慮なく相談できるシステムを設置し、適切に必要な情報の提供や、専門機関への紹介や具体的な援助をしたり、保護者自身の力を引き出して、自己解決できるよう、援助したりしていく。

		〜0歳		〜1歳
発達過程		❶ おおむね6か月未満 ・心身の未熟性 ・著しい身体的成長と感覚の発達 ・首が据わる・寝返り・腹ばい ・表情の変化、体の動き、喃語などによる表現	❷ おおむね6か月から1歳3か月未満 ・座る、はう、立つ、伝い歩き、手を使う等、運動機能の発達により探索活動が活発になる ・大人とのかかわりが深まり、やりとりが盛んになる ・愛着と人見知り	❸ おおむね1歳3か月から2歳未満 ・歩行の開始と言葉の習得 ・さまざまな運動機能の発達による行動範囲の拡大 ・周囲への関心や大人とのかかわりの意欲の高まり
ねらい・内容	養護・教育	**0歳児** ◎ 保健的で安全な環境をつくり、常に身体の状態を細かく観察し、疾病や異状の発見に努め快適に生活できるようにする。 ・身体発育や健康状態を的確に把握しながら、ひとりひとりの子どもの生理的欲求を十分に満たし、保育者の愛情豊かな受容により、清潔で気持ちの良い生活ができるようにする。 ・ひとりひとりの子どもの生活のリズムを重視して、食欲、睡眠、排せつなどの生理的欲求を満たし、生命の保持と生活の安定を図り、甘えなどの依存的欲求を満たし、情緒の安定を図る。 ・オムツが汚れたら、優しく言葉をかけながらこまめに取り替え、きれいになった心地良さを感じることができるようにする。また、ひとりひとりの排尿間隔を把握し、徐々にオマルなどの排せつにも興味が持てるようにする。 ・安全で活動しやすい環境を整え、姿勢を整えたり、移動したりして、いろいろな身体活動を十分に行なう。 ・寝返り、ハイハイ、お座り、伝い歩き、立つ、歩くなどそれぞれの状態に合った活動を十分に行なうとともに、つまむ、たたく、引っ張るなどの手や指を使っての遊びをする。 ・個人差に応じて授乳や離乳を進め、いろいろな食品に慣れさせ幼児食への移行を図る。 ・楽しい雰囲気の中で、ゆったりした気持ちで個人差に応じて授乳を行ない、ひとりひとりに合わせてミルク以外の味やスプーンから飲むことに慣れるようにし、離乳を進めて、次第に幼児食に移行する。 ・優しく語りかけたり、発声や喃語に応答したりして、発語の意欲を育てる。 ・喃語や片言を優しく受け止めてもらい、発語や保育者とのやりとりをする。 ・聞く、見る、触るなどの経験を通して、感覚器官や手指の機能の働きを促す。 ・保育者の歌を楽しんで聞いたり、歌やリズムに合わせて手足や体を動かして遊ぶ。 ◎ 安心できる人的物的環境の下で絵本や玩具、身近な生活用具などを、見たり、触ったりする機会を通して、身の回りのものに対する興味や好奇心の芽生えを促していくようにする。 ・保育者に見守られて、玩具や身の回りの物でひとり遊びを十分にする。		**1歳児** ・健康的で安全な環境づくり、ひとりひとりの子どもの身体の状態を観察し、睡眠など適切な休息を用意し、快適な生活ができるようにする。 ・ひとりひとりの子どもの生活リズムを大切にしながら、安心して午睡などができ、適切な休息ができるようにする。 ・ひとりひとりの子どもの生理的欲求や甘えなどの依存的欲求を満たし、生命の保持と情緒の安定を図る。 ・身体発育や健康状態を的確に把握しながら、ひとりひとりの子どもの生理的欲求を十分に満たし、保育者の愛情豊かな受容により、清潔で気持ちの良い生活ができるようにする。 ・安心できる保育者との関係の下で、食事、排せつなどの活動を通して、自分でしようとする気持ちの芽生えを促す。 ・楽しい雰囲気の中で、スプーンやフォークを使って、ひとりで食事をしたり間食を食べるようにする。 ・ひとりひとりの子どもの排尿間隔を知り、オムツが汚れていないときは、便器に誘い、便器での排せつに慣れるようにする。 ・さまざまな生活、遊びを通して、自由な活動を十分に行ない、体を動かすことを楽しむ。 ・登る、降りる、跳ぶ、くぐる、押す、引っ張るなどの運動を取り入れた遊びや、いじる、たたく、つまむ、転がすなどの手や指を使う遊びをする。 ・身の回りのさまざまなものを自由にいじって遊び、外界に対する好奇心や関心を持つ。 ・保育者に見守られ、戸外遊び、ひとり遊びを十分に楽しみ、好きな玩具や道具、自然物に自分からかかわり十分に遊ぶ。 ・絵本、玩具などに興味を持って、それらを使った遊びを楽しみ、子ども同士のかかわりを持つ。 ・保育者の話しかけを喜んだり、自分から片言でしゃべったりする。 ・身近な音楽に親しんだり、体の動きを楽しんだりする。 ・保育者といっしょに歌ったり簡単な手遊びをしたり、絵本を見たり、また、身体を動かしたりして遊ぶ。
保育者の援助・配慮		**0歳児** ・身体機能の未熟性が強く、病気や生命の危険に陥りやすいため、ひとりひとりの体質、発達、家庭環境などをよく理解し、それに応じて、適切に対応できるよう個別に保育を進めていく。 ・愛情豊かで適切な保育者のかかわりが、子どもの人間形成の基盤となり、情緒や言葉の発達に大きく影響することを認識し、子どものさまざまな欲求を適切に満たし、子どもとの信頼関係を十分に築くようにする。 ・食事、排せつなどへの対応は、ひとりひとりの子どもの発育、発達状態に応じて無理のないように行ない、うまくできたときは褒めるなどの配慮をする。 ・玩具などの色彩や音色、形、感触などに留意し、目、耳の感覚機能が発達するような働きかけをする。 ・保育者や子どもの身の回りの環境や衣類、寝具、玩具などの点検を常に行ない、また、温度湿度などの環境保健に注意を払うとともに、室内環境の色彩やベッドなどの備品の配置などにも配慮する。		**1歳児** ・感染症にかかることが多いので、発熱などの身体の状態、きげん、食欲、元気さなどの一般的状態にも十分に注意を払って観察を行なう。 ・食欲や食事の好みに偏りが現れやすい時期なので、ひとりひとりの子どもの健康状態に応じ、無理に食べさせないようにし、いっしょにかむなどのまねをして見せ、かむことの大切さが身につくように配慮する。 ・歩行の発達に伴い行動範囲が広がり、探索活動が活発になり、予測できない行動も多くなるので、環境の安全性、多様な環境づくり、子どもの活動の状態、相互のかかわりなどには、十分に注意をする。 ・子どもの相互のけんかが多くなるが、自己主張を尊重しながら、保育者の優しい語りかけなどにより、互いの存在に気づくように配慮する。

全体的な計画・1

全体的な計画・参考例1 続き

		～2歳	～3歳
発達過程		❹ おおむね2歳 ● 基本的な運動機能の伸長や指先の機能の発達 ● 食事・衣類の着脱・排せつなど、自分でしようとする ● 語彙の増加、自己主張の高まり、自我の育ち ● 模倣やごっこ遊びが始まる	❺ おおむね3歳 ● 基本的生活習慣の形成 ● 話し言葉の基礎の形成、知的興味・関心の高まり ● 予想や意図、期待を持った行動
ねらい・内容	養護・教育	**2歳児** ◎ ひとりひとりの子どもの欲求を十分に満たし、生命の保持と情緒の安定を図るとともに、適切に休息の機会をつくり、集団生活による緊張の緩和を図る。 ● 生活環境を清潔な状態に保つとともに、身の回りの清潔や安全の習慣が少しずつ身につくようにする。 ● 楽しんで食事、間食をとることができるようにする。 ● 楽しい雰囲気の中で、自分で食事をしようとする気持ちを持たせ、嫌いなものでも少しずつ食べられるようにする。 ◎ 安心できる保育者との関係の下で、簡単な身の回りの活動を自分でしようとする意欲を持たせる。 ● 落ち着いた雰囲気の中で、気持ち良く午睡をする。 ● 簡単な衣服は、ひとりで脱ぐことができるようになり、手伝ってもらいながらひとりで着るようにする。 ● 保育者といっしょに全身や手指を使う遊びを楽しむ。 ● 戸外遊びや道具で遊ぶ機会を多くして、基礎的な運動機能の発達を図る。 ● 身の回りのものや、親しみの持てる小動物や植物を見たり、触れたり、保育者から話を聞いたりして、興味や関心を広げる。 ● 身近な小動物、植物、事物などに触れ、それらに興味、好奇心を持ち、探索や模倣などをして親しむ。 ◎ 保育者を仲立ちとして、生活や遊びの中で、ごっこ遊びや言葉のやりとりを楽しむ。 ● 保育者が仲立ちとなり、生活や遊びの中で、言葉のやりとりをする。 ◎ 興味のあることや経験したいことなどを生活や遊びの中で、保育者と共に好きなように表現する。 ● 保育者といっしょに、水、砂、土、紙などの素材に触れて遊ぶ。	**3歳児** ◎ ひとりひとりの子どもの欲求を十分に満たし、生命の保持と情緒の安定を図る。 ● 保育者にさまざまな欲求を受け止めてもらい、保育者に親しみを持ち、安心感を持って生活する。 ● 食事・排せつ・睡眠・衣服の着脱等の身の回りの生活の始末のしかたや生活のしかたを身につける。 ● 食事、排せつ、睡眠、休息など生理的欲求が適切に満たされ、快適な生活や遊びをする。 ● 戸外遊びを十分にするなど遊びの中で身体を動かす楽しさを味わう。 ● 戸外で十分に体を動かしたり、さまざまな遊具や用具などを使った運動や遊びをする。 ● 身近な人とのかかわり、友達と喜んで遊ぶ。 ● 身近な人々の生活を取り入れたごっこ遊びをする。 ● 身近な環境に興味を持ち、自分からかかわり、生活を広げていく。 ● 身近な動植物や自然事象をよく見たり、触れたりなどして、親しみや愛情を持つ。 ◎ 生活に必要な言葉がある程度わかり、したいこと、してほしいことを言葉で表す。 ● 自分の思ったことや感じたことを言葉に表し、保育者や友達と言葉のやりとりをして遊ぶ。 ◎ さまざまなものを見たり、触れたりして、おもしろさ、美しさなどに気づき感性を豊かに持つ。 ● さまざまな素材や用具を使って、描いたり、もてあそんだり、好きなように造形遊びをする。 ● 感じたことや思ったことを描いたり、歌ったり、身体を動かしたりして、自由に表現しようとする。 ● 動物や乗り物などの動きをまねて身体で表現する。
	保育者の援助・配慮	**2歳児** ● 生活に必要な基礎的生活習慣については、ひとりひとりの子どもの発育・発達状態、健康状態に応じ、十分に落ち着いた雰囲気の中で行なうことができるようにし、その習慣形成に当たっては、自分でしようとする気持ちを損なわないように配慮する。 ● 戸外遊びや遊具で遊ぶ機会を多くし、自主性に応じて遊べるように工夫する。 ● 衝動的な動作が多くなるので、安全に十分に注意し、保育者がすぐ介助できる位置で見守りながら、冒険的な活動に挑戦させ、満足感を味わわせる。 ● 子ども同士のぶつかり合いが多くなるので、保育者は互いの気持ちを受容し、わかりやすく仲立ちをして、根気よくほかの子どもとのかかわりを知らせていく。 ● 子どもの話は優しく受け止め、自分から保育者に話しかけたいという気持ちを大切にし、楽しんで言葉を使うことができるようにする。 ● 話したい気持ちが高まっても十分に言葉で表現できないときは、子どもの気持ちを受け止めながら、言いたいことを言葉で代弁し、表現ができた満足感を味わわせる。	**3歳児** ● 子どもの気持ちを温かく受容し、優しく応答し、保育者といっしょにいることで安心できるような関係をつくる。 ● 身の回りのことは、一応自分でできるようになるが、自分でしようとする気持ちを大切にしながら、必要に即して援助する。 ● 食事は摂取量に個人差が生じたり偏食がでたりしやすいので、ひとりひとりの心身の状況を把握し、食事は楽しい雰囲気の中でとれるよう配慮する。 ● 友達との関係については、保育者や遊具そのほかのものを仲立ちとして、その関係が持てるように配慮する。 ● 思ったことや感じたことを言葉で表現できるよう保育者が落ち着いて聞き取り、表現したい気持ちを受け止める。 ● 身近なものに直接触れたり、扱ったり、新しいものに驚く、不思議に思うなどの感動をする経験が広がるように環境を整え、感動などを共感していく。

～4歳	～5歳	～6歳
❻おおむね4歳 ●全身のバランス力、体の動きが巧みになる ●自然など身近な環境へのかかわり方や遊び方を体得 ●自意識の高まりと葛藤の経験、けんかが増える	❼おおむね5歳 ●基本的生活習慣の確立 ●運動遊びをしたり、全身を動かしたりして活発に遊ぶ ●仲間と共に遊ぶ中で規範意識や社会性を体得 ●判断力・認識力の高まりと自主性・自律性の形成	❽おおむね6歳 ●滑らかで巧みな全身運動、意欲旺盛で快活 ●仲間の意思の尊重、役割分担や協同遊びの展開 ●思考力や認識力の高まり、自然・社会事象などへの興味・関心の深まり

4歳児

- ◎ひとりひとりの子どもの欲求を十分に満たし、生命の保持と情緒の安定を図る。
- ●自分の気持ちや考えを安心して表すことができるなど、情緒の安定した生活ができる。
- ◎自分でできることに喜びを持ちながら、健康、安全など生活に必要な基本的な習慣を次第に身につける。
- ◎保育者や友達とのつながりを広げ、集団で活動することを楽しむ。
- ●年下の子どもに親しみ思いやりの気持ちを持ったり、地域の高齢者など身近な人に、いたわりの気持ちを持つ。
- ●友達と楽しく生活する中で、決まりの大切さに気づき、守ろうとする。
- ◎身近な環境に興味を持ち、自分からかかわり、身の回りの事物や数、量、形などに関心を持つ。
- ●自然や身近な事物、事象にふれ、驚いたり、感動したりして興味や関心を深める。
- ●具体的な物を通して、数や量などに関心を持ち、簡単な数の範囲で数えたり、比べたりする。
- ◎人の話を聞いたり、自分の経験したことや思っていることを話したりして言葉で伝える楽しさを味わう。
- ●日常生活に必要なあいさつをし、友達と会話をする。
- ◎感じたことや思ったこと、想像したことなどさまざまな方法で自由に表現する。
- ●童話、絵本、視聴覚教材などを見たり、聞いたりしてイメージを広げ描いたり、作ったり、さまざまに表現して遊ぶ。
- ●身近な生活経験をごっこ遊びに取り入れて、遊ぶ楽しさを味わう。

5歳児

- ◎健康、安全に必要な基本的な習慣や自主強調の態度を身につけ、理解して行動できるようにする。
- ●健康、安全など生活に必要な基本的な習慣や態度が身につき、自分の体を大切にしようとする気持ちが育ち、自主的に行動することができるようにする。
- ●保育者との信頼関係の中で、自分の気持ちや考えを安心して表すことができるなど、情緒の安定した生活をする。
- ●食事のしかたやマナーが身につき、体と食物の関係に関心を持つ。
- ◎さまざまな遊具、用具を使い集団遊びや、やや複雑な行動を行なうなどさまざまな遊びを楽しむ。
- ◎身近な環境や自然などにみずからかかわり、さまざまな事物や事象と自分たちの生活との関係に気づき、それらを生活や遊びに取り入れ、生活の経験を広げる。
- ●近隣の生活に興味や関心を持ち、人々がさまざまな営みをしていることに気づく。
- ●異年齢の子どもとのかかわりを深め愛情を持ったり、地域の高齢者など身近な人に感謝の気持ちを持つ。
- ◎絵本や童話、視聴覚教材などを見たり、聞いたりして、さまざまなイメージを広げるとともに言葉に対する感性が豊かになる。
- ●人の話を注意して聞き、相手にもわかるように話す。
- ●日常生活に必要な標識や身近にある文字などに興味や関心を持つ。
- ◎感じたことや思ったこと、想像したことなど工夫して、目標を持っていろいろな方法で表現する。
- ●感じたこと、想像したことを言葉や体、音楽、造形などで自由に表現したり、演じたりするなど、さまざまな表現をする。

4歳児

- ●健康、安全などの生活に必要な習慣は、ひとりひとりの子どもと、保育者の信頼関係に基づいて、日常生活の直接的な実体験の中で身につくようにする。
- ●ひとりひとりの子どもの冒険心を大切にし、新しい運動に対する不安や恐れを、保育者がいっしょにしたり、介助したりなどして取り除くようにして、生き生きとした活動が展開できるように配慮する。
- ●友達とのぶつかり合いを経験しながら、必要なルールをつくっていき、集団で活動することの楽しさを味わうことができるようにする。
- ●数、量、形などについては、生活や遊びの中で子ども自身の必要に応じて、具体的に体験できるようにして数量的感覚を育てるようにする。
- ●子どものイメージがわきでるような素材、玩具、用具、生活用品などを用意して、のびのびと表現して遊ぶことができるように配慮する。

5歳児

- ●子どもの気持ちを温かく受容し、個人差を考慮して子どもが安定して活動できるように配慮する。
- ●身近に住んでいるさまざまな人と交流し、共感し合う経験を通して人とかかわることの楽しさや大切さを味わうことができるような機会を多く持つ。
- ●動植物とのふれあいや飼育・栽培などを通して、自分たちの生活とのかかわりに気づき感謝の気持ちや生命を尊重する心が育つようにする。
- ●本を見ることや身近なさまざまな文字を読む喜びを大切にし、言葉の感覚が豊かになるように配慮する。
- ●自分の伝えたいことがしっかり相手に伝わる喜びを味わうため、人前で話す機会や場面をできるだけ多く用意する。
- ●表現しようと思うもののイメージがわくような雰囲気をつくり、さまざまな材料や用具を適切に使えるようにしながら表現する喜びを知らせ、創造性が豊かになるように配慮する。

※資料提供　川原佐公

全体的な計画・参考例 2

※ここで示すのは、奈良・ふたば保育園による全体的な計画の根幹となる部分です。これとは別に、子どもの育ちの詳細やその他の計画を関連させながら全体的な計画が構成されます。

保育理念

「生き生きとした子どもを目ざして」
- 児童福祉法第1条に定める児童福祉の理念に基づき運営を行なう。
- 集団生活の中で、ひとりひとりの能力を最大限に発揮させ、豊かな人間性を持った子どもを育成する。
- 子育ての負担感の緩和を図り、安心して子育て・子育ちができる環境を整える。

保育・教育方針

- ひとりひとりの子どもが自己を発揮しながら活動ができ、健康で情緒の安定した生活ができるよう環境を整える。
- 豊かな人間性を持った子どもを育成するために、養護と教育が一体となった教育・保育を行なう。
- 職員は豊かな愛情を持って子どもに接し、専門的な知識の習得と保育・教育技術の向上に努めるとともに、教育・保育内容の評価を行ない、実践の改善に努める。

ねらい

- 保健的で安全な環境の中で、健康・安全など生活に必要な基本的な習慣や態度を身につける。
- 落ち着いた雰囲気の中で情緒の安定を図り、ひとりひとりの豊かな個性の発達と仲間関係の基礎を育てる。
- 友達といっしょに遊んだり協力したりする楽しさを知り、優しく思いやりのある豊かな人間性を身につける。
- いろいろな経験をする中で達成感を味わい、自分への自信と友達への信頼関係を深めていく。
- 身近な事象に主体的にかかわることで、気づいたり考えたり、新しい考えを生み出したりして、保育者や友達など身近な人に自分の思いを伝えることができる。

目指す保育の内容

	0歳	1歳	2歳
	信頼関係の確立	探索活動の保障	自我の芽生えを受け止める
	・生理的欲求を十分に満たし、気持ち良い生活が出来るようにする。 ・保育者の愛情豊かな受容により情緒の安定を図り、心身の成長を援助する。 ・活動しやすい環境を整え、寝返り、ハイハイ、お座り、伝い歩き、立つ、歩くなど、身体機能の発達を促す。 ・安心できる環境の中で離乳食を喜んで食べ、いろいろな食べ物を味わう。 ・歩行の発達を促し、探索活動を十分に楽しめるようにする。 ・つまむ、たたく、引っ張るなど、手や指を使って遊ぶ。 ・保育者に仲立ちしてもらい、友達とのかかわりを楽しむ。 ・自然に親しみ、草花に興味を示す。 ・喃語や片言を優しく受け止めてもらい、発語や保育者とのやりとりを楽しむ。	・自分でしようとする気持ちをくみ取りながら、基本的生活習慣を身につけるようにする。 ・自分で手を洗ったり顔をふいたりして、きれいになることを喜ぶ。 ・安全で活動しやすい環境の中で歩行の完成とともに行動範囲を広げる。 ・生活の流れがわかり、簡単な身の回りのことを手伝ってもらいながらも自分で進んでしようとする。 ・身の回りのいろいろなものに関心を持ち、開けたり閉めたり、押したり引いたり、投げたり追いかけたりと試してみようとする。 ・身近な自然に触れ、興味を持ったことを友達や保育者に言葉で伝える。 ・語彙数が増え、生活や遊びの中で簡単な会話を楽しむ。 ・好きな歌をうたったり、リズム遊びを楽しんだりする。	・保育者に見守られる中で、基本的生活習慣が身につくようにする。 ・身体のバランスが良くなり、坂道やでこぼこ道を喜んで歩く。 ・赤、青、黄など、色の名前を知り、身近な物の色の違いに関心を持つ。 ・地域の人に親しみを持つ。 ・友達とのかかわりを通して、いっしょに行動したり同じ遊びを楽しんだりする。 ・生活や遊びに約束や決まりがあることを知り、守ろうとする。 ・見たり触れたり感じたりしたことを言葉で伝えたり、やりとりを楽しんだりする。 ・感じたこと、考えたことを伝えようとしたり、友達とのかかわりの中で、言葉のやりとりや表現を楽しんだりする。 ・手遊びをしたり、リズムに合わせて身体を動かしたりする。

家庭・地域との連携

- 保護者が、子どもの成長に気づき子育ての喜びが感じられるよう、その思いを受け止める。
- 地域住人の理解のもと、子育てを支援するとともに、子育てへの関心や継承につながるように配慮する。

地域子育て支援

- 地域における総合的な子育て支援を推進する。
- 地域の未就園児親子の交流の場の提供と交流の促進。
- 育児不安について相談指導。
- 子育てサークル・サポーターに対する育成支援。
- 一時預かり保育への対応。

食育の推進

- 栄養バランスを考慮した自園給食の提供。
- 給食試食会の実施。
- 行事食の工夫。
- クッキング活動の計画と実施。
- 菜園作りの実施。

園運営の三本の柱

- 豊かな環境の中での保育・教育の内容の充実
- "子育ては立派な社会参加"という意識啓発と情報発信
- 地域に開かれた子育て支援センターとしての保育園機能の充実

目標とする子どもの姿

- じょうぶで体力のある子ども
- 元気良く友達と遊ぶ子ども
- 自分のことは自分でする子ども
- 仲間の中で自分の主張を言うことができ、皆で力を合わせることを大切にする子ども
- 自然に目を向けられる子ども
- 感動し、驚き、疑問を持ち、考え、表現できる子ども

保育時間等

- 保育標準時間　7:00～18:00
- 保育短時間　　8:30～16:30
- 延長保育　　　18:00～19:00
- 一時預かり　　9:30～15:30

幼児期の終わりまでに育ってほしい10の姿

ア．健康な心と体　イ．自立心
ウ．協同性　エ．道徳性・規範意識の芽生え
オ．社会生活との関わり　カ．思考力の芽生え
キ．自然との関わり・生命尊重
ク．数量や図形、標識や文字などへの関心・感覚
ケ．言葉による伝え合い　コ．豊かな感性と表現

育みたい資質・能力

「知識及び技能の基礎」…豊かな体験を通じて、感じたり、気づいたり、わかるようになったり、できるようになったりする。

「思考力、判断力、表現力等の基礎」…気づいたことや、できるようになったことを使い、考えたり試したり工夫したり表現したりする。

「学びに向かう力、人間性等」…心情・意欲・態度が育つ中で、よりよい生活を営もうとする。

3歳　自立感を育てる

- 健康で安心できる環境の中で、生活に必要な習慣や態度が身につくようにする。
- 基礎的運動能力が身につき、走る、跳ぶなどを喜んでする。
- 地域の人や外国の人などとふれあい、親しみを持って遊ぶ。
- 自分が思ったことや感じたことを言葉で表し、保育者や友達との言葉のやりとりを楽しむ。
- さまざまな身の回りのものに興味を持ち探索活動を楽しむ。
- 身近な動植物や自然事象に関心を持ち、見たり触れたりすることを喜ぶ。
- 自然物や身近な素材で好きなものを作り、それを使って遊ぶことを楽しむ。
- さまざまに素材や用具を使い、自由に描いたり作ったりすることを楽しむ。
- リズムに合わせて体を動かすなど、表現遊びを楽しむ。

4歳　自発性の育ちを援助する

- 健康で安全な生活に必要な習慣が身につき、自分でできることに喜びを持つ。
- いろいろな用具を使って運動遊びをすることを楽しむ。
- 集団やグループの遊びの中で、思いやりの気持ちを持ち、簡単な約束を守ろうとする。
- 友達と簡単なルールのあるゲームなどをし、友達と協力しあって遊ぶことを喜ぶ。
- 地域の人や外国の人などとふれあい、親しみを持って遊ぶ。
- 身近な動植物に触れ関心を持つ。
- 身近な物の、色や形、数量、性質に関心を持つ。
- 保育者や友達との会話を楽しみ、さまざまな言葉に興味を持つ。
- 友達といっしょに歌ったり楽器演奏したりすることを楽しむ。

5歳～6歳　主体性の確立を見守る

- 健康で安全な生活に必要な習慣が身につき、自分でできることに喜びを持つ。
- 簡単な運動競技をする中で、安全に必要な態度や習慣を身につける。
- 集団の中で必要な約束事がわかり、相手の立場に立って行動し、自分の気持ちを調整し折り合いをつけながら遊ぶ。
- 地域の人や外国の人などとふれあい、親しみを持って遊ぶ。
- 身近な動植物の飼育や栽培を通して自然物への愛情を持つ。
- 物の性質や数量、文字や記号などに関心を持ち、扱ったり比べたり分けたりする。
- 保育者や友達との会話を楽しみ、さまざまな言葉に興味を持つ。
- 友達といっしょに考えを出し合いながら、共通の目的を持ち、工夫したり協力したりして表現することを喜ぶ。
- 友達といっしょに歌ったり楽器演奏したりすることを楽しむ。

保健・安全管理

- 感染予防対策指針の作成と実施及び保護者との情報を共有する。(症候群サーベイランス参照)
- 熱中症対策。(環境省：WBGT参照)
- 外部業者による点検及び園庭整備・防犯。
- 警察署指導安全教室。
- 防災訓練の徹底。(大和郡山市ハザードマップ参照)

小学校との連携

- 日々の保育が小学校以降の生活や学習の基盤につながるよう、幼児期にふさわしい生活を通じて、創造的な思考や主体的な生活態度などの基礎を培う。
- 小学校との意見交換や研究の機会などを通して、保育所保育と小学校教育との円滑な接続に努める。

自己評価ポイント

- 児童福祉法に基づいた園の運営状況。
- 教育目標等の設定は適当か。
- 保育指針の内容に沿った子どもの発達段階に即した指導の状況。
- 環境を通して行なう教育・保育の実施の状況。
- 遊びを通した総合的な活動の状況など。

※資料提供　奈良・ふたば保育園

2歳児の年の計画

ねらい	● 保育者に見守られながら、簡単な身の回りの始末を自分でできるようにする。 ● いろいろな食べ物や料理を味わい、友達といっしょに食事を楽しむ。 ● 保育者や友達といっしょにいろいろな運動遊びを楽しむ。 ● 生活の中で身の回りの物の名前や簡単な数、形、色がわかり言葉を使って伝えたり、言葉のやりとりを楽しんだりする。 ● 友達のかかわりが増え、いっしょに行動したり同じ遊びを好んだりしてつもり遊びを楽しむ。	
	1期（4月〜5月）	2期（6月〜8月）
内容（養護・教育）	● 安心で安全な環境を作り、ひとりひとりに合わせたかかわりを行なうことで心理的な要求が満たされるようにする。 ● 子どもの思いや要求を受け止めることで信頼関係を築き、安心して過ごせるようにする。 ● 新しい環境に慣れ、保育者や友達の名前を知ってさまざまな遊びを楽しむ。 ● 食事やおやつは、介助を必要とするが、イスに座ってひとりで食べる。 ● 保育者に見守られながら、トイレでの排せつに慣れる。 ● 新しい場所でのお昼寝に慣れ、十分に眠る。 ● 衣服の着脱を自分でしようとする。 ● 好きな固定遊具や運動遊具の使い方を知り、体を動かして遊ぶ楽しさを味わう。 ● 自分の持ち物の置き場所やロッカーを知り、持ち物の始末をする。 ● 玩具や生活用具の使い方に興味を持ち、言葉で表したり使い方を知ったりする。 ● 名前を呼ばれると返事をする。 ● あいさつやしたいことを言葉で伝える。 ● 好きな歌をうたったり、知っている歌を歌ったりする。 ● 散歩や戸外遊びを喜び、体を動かして遊んだり草花や生き物に触れたりして興味や関心を持つ。	● 運動と休息のバランスに気をつけ水分補給を十分に行い、健康に過ごせるようにする。 ● 思いを受け止め、共感することで、安心してやりたいことに取り組めるようにする。 ● 男児は立ち便器での排尿に慣れる。 ● 簡単な衣服の着脱を自分でしようとする。 ● 顔や手足が汚れに自分で気づき、介助してもらったり、ひとりで洗ったりする。 ● 身体のバランスを取る活動を楽しむ。 ● 好きな曲を聴いたり、曲に合わせて動いたりする。 ● 夏の遊びを楽しむ。友達とかかわりながら水・砂・土などの自然物に触れて楽しむ。 ● パスや絵の具などでなぐり描きを楽しむ。 ● いろいろな素材に触れ、できたもので見たて遊びを楽しむ。 ● 積み木や人形を使って、つもり遊びを楽しむ。
行事	● 入園・進級式　● 交通安全教室　● 内科検診　● 春の遠足 ● 母の日　● ぎょう虫・尿検査　● 草むしり	● 保育参観　● 歯科検診　● 眼科検診　● プール開き　● 七夕の集い ● 七夕音楽会　● お楽しみ保育
家庭との連携	● 子どもを初めて集団生活の中に入れる保護者の思いや不安な気持ちを受け止め、子育ての大切さや喜びに共感し、信頼関係を築いていく。 ● 保護者に安心してもらえるように、園でのようすを話したり、家庭でのようすを聞いたりする機会を持てるようにする。また、クラスのようすをボードや手紙を通して伝えていく。	● ひとりひとりの健康状態を健康カードやかけはしノートで知らせていく。 ● 身体の清潔や衣服の準備などに配慮しながら、夏の健康に注意する。 ● 夏の生活のしかたについて手紙やボードで知らせ、食事・睡眠・体調管理などの問題や大切さを伝えていく。

2歳児の年の計画

	3期（9月〜12月）	4期（1月〜3月）
評価・反省・課題	前半は子どもたちもグループ行動になり時差なども大きく開くことがあったが、自分でできることも増えて差もなくなり集団や友達と同じことがうれしそうだった。また、上靴やはしの使用も早い時期からすることで子どもたちも落ち着き、保育者もゆっくりかかわることができたのでよかった。順番に並ぶ、約束事があることには気づいているが、それを守ることが少し知らせることが遅かったので気をつけていきたい。	
	● 愛情を持って気持ちを受け止め応じること、見守ることで子どもが自信を持って表現できるようにする。 ● 気候の変化に合わせて室温や衣服の調節をし、快適に過ごせるようにする。 ● 生活の流れがわかり、自分から行動をする。 ● よくかんで食べ、食べ終える喜びを知る。 ● 上靴の左右がわかり自分で脱ぎ履きする。 ● 衣服を汚さないでトイレでの排せつができる。排せつを事前に言葉で知らせ、見守られながらする。 ● 前開きの服の着脱のしかたを知り、ひとりでしてみようとする。 ● 使用する運動用具の種類が増え、いろいろな組み合わせを試して遊ぶ。 ● 集団生活に必要な簡単な決まりごとがわかり、待ったり譲ったりしようとする。 ● 身近な物の名称や特徴に興味を持ち、言葉で表し扱い方に慣れる。 ● 戸外で自然の変化に気づいたり、全身を使って遊んだりすることを楽しむ。 ● 好きな絵本や紙芝居を何度も読んでもらい、まねをしたり、つもり遊びを楽しんだりする。 ● 色の名前を知り、遊具や服など色の違いに興味を持つ。	● ひとりひとりの体調に気を配り感染症予防に努める。 ● 進級に向けて基本的生活習慣が身につくようにする。 ● 生活に必要な習慣や食事な基本的な習慣や態度が身につく。 ● 食べ物の種類により、はし・スプーン・フォークを使って食べる。 ● 友達といっしょに食べることを喜ぶ。 ● ひとりで衣服の着脱をし、自分でたたんでしまおうとする。 ● 簡単な約束事を守って友達と遊ぶ。 ● 身近な玩具や生活用具の正しい使い方がわかり、使って遊ぶことを楽しむ。 ● 見たり、触れたり感じたりしたことを言葉で伝えたり、やりとりを楽しんだりする。 ● 友達との会話を楽しむ。 ● 簡単なごっこ遊びを楽しむ。 ● 冬の自然現象に興味を持ち、それらに触れて遊ぶ。 ● 切ったりはったりして好きなものを作ったり、作ったもので遊ぶことを楽しむ。 ● 3歳児への進級に期待を持つ。
	● 老人会　● 運動会　● 乳児遠足　● 内科検診　● 歯科検診　● イモ掘り ● 作品展　● 焼きイモパーティー　● 個人懇談　● 眼科検診　● クリスマス会 ● もちつき大会	● たこ揚げ　● 生活発表会　● 節分の集い　● 修了式　● 卒園式
	● 親子で行事に参加して楽しみながら、成長を感じたり親子でふれあう大切さに気づいたりする。 ● 運動会や園外保育を通して、行事への参加、協力をお願いする。 ● 寒くなるので健康管理の方法と必要性を伝える。	● 自我が強くなるが、まだ甘えたい気持ちがあることを伝え理解してもらい、温かく受け止めてもらえるように互いに協力してもらう。 ● 発表会などで子どもの成長を保護者とともに成長を喜び合う。 ● 進級に向けての準備をしてもらうよう手紙を出したり確認してもらったりする。

※資料提供　奈良・ふたば保育園

この本で！指導計画が書きやすくなる理由（ワケ）！

本書には、指導計画をより書きやすくするためのヒントや工夫がたっぷり詰まっています！

月案

このクラスとは別の場合のポイントを掲載しています。さまざまな場合の立案の参考にしてください。

週案的要素を持つ生活と遊びの計画や保育資料です。詳しくはP.23をご覧ください。

指導計画中の、よい表現を特に抜き出しています。

個人案

個人案を読み取るために、下の欄では、週案的要素のクラス集団としてとらえた環境・配慮と発達をまとめています。（P.23参照）

4月のふりかえりから5月の保育へ

あらためて意識できるように、その月のねらいと評価・反省・課題を掲載しています。

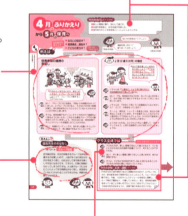

ひとりひとりの保育を振り返っています。子どもの育ちとみずからの保育、そしてたてたねらいを振り返ってクラス全体での振り返りに生かします。

日の記録

子どもの評価から、具体的な保育の進め方についてのアドバイスです。

毎月、その月の保育を受けて、大切なキーワードをもとに、学びになる部分を設けています。

ひとりひとりの姿を受けて、クラス全体の振り返りにつなげています。

4月

ねらいより
新しい環境に慣れ、安心して過ごす。

月案 (A〜C児) ・・・・・ P.50

 手が出ることもある
A児(2歳)

 排せつの自立に向かう
B児(2歳4か月)

 怒って訴える
C児(2歳6か月)

個人案 (D〜H児) ・・・・・ P.52

 人見知りすることもある
D児(2歳)

 玩具の取り合いをする
E児(2歳1か月)

 好き嫌いがある
F児(2歳2か月)

 新しい環境に慣れない
G児(2歳3か月)

 「保育者といっしょ」に安心する
H児(2歳5か月)

個人案 (J〜N児) ・・・・・ P.54

 「ジブンデ」の気持ちが強くなる
J児(2歳6か月)

 保護者と離れると泣いてしまう
K児(2歳7か月)

 自分で身の回りのことをしている
L児(2歳8か月)

 新入所(園)で不安なようすがある
M児(2歳9か月)

 登園時に泣いている
N児(2歳10か月)

※2歳児クラスでは、4月以降も途中入所(園)児がいることを踏まえ、多様な場面でご参考頂けるよう、本書では13人の個人案からスタートし、6月に1人、7月に1人増え、計15名となります。

これも！おさえておきたい

4月の計画のポイントと文例 ・・・・・ P.56

日の記録 ・・・・・ P.57

4月のふりかえりから5月の保育へ ・・・ P.58

4月 月案

CD-ROM　4月 ▶月案

今月のねらい（クラス全体としてのねらいです）
- 新しい環境に慣れ、安心して過ごす。
- 友達や保育者と、好きな遊びを楽しむ。
- 身の回りのことを保育者といっしょにしようとする。

4月 月案

* マークのマーカーが引いてある部分は、ページ下部の解説とリンクしているのでご覧ください。

* 「今月のねらい」「健康・食育・安全」「保育者間の連携」「家庭・地域との連携」については、P.56の内容も、立案の参考にしてください。

	今月初めの子どもの姿 ○	ねらい ★・内容 ☆
手が出ることもある A児（2歳）	○タイミングが合えばトイレで排せつする。 ○玩具や場所の取り合いで手が出てしまうことがある。	★トイレで排せつをできるようにする。 ★思いを受け止められ、安心して過ごす。 ☆トイレでできたら十分に褒め、自信につなげる。 ☆好きな遊びを楽しむ中で友達の思いに気づく。
排せつの自立に向かう B児（2歳4か月）	○自分でしたいという気持ちが出てきている。 ○トイレで排せつすることに慣れてくる。	★トイレでの排せつができる。 ★体を十分に動かして遊ぶことを楽しむ。 ☆保育者に見守られながらトイレで排せつをする。 ☆戸外でかけっこや探索をして遊ぶ。
怒って訴える C児（2歳6か月）	○思いどおりにいかないことがあると怒って訴えることがある。 ○トイレで排せつすることに慣れてきている。	★トイレで排せつをしようとする。 ★保育者に自分の思いを表そうとする。 ☆トイレで排せつをする。 ☆自分の思いを言葉にする。

週案的要素

クラスの行事・生活・遊びの計画

第1週
- 月：戸外（水やりをする）
- 火：砂場遊びを楽しむ
- 水：ボールで遊ぶ
- 木：砂場遊びを楽しむ
- 金：入園・進級式に参加する

玩具・積み木、ブロック
歌・『小さな庭』
絵本・『はらぺこあおむし』

第2週
- 月：ボール、ブロックやボタンで遊ぶ
- 火：車の玩具で遊びを楽しむ
- 水：電車ごっこをする、洗濯バサミを楽しむ
- 木：総合遊具で遊ぶ、積み木を使って遊ぶ
- 金：子育て支援児との交流を楽しむ

玩具・ブロック、ボタン
歌・『小さな庭』『チューリップ』
絵本・『はらぺこあおむし』

書き方のヒント　いい表現から学ぼう！

戸外からの入室や排せつなどに時間がかかるので、2グループに分け、（中略）グループ単位で順序よく、行動していきたい。

理由 ▶▶▶ グループ単位で順序よく行動する

2歳児クラスは、子ども6人に保育者1人ですから、6人グループで担任がついて行動するほうが、まとまりやすいことに気づき、相互に連携しつつ進めるのは評価できます。

4月 月案

健康・食育・安全
- 熱性痙攣やアレルギーの有無などの健康状態を把握し、対処法を理解しておく。
- ひとりひとりの食べる量、ペースを把握し、楽しく食事する。
- 遊具や保育室の安全点検をし、安全に楽しく遊べるようにする。

保育者間の連携
- ひとりひとりの健康状態を、個人記録で事前に把握しておき、対処法を職員間で共通理解しておく。
- 保育室や園庭の安全点検を行ない、子どもたちが安全な場所で遊べるように心がける。

家庭・地域との連携
- 送迎時に園や家庭でのようすを互いに伝え合いながら信頼関係を築いていく。
- クラスでの持ち物の置き場所、身じたくのしかたを、イラストでわかりやすく表示する。

環境づくり◆と保育者の援助◇	子どもの発達◎と評価・反省・課題✶
◆トイレは清潔に使いやすくしておく。 ◇排尿間隔を把握し、トイレに誘いかける。 ◇友達の気持ちを言葉で伝えるようにする。	✶好きな玩具やいろいろなものに興味を持ち、意欲を持っているが言葉で伝えることができないので仲介し、伝えていけるようにする。 ◎紙パンツがぬれることが少なくなってきている。
◆ようすを見て、パンツで過ごす時間を増やす。 ◇「いっしょにかけっこしよう」などと言葉をかけていく。 ◇「できたよ、いっしょにしよう」という気持ちに寄り添い共感することで、次への関心や探索意欲につなげる。	◎食事などほとんどひとりで食べている。スプーンの持ち方を下握りにするよう知らせていく。 ◎4月中旬より布パンツに移行する。午睡後は紙パンツがぬれていることが多い。
◇思いどおりにいかないときも何がいやなのか落ち着いて相手に自分の気持ちを伝えていくよう、保育者が言葉をかける。 ◇自分でしたいという気持ちに寄り添いつつ、さりげなく手助けする。	◎日中は、布パンツで過ごしている。午睡後は紙パンツに出ていることが多い。 ◎自分のことは自分でしたい気持ちが強く、援助をいやがることが多い。

第3週
- 月 ボールで遊ぶ、折り紙でイチゴを作る
- 火 身体計測をする、絵本を見る
- 水 電車ごっこ、なぐり描きを楽しむ
- 木 サーキット、こいのぼりを作る
- 金 子育て支援児との交流を楽しむ

玩具・ブロック、洗濯バサミ
歌・『いちご』
絵本・『ペネロペ ひとりでふくをきる』

第4週
- 月 誕生会
- 火 手形を取って遊ぶ
- 水 電車ごっこ、なぐり描き
- 木 サーキット遊び、こいのぼり作り
- 金 子育て支援児との交流を楽しむ

玩具・知育玩具
歌・『いちご』『こいのぼり』
絵本・『はらぺこあおむし』

評価・反省・課題（P.58でくわしく説明！）
戸外からの入室や排せつなどに時間がかかるので、2グループに分け、担当者を決めて保育することにしたところ、スムーズに行動できた。今後、1日のタイムスケジュールを相互に理解し、グループ単位で順序よく、行動していきたい。また、保育者の援助を待っていることが多いのでひとつひとつ自分でしてみようという気持ちを引き出すように、言葉で着方を知らせたりする。

4月 個人案

→ 5月 P.62へ

4月 個人案

	D児（2歳）人見知りすることもある	E児（2歳1か月）玩具の取り合いをする	F児（2歳2か月）好き嫌いがある
今月初めの子どもの姿 ○	○人見知りをすることがある。 ○トイレに行くのをいやがるときがある。 ○クレヨンで絵を描くことが好きである。	○玩具や場所の取り合いで手が出ることがある。 ○男児用トイレで排尿することに慣れてきている。	○苦手なものは食べようとせず、残すことが多い。 ○新しい保育室で過ごすことを喜び、興味を持ち楽しんでいる。
ねらい ★ ・ 内容 ☆	★心の安定が図れるようにする。 ★好きな遊びを十分に楽しむ中で、園生活に親しみを持つ。 ☆ゆったりとした雰囲気の中で保育者にかかわってもらうようにする。 ☆安心できる保育者と好きな遊びをする。	★思いを受け止められ、安心して過ごす。 ★トイレに行き、ひとりで排せつをする。 ☆好きな遊びを楽しむ中で、自分の気持ちを言葉で表したり、友達の思いに気づいたりする。 ☆男児用トイレの立つ位置やしかたを知る。	★楽しく食事をする中で、食べることの大切さを知る。 ★好きな場所や遊びを見つけて楽しむ。 ☆保育者に促されながら苦手なものも少しずつ食べてみようとする。 ☆さまざまな遊具・玩具や絵本・歌を楽しむ中で、興味のあるものを探す。
環境づくり ◆ と 保育者の援助 ◇	◆さまざまな大きさの画用紙をたくさん用意しておく。 ◆描きやすいテーブルやイスを出しておく。 ◇楽しく描けたことに共感し、周りの友達に少しずつ伝えていく。 ◇安心して過ごせるような環境をつくり、そばにつく。 ◇トイレに行きたくなるよう誘いかけ、できると褒める。	◆車の玩具、フープの電車ごっこ、総合遊具などで体を使って十分に遊べるような環境を整える。 ◇友達の思いを言葉で伝えられるように援助する。 ◇立って排尿できたときは十分に褒めるようにする。	◆読み聞かせのときに、なんでもいっぱい食べることが元気に育つために大切だとわかるような絵本（『ゆっくとすっく いっぱい たべたら』など）を選ぶ。 ◇保育者もいっしょに食べながら言葉をかけ、食べることに関心を持てるようにする。 ◇興味を持った遊びを保育者もいっしょに楽しみながら、玩具の使い方や遊び方を知らせる。
子どもの発達 ◎ と 評価・反省・課題 ✻	✻トイレで便器に座るがほとんど排尿せず紙パンツに出ている。「また、今度ね…」などと優しく言葉をかけていく。 ◎自分のクレヨンを使って描くことを喜び、楽しんでいる。 ✻人見知りをマイナスととらえずかかわりたい。	◎違う遊びをしていても興味があるものを見つけると別の場所に行くことがある。気をつけて見ていく。 ◎午睡後も紙パンツがぬれていないことが多い。 ✻言葉の育ちをはかるかかわりを増やしたい。	✻何にでも興味を示しているので、いろいろな遊びに誘って体験をもっと広げたい。

週案的要素 — クラスの生活と遊び（環境配慮）

第1週	第2週
・窓を開け、こまめに換気する。 ・保育室を清潔にし、気持ち良く新学期を迎えられるようにする。 ・グループに分かれ、少人数で保育者や友達とかかわり、遊べるようにする。	・新しい環境に慣れるよう、保育室で落ち着いて過ごす。 ・異年齢児とかかわりながら遊ぶことを楽しむ。 ・手遊びは子どもが引き付けられるよう、前で大きな動作で楽しんでいる。

育ちメモ　2歳児クラスの4月は、進級児と新入所（園）児との混合となります。新入所（園）児の中には母親との愛着関係について人見知りが始まっている子どもや、新しい環境に適応しにくく、泣く子どもも

G児 (2歳3か月) 新しい環境に慣れない	H児 (2歳5か月) 「保育者といっしょ」に安心する
○新しい生活に慣れずに泣いて過ごすことが多い。 ○戸外に出て遊ぶことを喜んでいる。	○スプーンを使って自分で食べようとしている。 ○保育者といっしょにいることで安心して、好きな遊びや興味のある玩具で遊んでいる。
★安心できる保育者といっしょに過ごす。 ★戸外に出て、春の自然にふれて遊ぶことを楽しむ。 ☆スキンシップを取りながら喜びそうな遊びに誘う。 ☆戸外遊びの中で、自然物に気づき、親しむ。	★スプーンを使って食べる。 ★保育者といっしょに好きな遊びを楽しむ。 ☆楽しい雰囲気の中でスプーンを使って食べる。 ☆保育者といっしょに戸外で遊んだり好きな玩具・遊具を使ったりする。
◆友達が遊んでいるようすを保育者といっしょに見たり言葉をかけたりして、気持ちが開いてくるのを待つ。 ◆子どもの言葉に耳を傾け、保育者が人的環境となって気持ちの安定を図る。 ◇自然物にかかわって遊ぶようすに共感していく。	◆保育者がスプーンで食べて見せて、こぼさないで食べられる使い方を伝えていく。 ◆砂場の遊具・道具をさまざまに用意したり、異年齢児の砂場遊びをいっしょに見たりして、興味・関心の広がりを見ていく。 ◇こぼさずに最後まで自分で食べようとする姿に共感し、励ます。 ◇戸外が好きなので、砂場での遊びに誘うなどする。
※決まった保育者がG児に寄り添うことで少しずつ安定してきている。もっと十分に受け入れ、保育者や園が自分を大切にしてくれるところだと感じてくれるようにしたい。	◎「じぶんで」が、気持ちだけではなくできるようになってきている。 ※保育者が手を出しすぎないように、うまく見守れるところは見守って、育ちを待てるようにしたい。

第3週	第4週
●戸外に出て、のびのびと体を動かして遊ぶ。 ●絵本を読むときは子どもたちが見やすいよう、子どもを座らせ高い位置で絵本を持つ。	●"自分で作る"ことを楽しみ、でき上がった喜びを感じる。 ●体を動かして遊ぶことを楽しむ。 ●ままごとではままごとセットの使い方を伝え、玩具を出しすぎないよう声をかける。 ●製作では子どもたちがわかりやすいように、準備物を分けて置いておく。

います。それにつられて進級児まで情緒不安になります。保育者とのかかわりで落ち着けるよう、手遊びや絵本の読み語りなどで遊びましょう。

4月 個人案

5月 P.64へ

	J児（2歳6か月） 「ジブンデ」の気持ちが強くなる	K児（2歳7か月） 保護者と離れると泣いてしまう	L児（2歳8か月） 自分で身の回りのことをしている
今月初めの子どもの姿 ○	○衣服の脱ぎ着を自分でしたいという気持ちが強くなる。 ○トイレで排せつしようとしている。	○新しい環境に慣れずに、保護者と離れる際は泣いている。 ○卵アレルギーがあり除去食を食べる。	○自分で服の脱ぎ着をしようとしている。 ○男児用便器で排せつしようとしている。布パンツに移行できそうだ。 ○スプーン、フォークを持ち、お皿に残ったごはんを食べている。
内容 ねらい ★・☆	★自分でできた喜びを味わう。 ☆便意を催したことを保育者に伝える。 ☆簡単な衣服の脱ぎ着を自分でしようとする。	★園生活に慣れ、安心して過ごす。 ★保育者に見守られながら、好きな遊びを見つけて楽しむ。 ☆安心できる保育者といっしょに過ごし、新しい環境での不安を取り除く。 ☆保育者と安心して遊ぶ。	★保育者に見守られながら、安心して過ごす。 ☆服の脱ぎ着などを自分でしようとする。 ☆スプーンを使って十分に食事をする。
環境づくりと保育者の援助 ◆◇	◆「次はこれだよ」と衣服を取りやすいように順番に並べておく。 ◇ひとりでは難しいところは、具体的に言葉で伝え、援助していく。 ◇紙パンツに排せつしたのを知らせてくると十分に褒める。	◆スキンシップをたくさん取るようにする。家庭でのようすを聞いたり園でのようすを伝えたりして連絡を取る。 ◇卵のアレルギーがあるため除去食になることを友達にも伝えながら、いっしょに楽しく食べられるようにする。	◆スプーンを使って自分で食べられるように、ゆったりと時間を取るようにする。 ◇L児の自分でする意欲が増すように、生活習慣のあらゆる場面での見守りと言葉がけを心がけ、できてもできなくても笑顔で寄り添う。
評価・反省・課題 子どもの発達 ◎と※	◎便意を言葉で伝えるがトイレに行くと出ないことが多く、紙パンツでしている。 ※脱ぎ着など援助を待っていることが多い。方法をさりげなく伝えていくようにしたい。	◎好きな遊び環境が園にあることがわかり、保護者と離れるときに泣かなくなってきた。保護者にもそのことを伝え、成長を喜び合う。 ※もっと楽しいことを味わえるように、環境構成を工夫したい。	◎衣服の脱ぎ着や脱いだ服の後始末を自分でしようとしている。できると「できた」と伝えてくるので十分に褒める。 ※途中で集中が切れ、ほうっておいてしまうときがあるので、脱いだ服の後始末を最後まできちんとできるように伝えていく。

	第1週	第2週
クラスの生活と遊び（環境配慮）	・窓を開け、こまめに換気する。 ・保育室を清潔にし、気持ち良く新学期を迎えられるようにする。 ・グループに分かれ、少人数で保育者や友達とかかわり遊べるようにする。	・新しい環境に慣れるよう、保育室で落ち着いて過ごす。 ・異年齢児とかかわりながら遊ぶことを楽しむ。 ・手遊びは子どもが引きつけられるよう、前で大きな動作で楽しんでする。

育ちメモ：新入所（園）児や進級児でも新しい環境に不安感を持つ子どもには、登園時の受け入れの保育者の担当者を決め、同じ保育者が出迎えると、比較的早く落ち着いて泣かなくなります。出迎えた保育者の

新入所(園)で不安なようすがある M児（2歳9か月）	登園時に泣いている N児（2歳10か月）
○新しい環境や生活にとまどい、不安になる姿もある。	○新しい環境になり、泣いて登園して来る。 ○苦手なものが出てくるとと、目をつぶって食べないことが多い。
★新しい環境で、安心して過ごせるようにする。 ★保育者や友達といっしょに、好きな遊びを見つけて楽しむ。 ☆ゆったりとした雰囲気の中で、園生活に慣れる。 ☆手遊びや遊具で、友達や保育者と遊ぶ。	★食べ物に関心を持ちながら好きなものを喜んで食べる。 ☆安心できる保育者といっしょに過ごす。 ☆さまざまな食材に興味を持って食べる。
◆さまざまな遊具や玩具を用意し、好きな遊びを探っていけるようにする。 ◇生活や遊びの場面で、保育者や友達とのスキンシップを心がける。	◆毎日決まった保育者が受け入れをし、安心して過ごせるようにする。 ◇保育者もいっしょに食べながら子どもが食べてみたくなるような言葉をかける。
◉最初は不安がっていたが泣くこともなく過ごしている。給食やおやつを残すことが多い。徐々に食べていけるようにする。 ◉友達と楽しく遊ぶ姿がよく見られる。	※少しずつ園生活に慣れてきたが、まだ登園時にきげんが悪くなることもあるので、より楽しいかかわりを工夫していきたい。

第3週	第4週
● 戸外に出て、のびのびと体を動かして遊ぶ。 ● 絵本を読むときは子どもたちが見やすいよう、子どもを座らせ高い位置で絵本を持つ。	● "自分で作る"ことを楽しみ、でき上がった喜びを感じる。 ● 体を動かして遊ぶことを楽しむ。 ● ままごとではままごとセットの使い方を伝え、玩具を出しすぎないよう声をかける。 ● 製作では子どもたちがわかりやすいように、準備物を分けて置いておく。

担当のグループに所属するようにし、ふれあい遊びなどで、スキンシップを多くとるようにして、信頼関係を築くようにしていきます。

これも！おさえておきたい
4月の計画のポイントと文例

本指導計画の月案では、A〜H、J〜N児に合った今月のねらいなどを掲載しています。より参考にしていただけるように、ここでは、この月によくある、ほかにも押さえておきたいポイントを紹介しています。

CD-ROM　4月 ▶ 文例

今月のねらい

2歳児は母子の愛着関係が強くなり、分離不安は乳児より環境の変化がわかり、激しくなります。家庭で愛着を持っているタオルや玩具を持ってくることを受け止めたり保育者とのスキンシップを十分に取ったりして不安な情緒を安定させるようにしましょう。

文例
ひとりひとりの不安な気持ちを受け止め、安心できるようにする。

健康・食育・安全

初めて出会う園の環境で2歳児の興味を引くのが家庭には無い園庭の遊具です。初めて見る大きなすべり台や、ブランコを見た子どもの目は輝きます。遊びたいけど怖いと思う子どももいます。階段の昇り方、滑る姿勢などていねいに知らせることが安全の基本ともなるのです。

文例
固定遊具の遊び方をそのつど知らせる。

保育者間の連携

2歳児クラスの4月は、進級児と新入所（園）児の対応に配慮が必要ですが、新入所（園）児のそれぞれの体調や発達、適応のようすなどを全職員に伝え合い把握していくことが重要です。不安定な子どもには特定の保育者がかかわるようにして子どもを受け止めていく配慮をします。

文例
新入所（園）児のようすを伝え合い、同じ保育者がかかわるようにする。

家庭・地域との連携

4月は、進級児も通園カバン、制服、帽子、上靴など新調しなければならない物が多いことでしょう。続けて使うものでも記入している名前が薄くなっていることもあります。すべての持ち物、園に置いておく物に名前を記入してもらうことに、協力してもらいます。

文例
持ち物が新しくなるので、継続児の保護者にも名前の記入を知らせていく。

4月 日の記録

保育を振り返るために、また仕事の証として、日々の記録は欠かせません。ここでは例として、同じ日の月齢の近い6人を抜き出して掲載しています。次の計画に生かしましょう。

CD-ROM 日の記録フォーマット

4月 7日 (月)

時刻	A児 (2歳)	B児 (2歳4か月)	D児 (2歳)	E児 (2歳1か月)	F児 (2歳2か月)	H児 (2歳5か月)
8	登園	登園	登園	登園	登園	登園
9	間食(牛乳残す) 戸外	間食(全) 戸外	間食(半分残す) 戸外	間食(全) 戸外	間食(2/3残す) 戸外	間食(全) 戸外
10	小 絵本	小 絵本	オ 絵本	小 絵本	オ 絵本	小 絵本
11	給(お汁残す) 小	給(全) 小	給(あつあげ残す) オ	給(全) 小	給(半分残す) オ	給(全) 小
12	12:20 ↓	12:20 ↓	12:30 ↓	12:20 ↓	12:20 ↓	12:30 ↓
13	↓	↓	↓	↓	↓	↓
14	14:40	14:40	14:40	14:40	14:40	14:40
15	オ 間食(全)	小 間食(全)	オ 間食(全)	小 間食(全)	オ 間食(全)	オ もどす(36.7℃) 間食(全)
16	延長保育へ	延長保育へ	延長保育へ	降園	延長保育へ	延長保育へ
17						
18						

主な保育の予定

本日のねらい
- 保育室や保育者などの新しい環境に慣れる。

登園時に留意すること
- 保護者に休み中のようすを聞き、健康観察をする。

環境づくり(歌・絵本・素材・コーナーなど)
少人数グループでゆったりと、コーナー遊びをする。
歌:『チューリップ』
絵本:『はらぺこああおむし』

遊びの予定
戸外:ボール遊び
コーナー:積み木、絵本

降園時に留意すること
- 園でのようす、健康状態を伝える。

保育の実際と評価・反省・課題

登園時の健康観察(異常 ㊅・有…   )

養護(生命の保持と情緒の安定)にかかわること
F児(継続児)が新しい環境に慣れず、泣いて登園している。同じ保育者がかかわり、信頼関係を築いていけるようにしていく。

環境づくりについて
泣いている子どもと、落ち着いて遊んでいる子どもを、別の場所で過ごせるようにしたので、つられて泣くこと子どもはいなかった。受け入れ時に、ロッカー回りが混雑しない方法を考えていきたい。

保育者の援助について(チームワークを含む)
泣く子どもへの対応や、着替え時など、保育者間で声をかけ合って、臨機応変に対応できた。午睡後に、自分から着替えようとしない子どもが多いので、習慣づくように知らせていきたい。

降園時の健康観察(異常 無・㊅… H児:午睡後にトイレでもどす。36.4℃、間食は全食している。)

:排尿 大:大便 オ:オムツ交換 く:薬 給:給食 (全):全食 茶:お茶 ↓:睡眠

実践ポイント
新しい環境で不安な子どもの泣き声につられて泣くことがあります。泣き声が広がらないように場所を分ける配慮はいいですね。

※SIDS(シッズ)とは「乳幼児突然死症候群」と呼ばれる、睡眠中突然死する病気です。一定時間ごとに睡眠中の子どものようすを確認しましょう。ここでは15分ごとに複数の保育者でチェックしています。SIDSについて詳しくはP.172をご覧ください。

4月のふりかえりから5月の保育へ

ふりかえりポイント
- ★ ねらいの設定は？
- ◆ 環境構成・援助は？
- ○ 子どもの育ちは？
- 次月へのつながりは？

今月のねらい（P.50参照）
- 新しい環境に慣れ、安心して過ごす。
- 友達や保育者と、好きな遊びを楽しむ。
- 身の回りのことを保育者といっしょにしようとする。

私たちの保育はどうでしょう。
場面を思い浮かべて振り返ってみましょう。
T先生（5年目）　S先生（2年目）

4月 例えば…

保育者間の連携の見直し

◆ 戸外から入室するときや、排せつのときなど、2グループに分けて保育したことで、スムーズに行動することができたわね。

はい！ グループに分ける前は、予想よりも時間がかかっていました。2グループに分けると、子どもたちが待つ時間が減り、また保育者もひとりひとりにていねいにかかわることができたと思います。

そうね。保育者間でもアイコンタクトや声かけで連携をよく取るようになったわ。これからも適宜グループでの行動を取り入れていきましょう。そのためには、保育者間で、タイムスケジュールを確認し合うことが大切よ。

はい！ 毎朝のミーティングや、見やすい位置にタイムスケジュールをはって、常に確認できるようにしたいです。

J児（2歳6か月）の場合

★ 自分で脱ぎ着したい気持ちを大切にしようと、◆できるだけ見守るようにし、できないところをさりげなく手伝うようにしました。

Jちゃんは、○上着など、じょうずに着られたときは笑顔を見せて喜んでいるわね。

はい！ でも、保育者が手伝うのを、待っているときが多くて、自分で脱いだり着たりできるようになってほしいなと思っています。

Jちゃんが、できなくて困っている場面はどんなときかしら？ どこで、介助を待っているの？

えーっと、例えば、トレーナーを着るときは、首元から頭を出して止まっています。そでを通そうとしてもクルクルと服が回ってできないんでしょうか。片方の手で服を持つように声をかけたらよいのかもしれません！

よくわかったわね。ひとりひとりをよく観察して、「自分でやってみよう」と思える援助のしかたを見つけていきましょうね。

伝えたい!! 園長先生のおはなし

キーワード　グループ保育

低年齢幼児は、自分の所属するグループ全体を認識するのは難しいので、人数が多くなれば自分の存在を危うく感じ、右往左往して落ち着きを無くし不安定になるのです。ですから、行動に時間がかかってしまうのですね。少人数グループに分けたことによって待ち時間も少なく感じ、保育者もていねいにかかわることができたのね。判断が的確だったのです。

クラス全体では

次月の指導計画に生かせます！

子どもたちが、新しい環境で安心して過ごせるよう、ていねいにかかわるための援助や配慮について、考えることができたわね。

はい！ 早く新しい環境に慣れてほしいと思いますが、焦りは禁物ですね！

そうよ。子どもたちの気持ちをていねいに受け止めることが、子どもたちの安心感につながっていくのよ。

今月の評価・反省・課題（P.51参照）

戸外からの入室や排せつなどに時間がかかるので、2グループに分け、担当者を決めて保育することにしたところ、スムーズに行動できた。今後、1日のタイムスケジュールを相互に理解し、グループ単位で順序よく、行動していきたい。また、保育者の援助を待っていることが多いのでひとつひとつ自分でしてみようという気持ちを引き出すように、言葉で着方を知らせたりする。

5月

ねらいより
安心して快適に生活できるようにする。

月案 (A〜C児) ・・・ P.60

スプーンに慣れてきた
A児 (2歳1か月)

友達とかかわっている
B児 (2歳5か月)

自分でできている
C児 (2歳7か月)

個人案 (D〜H児) ・・・ P.62

園生活に慣れてきた
D児 (2歳1か月)

布パンツに移行した
E児 (2歳2か月)

戸外遊びが大好き！
F児 (2歳3か月)

安心できる保育者ができてきた
G児 (2歳4か月)

春の自然に関心を持つ
H児 (2歳6か月)

個人案 (J〜N児) ・・・ P.64

排せつの自立をしようとする
J児 (2歳7か月)

苦手な食べ物がある
K児 (2歳8か月)

保育者と会話しようとする
L児 (2歳9か月)

ひとり遊びを楽しむ
M児 (2歳10か月)

少しずつ園に慣れてきた
N児 (2歳11か月)

これも！おさえておきたい

5月の計画のポイントと文例 ・・・ P.66

日の記録 ・・・ P.67

5月のふりかえりから6月の保育へ ・・・ P.68

※2歳児クラスでは、4月以降も途中入所（園）児がいることを踏まえ、多様な場面でご参考頂けるよう、本書では13人の個人案からスタートし、6月に1人、7月に1人増え、計15名となります。

5月 月案

CD-ROM 　5月 ▶月案

今月のねらい（クラス全体としてのねらいです）
- ひとりひとりの子どもが安心して快適に生活できるようにする。
- じっくりと好きな遊びを楽しむ。
- 保育者や友達といっしょに体を動かして遊ぶ楽しさを味わう。

＊ 🔍 マークのマーカーが引いてある部分は、ページ下部の解説とリンクしているのでご覧ください。

＊「今月のねらい」「健康・食育・安全」「保育者間の連携」「家庭・地域との連携」については、P.66の内容も、立案の参考にしてください。

	前月の子どもの姿 ○	ねらい ★・内容 ☆
スプーンに慣れてきた **A児**（2歳1か月）	○自分でスプーンを持って食べる楽しさがわかってきた。 ○自分の思いを簡単な言葉で伝えようとしている。	★スプーンやフォークを使い自分で食べることを楽しむ。 ★保育者と言葉のやりとりを楽しむ。 ☆スプーンやフォークで自分で食べる。 ☆言葉が豊かになるように、絵本や歌、手遊びなどを保育者といっしょに繰り返し楽しむ。
友達とかかわっている **B児**（2歳5か月）	○スプーンを使って食べることに慣れてきており、ひとりで食べている。 ○友達といっしょにいることが多い。	★スプーンを正しく持って食べる楽しさを知る。 ★友達といっしょに遊ぶことを楽しむ。 ☆スプーンを下握りをして食べる。 ☆保育者や、友達とフープで電車ごっこなどをして遊ぶ。
自分でできている **C児**（2歳7か月）	○排せつのときや脱ぎ着のときなど生活のいろいろな場面で、自分でできることが増えてきている。 ○保育者や友達といっしょに遊んでいるときなど、言葉で思いを伝えようとしている。	★身の回りの簡単なことを自分でしようとする。 ★自分の思いを簡単な言葉で伝える。 ☆衣服のボタンを自分で留める。 ☆保育者と言葉のやりとりをする。

週案的要素

クラスの行事・生活・遊びの計画

第1週		第2週	
月 サーキット遊び 火 シールはり 水 なぐり描き、サーキット遊び 木 のり製作遊び、砂場で遊ぶ 金 子育て支援児との交流を楽しむ	玩具・シールはり、絵本 歌・『手をたたきましょう』『いちご』 絵本・『ねずみくんのチョッキ』	月 身体計測、フープを使って遊ぶ 火 製作遊び、戸外探索 水 誕生会に参加する 木 なぐり描き、ホールで遊ぶ 金 子育て支援児との交流を楽しむ	玩具・ブロック 歌・『手をたたきましょう』『大きなちょうちん』 絵本・『どろんこ ももんちゃん』

書き方のヒント いい表現から学ぼう！

園生活に少しずつ慣れてきているが、疲れが出やすい時期なので、体調や情緒面の変化について、こまめに連絡を取り合う。

→ **理由**

疲れが出やすい時期
環境が変わった4月の緊張や、連休中の過ごし方、紫外線の強い季節など、子どもに疲れが見られます。体調の変化を園と家庭が綿密に連絡を取ることは大切です。

5月 月案

健康♪・食育♥・安全✖	保育者間の連携	家庭・地域との連携
●気温が上がる時期なので、湯茶が十分に飲めるように適温に冷まして用意する。♪ ●スプーンやフォークを下握りやえんぴつ持ちで自分で食べる楽しさを伝える。♥ ●砂場や保育室に遮光ネットやよしずを立て日よけを作っておく。✖	●変わったことや健康状態をそのつど伝え、共通理解しておく。 ●遊びのようすを伝い合い個々に応じた配慮ができるようにする。 ●ホール・園庭・砂場の使用表を作り調整しておく。	●園生活に少しずつ慣れてきているが、疲れが出やすい時期なので、体調や情緒面の変化について、こまめに連絡を取り合う。💡 ●水遊びに向けての案内文書を出して用意してもらう。

環境づくり◆と保育者の援助◇	子どもの発達◎と評価・反省・課題✺
◆安心して食べられるよう床にシートを広げるなど、こぼれてもよい環境をつくる。 ◇持ち方にこだわらず、スプーンで食べられたことを喜び、褒める。 ◇思っていることを言葉で言えるよう声をかける。	◎自分でスプーンを持ち食べたい気持ちが強いが、好きな物だけを食べてしまうことが多い。 ◎単語を聞き取れるようになり、話すことを楽しめるようになってきている。
◆保育者の笑顔で、みんなでいっしょに楽しく食べる雰囲気をつくるなど、いっしょにいることが楽しくなる工夫をする。 ◆スプーンの持ち方を繰り返し知らせるようにする。 ◇友達といっしょに遊べるように、遊びに誘っていく。	◎手づかみになったり、上握りになったりすることが多いので繰り返し知らせていく。 ◎玩具の取り合いになることがあるので「かして」のやりとりを知らせていく。
◆砂場遊びの後で、保育者が水道の栓をひねって手足を洗う姿を見せ、きれいになった気持ち良さを伝える。 ◇子どもの意欲を大切にし、できたときは十分に認めていく。 ◇子どもの言葉を受け止めて、会話する楽しさを伝えていく。 ◆自然物や町のようすについて、下見のときに気をつけて調べておく。	◎自分でできることを喜び、進んでしようとしている。できないときは援助を求めている。 ◎保育者との会話を楽しんでいる。思いなどを受け止めていく。

第3週		第4週	
月 避難訓練、はだしで砂場遊び 火 粘土遊び、積み木遊び 水 フープで遊ぶ、車の玩具で遊ぶ 木 クレヨンで遊ぶ 金 子育て支援児との交流を楽しむ	玩具・粘土、積み木 歌・『かえるの合唱』『ながぐつマーチ』 絵本・『ねずみくんのチョッキ』『はい、うんち』	月 近くの森に散歩に行く 火 リトミック遊び 水 父の日の製作 木 父の日の製作 金 クレヨンで遊ぶ	玩具・ボタン遊び、洗濯バサミ遊び 歌・『かえるの合唱』『ながぐつマーチ』 絵本・『ねずみくんのチョッキ』

評価・反省・課題 (P.68でくわしく説明!)

連休明けや疲れから受入れ時に泣いて登園する子どももいたが、徐々に落ち着き、安心して過ごせていた。また、同じ玩具で集中して遊べるようになってきているので、友達といっしょに遊ぶことの楽しさを知らせていけるようにする。

5月 個人案

5月 個人案

	園生活に慣れてきた D児（2歳1か月）	布パンツに移行した E児（2歳2か月）	戸外遊びが大好き！ F児（2歳3か月）
前月の子どもの姿○	○園のトイレでの排せつに慣れてきている。 ○指遊び歌『おはなしゆびさん』などで、指先を使った遊びを楽しんでいる。 ○ブロックでゾウを作るのがお気に入りで、繰り返し遊んでいる。	○布パンツで過ごせていることが得意なようでニコニコ笑っている。 ○言葉を出そうとしてきている。	○自分で帽子をかぶったり、靴を履いたりしようとしている。 ○保育者といっしょに戸外遊びを楽しんでいる。
内容 ねらい★・☆	★自分でトイレに行き排尿する。 ★好きな遊びを楽しみ、園生活に慣れる。 ☆トイレに行く時間や尿意を感じたらトイレに行く。 ☆好きな人形遊びを保育者と十分に楽しむ。	★簡単な身の回りのことを自分でしようとする。 ★保育者と言葉のやりとりを楽しむ。 ☆保育者に見守られながら衣服の脱ぎ着を行なう。 ☆保育者や友達と話しをしていろいろな言葉を知る。	★簡単な身の回りのことを自分でやってみようとする。 ★保育者や友達といっしょに戸外遊びを十分に楽しむ。 ☆保育者に手伝ってもらいながら衣服や靴の脱ぎ履きを行なう。 ☆砂場で山を作って遊ぶ。
環境づくりと保育者の援助 ◆◇	◆好きな人形やブロックがすぐに出せるようにしておく。 ◆シールはりが楽しめるように、窓のそばに用意しておく。 ◆子どもの意欲を大切にし、できたときは十分に認めていく。 ◇保育者のひざに乗せて『はい、うんち』の絵本を読み、トイレでの排せつが楽しいものにしていく。 ◇トイレで排せつする気持ち良さを伝えて、できたときは認めていく。	◇子どもの意欲を大切にし、できたときは認めていく。 ◇いっしょに遊んでいる姿を見守りつつ、言葉で気持ちが言い表せるような仲立ちを続ける。	◆自分で脱ぎ履きができたときに褒める。 ◆朝のうちに、砂場は掘り返して柔らかくしておく。 ◇砂場から興味が広がり探索していけるように、ころ合いを見計らって、花壇やこいのぼりを見に行こうと誘いかける。
子どもの発達と評価・反省・課題 ◎＊	◎トイレには座るがすぐに立ち、タイミングが合わずに出ないことが多い。繰り返し誘っていくようにする。 ◎好きな玩具を見つけ、集中して遊べるようになってきている。 ＊友達の存在がよいものと気づいていけるかかわりを考えたい。	◎身の回りのことを自分でできることがうれしいようで、話を聞かずに行動することがあるので気をつけて見ていく。 ＊かかわりの中で言葉で伝えられず手が出てしまうことがある。	◎戸外遊びが好きで、戸外へ行きたい思いを言葉で伝えようとしている。 ＊戸外遊びが好きな他児への関心が深まるようなかかわりをしていきたい。

	第1週	第2週
クラスの生活と遊び（環境配慮） 週案的要素	●連休後の生活リズムを取り戻し、安心して過ごせるように環境を整える。 ●衣服の脱ぎ着のしかたを知る。 ●少人数のグループに分かれて好きな遊びを楽しむ。	●自分の気持ちを安心して表し、落ち着いて生活ができるようにする。 ●好きな玩具・場所を見つけて遊べるように、子どもの手の届くところに置いておく。

育ちメモ　新しい園という環境の中で、いちばんにしなければならないことが、食事や排せつや、衣服の脱ぎ着などの生活です。生活習慣は、各家庭での母親の手の掛け方やしつけの意識のありようによって、月

 P.53から

 P.73へ

CD-ROM ▶ 5月 ▶個人案_1

5月 個人案

安心できる保育者ができてきた
G児（2歳4か月）

- ○安心できる保育者ができ、喜んで登園するようになる。
- ○砂場で型はめや山作りをして楽しんでいる。

- ★保育者といっしょに安心して過ごす。
- ★保育者や友達といっしょに戸外遊びを十分に楽しむ。
- ☆安心できる保育者と戸外で遊ぶ。
- ☆砂場ではだしになって遊ぶ。

- ◆朝のうちに砂場の中に遊具・玩具が割れたりした物が落ちていないかなど、事前に点検しておく。
- ◆砂の感触を思い切り楽しめるように、保育者もはだしになっていっしょに楽しむ。

- ◎保育者を通して、園生活の楽しさを感じてきている。
- ✱友達とのつながりを無理のないようにつけていきたい。

春の自然に関心を持つ
H児（2歳6か月）

- ○こぼしながらも自分で食事している。
- ○戸外に出ると、春の草花に関心を持ち、見たり触れたりして喜んでいる。

- ★こぼしながらも、自分で食事することを楽しむ。
- ★春の自然に触れて草花に関心を持つ。
- ☆スプーンやフォークを使って自分で食べる。
- ☆戸外に出て春の自然に触れて遊ぶ。

- ◇チョウチョウや花壇の花を見て、「きれいだね」「いいにおいがするかな」「チョウチョウさんはどこに行くのかな」などと言葉をかける。
- ◇楽しく食べられるように言葉をかける。
- ◇砂場遊びに誘ったりこいのぼりを見に行ったりするなど、探索活動が広がるようにする。
- ◇H児の自然物への気づきに共感する。

- ◎保育者の語りかけた言葉がわかり、「いいにおいする」と、笑顔で答える。
- ✱保育者が仲立ちとなり、月齢の近いF児やG児とつながりをつけていきたい。

第3週	第4週
● 戸外に出る身じたくを自分でしようとする。 ● 運動遊びは、子どもの発達に合わせて遊具を選ぶ。	● 自分で荷物の始末ができるように、置き場所などを再確認しておく。 ● 無理なく歩けるように、子どもの歩幅に合わせてゆっくりと歩く。

齢では判断できない自立過程の個人差があります。5月の段階ではまずそれぞれの発達の特徴、課題を見抜き、個別の援助をします。

5月 個人案

	J児（2歳7か月） 排せつの自立をしようとする	K児（2歳8か月） 苦手な食べ物がある	L児（2歳9か月） 保育者と会話しようとする
前月の子どもの姿 ○	○排せつの自立へ向けての行きつ戻りつがある。 ○細かく切った色紙に、1回切りを何度もするのが好きなようすで楽しんで遊んでいる。	○苦手な食べ物は食べようとしない。 ○園生活に慣れ、保育者に見守られながら好きな遊びを楽しんでいる。	○男児用便器で排せつをするようになっている。 ○こいのぼりを見て「おさかなとんでるで」と教えてくれるなど、お話ができるようになってきた。
ねらい ★ ・ 内容 ☆	★トイレでの排せつに慣れる。 ★好きな遊びを見つけて楽しむ。 ☆保育者といっしょにトイレに行き、排せつする。 ☆保育者といっしょにのりとハサミと色紙で遊ぶ。	★保育者に促されて、苦手な物も食べてみようとする。 ★保育者や友達といっしょに好きな遊びを楽しむ。 ☆楽しく食べられるようにする。 ☆砂場ではだしになり、共感し合う。	★男児用便器での排せつに慣れる。 ★友達といっしょに遊ぶことを楽しむ。 ☆自分で尿意を感じたら男児用便器へ行て排尿する。 ☆自分でいろいろなことをやってみる。
環境づくりと保育者の援助 ◆ ◇	◇トイレで排せつする気持ち良さを伝えて、できたときは認めていく。 ◇自分で排せつをしようとする気持ちを大切にしながら、励ましたりしつつ根気よく見守る。 ◆友達といっしょに楽しめるように仲介していく。 ◇のりとハサミの使い方と色紙などの素材について、保育者が知らせる。	◆好きな音楽を静かに流すなど、楽しく食事ができる環境づくりをする。 ◇「ひと口からでも食べてみようか」と声をかけながら少しずつでも食べられるようにする。 ◇日なたの砂場で足踏みダンスをしようと誘う。	◇やってみようと声をかけてできたときは認めて自信につなげていく。 ◇尿意を感じたときに、言葉で伝えられるように促す。 ◆友達といっしょにのりやハサミで遊ぶことを楽しめるように仲介していく。 ◆のりを使いやすいように発泡トレーに出すなどする。手に付いたのりの感触を経験しつつ、自分でふき取るタオルを用意しておく。
子どもの発達 ◎ と 評価・反省・課題 ✻	✻尿意や便意を知らせることなく紙パンツに出ている。トイレで排せつできるように言葉をかけていく。 ◎積み木で、ひとり遊びを楽しんでいる。 ✻連休明けの不安な気持ちも感じられた。スキンシップが足りなかった。	◎のびのびと遊べる姿が出てきた。 ◎K児の卵アレルギーをきっかけに、他児が友達のことを気づかう経験になった。	◎言葉がどんどん増えてきている。話せることが楽しい。 ✻言葉にもっと興味が持てる遊びを考えたい。

週案的要素

クラスの生活と遊び（環境配慮）

第1週	第2週
・連休後の生活リズムを取り戻し、安心して過ごせるように環境を整える。 ・衣服の脱ぎ着のしかたを知る。 ・少人数のグループに分かれて好きな遊びを楽しむ。	・自分の気持ちを安心して表し、落ち着いて生活ができるようにする。 ・好きな玩具・場所を見つけて遊べるように、子どもの手の届くところに置いておく。

育ちメモ

2歳も半ばになると、体格差だけではなく、性格、性分のようなものが見えてきます。好奇心が強く、絶えず探索している子、ゆっくりのんびりやさんの子、なんでもないことでもすぐに泣く子、怒りや

4月 P.55から　　6月 P.75へ　　CD-ROM 5月 ▶個人案_2

5月 個人案

ひとり遊びを楽しむ M児（2歳10か月）	少しずつ園に慣れてきた N児（2歳11か月）
○食事やおやつを全量食べきれず、残している。 ○ブロックに興味を持って、ひとりで遊び込んでいる姿がある。	○新しい環境に慣れ、泣かずに登園するようになる。 ○自分で脱ぎ着をして喜んでいる。
★自分から進んでいろいろな食材を食べようとする。 ★友達といっしょに遊ぶことを楽しむ。 ☆保育者といっしょに食事をしながら苦手なものも食べてみる。 ☆他児のしていることにも関心を向けながら遊ぶ。	★簡単な身の回りのことをやってみようとする。 ★保育者といろいろな遊びを楽しむ。 ☆自分から進んで、帽子をかぶったり靴を履いたりする。 ☆散歩の途中に公園でゆったり過ごし、自然物へ関心を持つ。
◇少しでも口にしたときは、食べられたことを褒めていく。 ◇友達といっしょに遊ぶことを楽しめるように「○○ちゃん、楽しそうだね。何してるのかな」などと言葉をかけ、仲介していく。 ◇午睡のときは静かに添い寝をして、落ち着けるようにする。	◆自分から靴を履くなどしたときはおおいに褒め、自分からしようとする意欲が高まるようにする。 ◆散歩コースの道路状況を事前に確かめつつ、安全面や自然物についてのようすをチェックしておく。
◎徐々に園での生活にも慣れてきて、保育者や友達のそばで好きな遊びをしている（ブロックや積み木）。午睡時も、保育者に横についてもらいながら、一定時間安心して眠っている。	◎保育者との安心感から、落ち着いてきている。 ＊友達とつなぐ工夫をしていきたい。

第3週	第4週
・戸外に出る身じたくを自分でしようとする。 ・運動遊びは、子どもの発達に合わせて遊具を選ぶ。	・自分で荷物の始末ができるように、置き場所などを再確認しておく。 ・無理なく歩けるように、子どもの歩幅に合わせてゆっくりと歩く。

すい子、それぞれの子どもに合わせ優しいまなざしで接していると、性格の個人差の幅が縮まるように思えますね。

これも！おさえておきたい
5月の計画のポイントと文例

本指導計画の月案では、A～H、J～N児に合った今月のねらいなどを掲載しています。より参考にしていただけるように、ここでは、この月によくある、ほかにも押さえておきたいポイントを紹介しています。

今月のねらい

園庭にはこいのぼりが五月晴れの空に泳ぎ、チューリップなどの春の花が咲き、子どもの心を誘うことでしょう。園庭へ出れば母親と離れて泣き顔になっていた子どもも、心が解放され春の草花の中にテントウムシを見つけ「ムシムシ」と喜び、戸外遊びを楽しみます。

文例
春の草花や虫などにふれて戸外遊びを楽しむ。

健康・食育・安全

連休に家族と郊外へ出て、4月の緊張から心が解放された子どもたちに、再び園生活が始まります。4月の疲れに加えて、家庭での気ままな生活リズムなどから、体調の不調の子どもがいます。食事の不規則なのか、睡眠不足なのかなどを見極めて、個別に対応しましょう。

文例
環境の変化や連休の疲れから体調が不調になったり、生活リズムが崩れ寝不足になったりしやすいので、ひとりひとりの体調の変化を把握する。

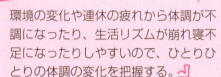

保育者間の連携

2歳児の基本的生活習慣の発達過程には、家庭での過ごし方などから個人差が大きいです。パンツを自分ではきだした子どもに座る台を置く、オマルで排せつする快適な場所の設置、手洗い場に足台を置く、など、意欲的に取り組める環境と介助について、話し合います。

文例
子どもたちの生活習慣の自立に向けての環境構成を話し合っていく。

家庭・地域との連携

5月は、嘱託医による内科検診を実施します。保育の場では子どもの健康状態の把握が重要だからですが、異常が見つかった子どもについては、「早期発見でよかったですね」と保護者に伝え、受診してもらいましょう。結果を必ず知らせてもらうようにします。

文例
内科検診や歯科検診の結果を保護者に伝え、受診や治療が必要な場合は病院へ行ってもらう。その結果について知らせてもらう。

5月 日の記録

保育を振り返るために、また仕事の証として、日々の記録は欠かせません。ここでは例として、同じ日の月齢の近い6人を抜き出して掲載しています。次の計画に生かしましょう。

CD-ROM　日の記録フォーマット

5月13日（火）

時刻	C児(2歳7か月)	J児(2歳7か月)	K児(2歳8か月)	L児(2歳9か月)	M児(2歳10か月)	N児(2歳11か月)
8:15-45	登園 小	登園 小	登園 小	登園	登園	登園
9:15-45	間食(全) 積み木	間食(全) 洗濯バサミ	間食(全) 積み木 小	間食(全) 積み木	間食(全) 積み木	間食(全) 洗濯バサミ 小
10:15-45	スタンプ 小 戸外	スタンプ 小 戸外	スタンプ 戸外	スタンプ 戸外	スタンプ 戸外 小	スタンプ 戸外 小
11:15-45	給(全) 小 く 小	給(全) 小 小	給(全) 小	給(全) 小	給(全) 小	給(全) 小
12:15-45	12:20 ✓↓	12:20 ✓↓	12:20 ✓↓	12:20 ✓↓	12:20 ✓↓	12:20 ✓↓
13	✓	✓	✓	✓	✓	✓
14	✓ 14:40	✓ 14:40	✓	✓	✓	✓
15:15-45	15:00 間食(全)	15:00 間食(全) 小	15:00 間食(全) 絵本	15:00 間食(全) 絵本	15:00 間食(全) 絵本	15:00 間食(全) 小 スタンプ遊び
16	延長保育へ	延長保育へ	降園	降園	降園	降園
17						
18						

主な保育の予定

本日のねらい
- いろいろな素材に触れて遊ぶことを楽しむ。

登園時に留意すること
- 健康観察をていねいに行ない、きちんとあいさつする。

環境づくり（歌・絵本・素材・コーナーなど）
製作用の画用紙を用意し、絵の具、スタンプを作っておく。
歌：『手をたたきましょう』
絵本：『どろんこ　ももんちゃん』

遊びの予定
コーナー：積み木、タンポポ作り（スタンプ遊び）、洗濯バサミ

降園時に留意すること
- 園でのようすをていねいに伝える。

保育の実際と評価・反省・課題

登園時の健康観察（異常　無・有…　　　）

養護（生命の保持と情緒の安定）にかかわること
いやなこと、気に入らないことがあると、手を出して訴えている子どもがいる。手を出さず、「やめて」と言うように伝えていきたい。気持ちが落ち着くように、1対1でゆったりとかかわる。

環境づくりについて
製作では、準備物をどの順で子どもたちに渡し、どう説明すれば、楽しみな期待を持って取り組めるかを考えていきたい。今から何をするのかというワクワク感を与えられるようにしたい。

保育者の援助について（チームワークを含む）
スタンプ遊びの説明をしてから、準備し始めると、子どもが待つ時間が生まれたので手順と役割を確認し合う。待ち時間ができた場合は、タンポポの姿を思い出したり、歌をうたったりしていきたい。

降園時の健康観察（異常　無・有…　　　）

小：排尿　大：大便　オ：オムツ交換　く：薬　給：給食　(全)：全食　茶：お茶　↓：睡眠

実践ポイント
2歳児の製作は、一斉設定ではなく興味を持った子どもから取り組みますので、毎日、材料や紙は用意します。

※ SIDS（シッズ）とは「乳幼児突然死症候群」と呼ばれる、睡眠中突然死する病気です。一定時間ごとに睡眠中の子どものようすを確認しましょう。ここでは15分ごとに複数の保育者でチェックしています。SIDSについて詳しくはP.172をご覧ください。

5月のふりかえりから6月の保育へ

今月のねらい（P.60参照）
- ひとりひとりの子どもが安心して快適に生活できるようにする。
- じっくりと好きな遊びを楽しむ。
- 保育者や友達といっしょに体を動かして遊ぶ楽しさを味わう。

ふりかえりポイント
- ★ ねらいの設定は？
- ◆ 環境構成・援助は？
- ○ 子どもの育ちは？
- 次月へのつながりは？

 T先生（5年目）「私たちの保育はどうでしょう。場面を思い浮かべて振り返ってみましょう。」

 S先生（2年目）

例えば… 5月

連休明けの保育

- ★ 連休明けの園生活を、安心して過ごせるように、◆ 体調面、情緒面の変化について、保護者とこまめに伝え合うようにしたわね。

 はい。生活リズムが家庭と違って、不安定になる子どもがいたので、自分の気持ちを出せるようにていねいにかかわり、睡眠時間を長めに取りましたね。

 そうね。生活リズムが安定し、戸外遊びもしやすい気候だったから、気分も解放できたわ。これから梅雨に入るから、気候が変化するわね。そういうときに体調が不調になりやすいから、ひとりひとりのようすをていねいに観察することが大切よ。

 はい！ 引き続き、家庭との連携も大切にしていきたいです！

G児（2歳4か月）の場合

- ★ 砂場遊びが好きなGちゃんがじっくりと遊び込めるように、◆ 事前に砂場を掘り起こして柔らかくしたり遮光ネットなどで紫外線対策をしたりしました。

 園にも慣れて、好きな遊びを楽しめているようね。

 はい！ ○「たかいおやまさん」などイメージしたものを言葉にして遊んでいます。

 その姿は、ひとり遊びを存分に楽しんでいる姿よ。

 Gちゃん、Fちゃん、Hちゃんが砂場でよく平行遊びをしています。

 平行遊びとは、複数の子どもが同じ場所で同じ遊びをそれぞれにするようすです。

 そうね。十分に楽しむと、友達同士で遊びを共有するようになるわ。顔を見合わせてニコッとしたり、「いっしょだね」「またしようね」など言い合ったりするの。これらは友達との遊びに向かう基礎の姿よ。

伝えたい!! 園長先生のおはなし

キーワード　ひとり遊びの充実

4月の新入所（園）児も連休明けに、一時的に後退する子どもがいるものの、好きな遊びを見つけてひとり遊びを始めるようになりましたね。だれにもじゃまされず遊びに没頭する時期を大切にすると、満足して余裕ができ、周囲を見渡せるようになりますね。ひとりひとりが同じ遊びをしている平行遊びから友達へかかわるためにも、ひとり遊びが大切ね。

クラス全体では

次月の指導計画に生かせます！

 だんだん園生活に慣れ始め、好きな遊びをじっくりと楽しむようすが見られているわね。

 はい！ ひとり遊びとは異なる、友達との遊びの楽しさも、徐々に感じてほしいなとも思います。

今月の評価・反省・課題（P.61参照）

連休明けや疲れから受入れ時に泣いて登園する子どももいたが、徐々に落ち着き、安心して過ごせていた。また、同じ玩具で集中して遊べるようになってきているので、友達といっしょに遊ぶことの楽しさを知らせていけるようにする。

6月

ねらいより
梅雨期を健康で気持ち良く過ごす。

月案 (A～C児) ・・・・・・ P.70

 砂場遊びが大好きな
A児 (2歳2か月)

 排尿より遊びに夢中
B児 (2歳6か月)

 清潔に関心がある
C児 (2歳8か月)

個人案 (D～H児) ・・・・・・ P.72

 感触をいやがる
D児 (2歳2か月)

 自分からトイレをする
E児 (2歳3か月)

 自分で脱ぎ着したい
F児 (2歳4か月)

 歌を楽しんでいる
G児 (2歳5か月)

 砂の感触を楽しんでいる
H児 (2歳7か月)

個人案 (J～O児) ・・・・・・ P.74

 思いが伝わらないと泣く
J児 (2歳8か月)

 トイレでの排尿間隔が合わない
K児 (2歳9か月)

 身じたくを自分でしたい
L児 (2歳10か月)

 パンツで過ごせるよ！
M児 (2歳11か月)

 自分で脱ぎ着をしようとしている
N児 (3歳)

 他園からの途中入所（園）児
O児 (2歳8か月)

これも！おさえておきたい
6月の計画のポイントと文例 ・・・・ P.76

日の記録 ・・・・・・・・・・・・ P.77

6月のふりかえりから7月の保育へ ・・ P.78

※ 2歳児クラスでは、4月以降も途中入所（園）児がいることを踏まえ、多様な場面でご参考頂けるよう、本書では13人の個人案からスタートし、6月に1人、7月に1人増え、計15名となります。

今月のねらい（クラス全体としてのねらいです）

- 梅雨期を健康で気持ち良く過ごせるようにする。
- 簡単な身の回りのことを自分でしようとする。
- 友達といっしょに砂や水に触れて楽しむ。

＊ マークのマーカーが引いてある部分は、ページ下部の解説とリンクしているのでご覧ください。

＊「今月のねらい」「健康・食育・安全」「保育者間の連携」「家庭・地域との連携」については、P.76の内容も、立案の参考にしてください。

月案

	前月の子どもの姿 ○	ねらい ★・内容 ☆
砂場遊びが大好きな A児（2歳2か月）	○気分によってトイレでの排せつをいやがるときがある。 ○砂場での感触遊びを楽しんでいる。	★トイレで排せつすることに慣れる。 ★保育者や友達といっしょに砂や水で遊ぶことを楽しむ。 ☆保育者といっしょにトイレに行き、排せつをする。 ☆砂場にはだしで入り、砂・水・泥の感触を味わいながら遊ぶ。
排尿より遊びに夢中 B児（2歳6か月）	○日中パンツで過ごすが、ぬれていても知らせず遊んでいる。 ○保育者や友達と話をすることを好んでいる。	★尿意を感じて保育者に知らせる。 ★保育者や友達と言葉のやりとりを楽しむ。 ☆尿意の感覚や、しぐさや言葉での伝え方を知り、保育者に伝える。 ☆保育者や友達とやりとり遊びをする。
清潔に関心がある C児（2歳8か月）	○戸外から帰ると、進んで手洗いをしている。 ○はだしで戸外に出ると、足の裏を気にしている。	★体を清潔に保つことや、健康でいるためにどうするかの関心を高める。 ★感触遊びを楽しむ。 ☆保育者といっしょにうがいをする。 ☆砂場で遊んだり、泥んこ遊びをしたりする。

週案的要素 クラスの行事・生活・遊びの計画

	第1週		第2週	
月	掃除ごっこ、はだしで砂場遊び	玩具・シールはり、洗濯バサミ	近くの森に散歩に行く	玩具・ブロック、積み木
火	楽器遊びを楽しむ、散策を楽しむ	歌・『はをみがきましょう』	ハサミ1回切り、水やり	歌・『とけいのうた』
水	シールはり遊び、フープ遊び	絵本・『あめ ぽぽぽ』	アジサイ作り（のり）	絵本・『あめ ぽぽぽ』『どうしてあめがふらないの？』
木	眼科検診、なぐり描き遊び		なぐり描き遊び、人形遊び	
金	子育て支援児との交流を楽しむ		子育て支援児との交流を楽しむ	

書き方のヒント いい表現から学ぼう！

ひとりひとりの遊びのようすを連絡し合い、子どもに応じた配慮ができるようにする。

 理由

遊び方の好みに応じた配慮

ひとり遊びに没頭する子ども、友達と遊ぶのが好きな子どもなどのようすを連絡し合い、子どもに応じて、環境や玩具、遊具を整えることで、遊びが充実するようになります。

健康・食育・安全	保育者間の連携	家庭・地域との連携
●梅雨期の天候に応じて、室内の換気や除湿をこまめに行なう。 ●旬の野菜に関心を持ち、苦手な食材もひと口食べてみようとする。 ●遊具など雨水でぬれているところは、滑らないようにふいておく。	●変わったことや、健康状態などそのつど伝えて、共通理解しておく。 ●ひとりひとりの遊びのようすを連絡し合い、子どもに応じた配慮ができるようにする。	●健康カードの記入方法を伝えていく。また、着替えが多くなる時期なので多めに用意してもらうようにする。 ●コップの使用を伝えて、扱いやすいものを用意してもらう。

環境づくり◆と保育者の援助◇	子どもの発達◎と評価・反省・課題✻
◆男性用便器のちょうど小便が当たるところに☆印を付けておき、そこをねらってするよう促す。 ◆砂場を掘り、水を入れて池にしたり、泥でお団子を作りやすいカップを用意したりしておく。 ◆はだしで活動できるように、園内を点検しておく。	◎タイミングが合えば男児用トイレで排尿している。 ◎保育者もいっしょに遊び、取り持つことで友達といっしょに楽しむ姿が見られた。
◇「もういいかい？」「まーだだよ」（出ないとき）、「もういいよ」（出たとき）のやりとり遊びで排せつを伝えるようにする。	◎日中パンツで過ごし、排尿・排便がパンツに出ると言葉で伝えている。 ◎保育者や友達とかかわることを楽しんでいる姿が見られた。
◆「バイキン」のパネルシアターやペープサートを用意して、演じて見せる中で、手洗いやうがいの大切さを伝えていく（手洗いやうがいで病気の元になる「バイキン」をやっつける）。 ◇はだしで活動できるように、園内を点検しておく。 ◇「ブクブク（クチュクチュ）うがい」と「ガラガラうがい」を保育者がやって見せる。	◎手洗いを進んでしている。うがいは、これから慣れていく。 ◎保育者や友達といっしょに遊ぶことで楽しむ姿が見られた。

6月 月案

第3週		第4週	
月 避難訓練、洗濯ごっこ 火 カスタネット、泥んこ遊びを楽しむ 水 七夕製作遊び、電車の玩具 木 身体計測、花を植える 金 七夕製作、かけっこ	玩具・人形遊び、粘土 歌・『ながぐつマーチ』 絵本・『あおくんときいろちゃん』	月 ままごと遊び、水遊び 火 楽器遊びを楽しむ、泥んこ遊び 水 にじみ絵遊びを楽しむ、水やり 木 歯科検診、粘土遊び 金 子育て支援児との交流を楽しむ	玩具・電車、ボタン遊び 歌・『幸せなら手をたたこう』 絵本・『10ぴきのかえるのプールびらき』

評価・反省・課題 (P.78でくわしく説明!)	朝の荷物のしたくのしかたを伝え、徐々に慣れていけるようにする。時間をかけてていねいに伝えていきたい。水遊びが始まり、足を洗う環境や保育者間のチームワークを共通理解しておき、スムーズに、安全に入室できるように心がける。また"自分のタオル"がわかりやすいように置き方を考えたい。

5月 P.62から

6月 個人案

7月 P.82へ

6月 個人案

	感触をいやがる D児（2歳2か月）	自分からトイレをする E児（2歳3か月）	自分で脱ぎ着したい F児（2歳4か月）
前月の子どもの姿 ○	○自分でスプーンを持ち、食べることを喜んでいる。 ○砂場や粘土などの感触をいやがり、座っていることが多い。	○日中パンツで過ごしても、ぬれることが少ない。 ○友達とのかかわりの中で、思いが伝わらないと手が出る。	○衣服の脱ぎ着など保育者の援助をいやがっている。 ○はだしで砂の感触を味わって遊ぶことを楽しんでいる。
ねらい★・内容☆	★食べる楽しさを知る。 ★保育者や友達といっしょに粘土や砂、水で遊ぶことを楽しむ。 ☆スプーンを下握りで持って楽しく食べる。 ☆湿った砂場にゾウの絵を描いて遊ぶ。	★自分からトイレで排せつをしようとする。 ★思いを受け止めてもらい、好きな遊びを楽しむ。 ☆保育者に尿意を伝えて、トイレで排せつする。 ☆自分の思いを言葉で伝える。	★身の回りのことを自分でする。 ★いろいろな素材の感触を楽しむ。 ☆保育者に見守られながら、衣服の脱ぎ着を自分でしようとする。 ☆水や砂の感触を味わって遊ぶ。
環境づくりと保育者の援助 ◆◇	◇スプーンからこぼしても気にせず、意欲を認めていくようにする。 ◇「クレヨン持ちだね」と楽しく言葉をかける。 ◆砂に絵を描きやすいように、大きめで平らなところをペタペタと作っておいて、「Dちゃんキャンバス」にする。 ◆木の枝や葉っぱを用意しつつ、描きやすいインクのなくなった細字フェルトペンも用意する。	◆できるだけ同じ保育者がかかわるようにする。 ◇「○○したかったんだよね」など、E児の思いを受け止め、代弁していく。	◆ゆったりとした場所と時間を取ることで、落ち着いて脱ぎ着ができる。 ◆「ひとりでできる」という気持ちを大切にしつつ、安心感を与える。 ◆砂場や園庭の安全確認をしておく。
子どもの発達◎と評価・反省・課題※	◎スプーンを下握りで持ち、進んで食べようとする姿が見られた。 ◎保育者や友達が楽しんでいる姿を見て、自分もやろうと思う気持ちになっている。	◎日中パンツで過ごしている。パンツはぬれていないが言葉で尿意を伝えるのはまだ難しい。 ※思いを言葉で伝えられず手が出てしまうときがある。	◎遊んで汗をかいた後、汗をふいて着替えることで気持ちよくなることを実感できたと思う。

	第1週	第2週
週案的要素 クラスの生活と遊び（環境配慮）	・自分で荷物の始末ができるように、置き場所などを再確認しておく。 ・少人数のグループに分かれて、好きなコーナー遊びを楽しむ。	・雨の日でも室内で楽しく過ごせるような遊びと場所を用意する。 ・好きな玩具・場所を見つけて遊べるように、子どもの手の届くところに置いておく。

育ちメモ　湿った砂場にゾウの絵を描いて遊んでいるD児の姿を見た保育者は、砂に絵を描きやすいように、大きめで平らなところをペタペタと作り、「Dちゃんキャンバス」を作りました。また細字フェルト

5月 P.63から　　　　**7月** P.83へ

CD-ROM　6月 ▶個人案_1

歌を楽しんでいる G児（2歳5か月）	砂の感触を楽しんでいる H児（2歳7か月）
○手づかみで食べることもあるが、スプーンを使って自分で食べようとしている。 ○歌や手遊びなどを喜び、口ずさみ楽しんでいる。	○気分によってトイレをいやがることもある。 ○はだしになり砂の感触を味わって遊ぶことを楽しんでいる。
★スプーンやフォークで食べることを楽しむ。 ★友達や保育者といっしょに歌ったり体操したりすることを楽しむ。 ☆スプーンやフォークを使って食事をする。 ☆季節の歌や手遊びなどを楽しむ。	★保育者に誘われてトイレで排せつする。 ★さまざまな感触に触れて楽しむ。 ☆保育者と、トイレで排せつすることに慣れる。 ☆水や砂に触れて喜んで遊ぶ。
◆風通しをよくして、明るく心地良い環境の中で食べられるようにする。 ◇言葉をかけたり手を添えたりして、スプーンの持ち方を知らせていく。 ◆季節の歌やリズミカルな曲を準備しておく。 ◇保育者もいっしょに歌ったり体を動かしたりして、楽しさを知らせていく。	◆トイレはいつも清潔で明るい雰囲気にしておく。 ◆バケツ、スコップやプリンカップなどの空き容器を用意したり、型抜きがしやすいように砂を湿らせたりしておく。 ◇保育者もいっしょに遊び、感触を味わえるようにする。
◎いっしょに遊ぶ中で、少しずつ言葉で伝え合えるようになってきた。	◎自分からスコップを持ち、砂をバケツに入れて遊んでいる。

6月 個人案

第3週	第4週
●うがいの方法がわかるように、手洗い場の近くに絵で示すようにする。 ●安心して自分のやりたい遊びができるように、玩具を出しやすくしておく。	●安心して自分のやりたい遊びができるように、玩具を出しやすくしておく。 ●砂を湿らせて、型はめ遊びを十分に楽しめるようにしておく。

✎ペンを用意しています。このような個別の心づかいは、Dちゃんの遊びに共感し、励ます保育者の姿勢からでています。感動しますね。

6月 個人案

	J児（2歳8か月）思いが伝わらないと泣く	K児（2歳9か月）トイレでの排尿間隔が合わない	L児（2歳10か月）身じたくを自分でしたい
前月・今月初めの子どもの姿 ○	○自分でスプーンを持って食べることを喜んでいる。 ○自分の思いが相手に伝わらずに泣いて訴えることがある。	○保育者に誘われてするが、トイレに座るタイミングが合わずに紙パンツに出ていることが多い。 ○はだしになって砂場で喜んで遊んでいる。	○援助を求めながら、帰りのしたくなどを自分でしようとしている。 ○友達とのかかわりの中で、思いが伝わらず手が出ることがある。
ねらい ★・内容 ☆	★スプーンを下握りで持って、食べる楽しさを知る。 ★自分の思いを簡単な言葉で伝えようとする。 ☆保育者の笑顔での介助を受けつつ行なう。 ☆保育者が優しく聞く中で少しずつ話す。	★保育者に誘われてトイレで排せつしようとする。 ★水や砂に触れて遊びを楽しむ。 ☆K児の排せつリズムでトイレに行く。 ☆砂場で型抜きなどをする。	★簡単な身の回りのことを自分でしてみようとする。 ★自分の思いを簡単な言葉で伝えようとする。 ☆ひとりで午睡前後の着替えをする。 ☆保育者に気持ちを聞いてもらう。
環境づくり ◆と保育者の援助 ◇	◆保育者が楽しい雰囲気をつくり、スプーンの使い方を知らせる。 ◇子どもの思いに共感しつつ、代弁しながら聞き取っていく。	◆できたときは褒めて、次もやろうという気持ちになるようにする。 ◆砂場は毎週掘り返して柔らかい状態にし、整備・点検しておく。 ◇のびのびと遊べるように、保育者もいっしょにはだしになって砂場に入り、安心感が持てるようにする。	◆自分でやろうとする気持ちを褒めて、支えて、続けられるようにする。 ◇保育者がゆったりかかわり、気持ちを代弁しつつ聞き役になる。
評価・反省・課題と子どもの発達 ◎※	◎正しい持ち方で持つように伝えると、自分で持ち変えて正しい持ち方で持つ。 ◎自分の思いを泣いて訴える。	◎トイレで排せつできるようになってきた。	◎パジャマのボタンを留めたり、脱いだ衣服を畳んで直したりと"自分でしよう"という意欲が出てきている。できたことを褒め、"次もがんばろう"という意欲を引き出していく。

週案的要素

	第1週	第2週
クラスの生活と遊び（環境配慮）	●自分で荷物の始末ができるように、置き場所などを再確認しておく。 ●少人数のグループに分かれて、好きなコーナー遊びを楽しむ。	●雨の日でも室内で楽しく過ごせるような遊びと場所を用意する。 ●好きな玩具・場所を見つけて遊べるように、子どもの手の届くところに置いておく。

育ちメモ　2歳8か月のJ児が、自分の思いを泣いて訴えるようになりましたが、この時期は自我が芽生え、「ひとりでやるの」とか「じぶんで」とか自己主張が始まります。言葉がまだ未熟ですので、自分の思い

5月 P.65から

CD-ROM 6月 ▶個人案_2

7月 P.85へ

パンツで過ごせるよ！ M児（2歳11か月）	自分で脱ぎ着をしようとしている N児（3歳）	他園からの途中入所（園）児 O児（2歳8か月）
○日中、紙パンツがぬれていることが少なくなってきている。 ○粘土遊びや、はだしでの砂場遊びなどで、感触遊びを楽しんでいる。	○自分で衣服の脱ぎ着をするが、汗で脱ぎにくいときは保育者に助けを求めてくる。 ○友達といっしょに好きな遊びを楽しんでいる。	○他園での保育経験があるが、新しい環境にとまどう姿が見られる。 ○好き嫌いがあり、苦手な物は食べない。
★パンツをはいて過ごす。 ★保育者や友達といっしょに感触遊びを楽しむ。 ☆トイレでひとりで排せつをする。 ☆粘土をちぎったり丸めたりして遊ぶ。	★身の回りのことを自分でしようとする。 ★さまざまな遊びを通して友達といっしょに遊ぶ楽しさを知る。 ☆保育者に援助されながら、自分で衣服の脱ぎ着をする。 ☆保育者を仲立ちに友達と同じ遊びをする。	★安心する保育者ができ、新しい環境に慣れ、好きな遊びを見つけて楽しむ。 ★少しずつ苦手な物も食べようとする。 ☆保育者といっしょに園内を見て回る。 ☆保育者や友達が食べているのを見る。
◇「お兄ちゃんパンツだね！」と褒めていく。 ◆粘土遊びのための粘土板・型抜きを用意しておく。 ◆砂場で好きな遊びが見つかるようにさまざまな玩具を置いたり、保育者が型抜きで遊んで見せたりする。	◆衣服の脱ぎ着には、十分なスペースと時間を取れるようにする。 ◇遊びの中で「かして」「いれて」「ありがとう」「どうぞ」などの簡単な言葉を知らせていく。 ◇自分でできたことを褒める。	◇新しい環境に慣れていけるように、好きな遊びを見つけていく。 ◇食べ物の好き嫌いを知っていくようにする。
◎日中はパンツをはいて過ごし、トイレで排せつすることに慣れてきている。 ◎靴を自分で履こうとするが、左右反対になっていることもあるので、そのつど知らせていく。	◎友達といっしょにいる姿が多く見られるようになる。 ＊4月入園での2歳児は、N児のように年度途中で「満3歳児」となり、1号認定になることも多いが、2歳児クラスとしての育ちを大切にしたい。	＊園生活の経験もあり、この園の生活に慣れてきたようすが見られる。しかし、継続して気をつけていきたい。

第3週	第4週
・うがいの方法がわかるように、手洗い場の近くに絵で示すようにする。 ・安心して自分のしたい遊びができるように、玩具を出しやすくしておく。	・安心して自分のしたい遊びができるように、玩具を出しやすくしておく。 ・砂を湿らせて、型はめ遊びを十分に楽しめるようにしておく。

↗を伝えきれず、いらだって泣くのです。感情表出もうまくいかず、依存と自立との葛藤体験も強くなります。思いを代弁します。

6月 個人案

今月のねらい

梅雨期はしとしとと長引きますので、室内遊びが続きますが、2歳児は長靴が大好きで履きやすく水たまりをちゃぷちゃぷ歩けるのですから、晴れ間の戸外遊びを喜びます。アジサイの葉っぱにたまる水滴を転がしたり、カタツムリに出会って驚いたり自然に関心を持ちます。

文例
梅雨期の自然を見たり触れたりして、関心を持つ。

健康・食育・安全

乳歯はいずれ永久歯に生え変わるので、虫歯になっても無関心の保護者がいますが、健康な乳歯は永久歯の道案内の大切な役割があります。乳歯が虫歯になると歯の根が吸収されず、その下の永久歯が出てこれず歯列不正の状態で生えてきます。虫歯予防が大切です。

文例
虫歯予防について絵本や玩具を使って歯みがきのしかたを知らせる。

これも！おさえておきたい 6月の計画のポイントと文例

本指導計画の月案では、A～H、J～O児に合った今月のねらいなどを掲載しています。より参考にしていただけるように、ここでは、この月によくある、ほかにも押さえておきたいポイントを紹介しています。

6月 ▶文例

保育者間の連携

梅雨明けと同時に暑い夏となります。子どもにとってプール遊びは、体温調節や健康維持、気分の開放、水の感触を楽しむなど夏の遊びに欠かせません。そのプール開きの行事としての取り組み、環境構成の計画や手順などについて共通に把握したり役割分担をします。

文例
プール開きに向けて話し合い、簡易プールの組み立て・環境などについて調整しておく。

家庭・地域との連携

4月に母親と別れるときに泣き叫んでいた子どもも、6月になると情緒も安定し好きな遊びを始めています。園でのわが子の生活ぶりに不安を持っている保護者も、元気に遊ぶ子どもの成長ぶりをまのあたりにする保育参観は、園への信頼を深めるきっかけになりましょう。

文例
保育参観について知らせ、子どもの発達・成長に関心を持ってもらう。

6月 日の記録

保育を振り返るために、また仕事の証として、日々の記録は欠かせません。ここでは例として、同じ日の月齢の近い6人を抜き出して掲載しています。次の計画に生かしましょう。

CD-ROM 日の記録フォーマット

6月11日（火）

時刻	B児 (2歳6か月)	D児 (2歳2か月)	E児 (2歳3か月)	F児 (2歳4か月)	G児 (2歳5か月)	H児 (2歳7か月)
8:15/30/45		登園 小	登園	登園	登園	登園
9:15/30/45	登園 間食(全) 戸外	間食(全) 戸外	間食(全) 戸外	間食(全) 戸外	間食(全) 戸外	間食(全) 戸外
10:15/30/45	小 電車の玩具 小	オ 電車の玩具 小	小 なぐり描き	小 電車の玩具 小	小 なぐり描き 小	小 電車の玩具 小
11:15/30/45	給(全) 小	給(全) オ	給(全) 小	給(全) 小	給(全) 小	給(全) 小
12:15/30/45	12:30 ✓	12:30 ✓	12:30 ✓	12:30 ✓	12:30 ✓	12:30 ✓
13:15/30/45	✓	✓	✓	✓	✓	✓
14:15/30/45	✓ 14:40	✓ 14:40	✓ 14:40	✓ 14:40	✓ 14:40	✓ 14:40
15:15/30/45	間食(全) 小	間食(全) 小	間食(全) 小	間食(半分残す) 小 大	間食(全) 小	間食(全) 小
16:15/30/45	延長保育へ	延長保育へ	延長保育へ	降園	降園	延長保育へ
17:15/30/45						
18:15/30/45						

主な保育の予定

本日のねらい
- のびのびと描くことを楽しむ。

登園時に留意すること
- 健康観察をていねいに行ない、体調に変わりがないか尋ねる。

環境づくり（歌・絵本・素材・コーナーなど）
なぐり描きは、じっくりと描けるように2グループに分かれて行ない、画用紙を用意しておく。
絵本：『どうしてあめがふらないの？』

遊びの予定
- 戸外：はだしで砂場
- コーナー：なぐり描き、電車の玩具

降園時に留意すること
- 1日の園でのようすを伝えてあいさつをする。

保育の実際と評価・反省・課題

登園時の健康観察（異常 (無)・有… ）

養護（生命の保持と情緒の安定）にかかわること
体調が悪かった子どもには、受け入れ時に保護者にようすを聞き、連絡帳に園でのようすをていねいに記した。

環境づくりについて
新しい絵本を読むと、集中して見ている。イスに座るときに、猫背になっている子どもが多いので、そばについて、繰り返し知らせていき、背筋が鍛えられる遊びを取り入れたい。

保育者の援助について（チームワークを含む）
電車の玩具では、長くつなげたり、線路の置き方を変えたりして、子どもたち自身で発展させて遊ぶようすが見られる。

降園時の健康観察（異常 (無)・有… ）

小：排尿　大：大便　オ：オムツ交換　く：薬　給：給食　(全)：全食　茶：お茶　↓：睡眠

実践ポイント　紙に「アメ、アメ」と言いながら、パスで縦線を引くことからなぐり描きが始まるように、なぐり描きは表現の基礎です。

※SIDS（シッズ）とは「乳幼児突然死症候群」と呼ばれる、睡眠中突然死する病気です。一定時間ごとに睡眠中の子どものようすを確認しましょう。ここでは15分ごとに複数の保育者でチェックしています。SIDSについて詳しくはP.172をご覧ください。

6月のふりかえりから7月の保育へ

今月のねらい (P.70参照)
- 梅雨期を健康で気持ち良く過ごせるようにする。
- 簡単な身の回りのことを自分でしようとする。
- 友達といっしょに砂や水に触れて楽しむ。

 T先生（5年目）：私たちの保育はどうでしょう。場面を思い浮かべて振り返ってみましょう。 S先生（2年目）

ふりかえりポイント
- ★ ねらいの設定は？
- ◆ 環境構成・援助は？
- ○ 子どもの育ちは？
- 次月へのつながりは？

例えば…

6月

C児（2歳8か月）の場合

★手洗いうがいの大切さを伝えようと、◆手洗いうがいによって、ついていたバイキンが退治される内容のパネルシアターをしたわね。

○パネルシアターを見たあと、Cちゃんは「バイキンいっぱい」と言って進んで手を洗いに行っています。

バイキンなど、目に見えないもののイメージを補うことが、大切になってくるの。戸外遊びのあと、「こんなに汚れているんだ」と汚れを実感する経験も必要ね。

はい！ 手洗いうがいのやり方もていねいに伝えていきます。

汚れを実感するための方法
- 戸外遊びのあと、手に水をつけて真っ白のケント紙に手を置くと、砂や泥が目に見えます。手洗い後も同様にし、清潔さを比べてもよいでしょう。
- グチュグチュうがいのあと、透明の空のグラスに水を吐きます。水がにごり、口の中の汚れが見えます。

D児（2歳2か月）の場合

砂や泥の感触をいやがるDちゃんが、★泥んこ遊びを楽しむきっかけになるよう、◆平らな広い場所に絵を描けるようにしてみました。

Dちゃんは、ふだんから絵を描くことを楽しんでいるものね。よく考えたわね。

○泥の上に絵を描くことを十分に楽しんだあと、他児のようすを見て少しずつ手で泥を触ろうとする姿があったんです！

Dちゃんにどんな育ちがあったかわかるかしら？

えーっと、○砂の上に絵を描く中で、砂や土の感触をおもしろいと思ったのでしょうか？

そうね。砂や泥には可塑性があるわね。その性質がわかってきたら、汚れるのがいやだとか気持ち悪いなどを越える楽しさ、おもしろさが出てくるの。自然素材（粘土など）に関心が向く一歩ね。

可塑性とは…
自分が、自由に手を加えると、形状が変化する性質

伝えたい!! 園長先生のおはなし

キーワード　実感する経験

身の回りを清潔にすることは、食事のように命に直接かかわらないので、健康を守る文化として大人が伝えなければわからないものなのよ。でもウイルスなど目に見えないものは、パネルシアターなど具体的なもので実感させる手だてや、白いタオルで汚れた手をこすって黒くなることを見せる経験もいいですね。洗った後のよいにおいも清潔実感よ。

クラス全体では
次月の指導計画に生かせます！

清潔の習慣づけや身の回りのことを自分でできるようになるために、ていねいにわかりやすく子どもたちに伝えられたわね。

はい！ 水遊びが本格化していくので、楽しみながら、徐々に自分のできることを増やし、自信につなげていきたいです。

今月の評価・反省・課題 (P.71参照)

朝の荷物のしたくのしかたを伝え、徐々に慣れていけるようにする。時間をかけてていねいに伝えていきたい。水遊びが始まり、足を洗う環境や保育者間のチームワークを共通理解しておき、スムーズに、安全に入室できるように心がける。また"自分のタオル"がわかりやすいように置き方を考えたい。

7月

ねらいより
暑い夏を健康に、元気に！

月案 (A〜C児) ・・・・・ P.80

排せつが自立してきた
A児 (2歳3か月)

感触遊びを楽しんでいる
B児 (2歳7か月)

水やりに関心を持つ
C児 (2歳9か月)

個人案 (D〜I児) ・・・・・ P.82

水遊びをいやがる
D児 (2歳3か月)

自分で脱ぎ着をしようとしている
E児 (2歳4か月)

戸外で元気に体を動かす
F児 (2歳5か月)

トイレをいやがる
G児 (2歳6か月)

感触遊びを楽しんでいる
H児 (2歳8か月)

途中入所（園）児
I児 (2歳7か月)

個人案 (J〜O児) ・・・・・ P.84

泣いて過ごすことが増える
J児 (2歳9か月)

砂や水の感触を楽しんでいる
K児 (2歳10か月)

身の回りのことを自分でする
L児 (2歳11か月)

水や泥で楽しんでいる
M児 (3歳)

尿意を自分から知らせる
N児 (3歳1か月)

園に慣れてきている
O児 (2歳9か月)

これも！おさえておきたい

7月の計画のポイントと文例 ・・・・ P.86

日の記録 ・・・・・・・・・・ P.87

7月のふりかえりから8月の保育へ ・・ P.88

7月 月案

CD-ROM 7月 ▶月案

* 🖍マークのマーカーが引いてある部分は、ページ下部の解説とリンクしているのでご覧ください。

*「今月のねらい」「健康・食育・安全」「保育者間の連携」「家庭・地域との連携」については、P.86の内容も、立案の参考にしてください。

今月のねらい （クラス全体としてのねらいです）

- 健康に留意し、暑い夏を元気に過ごせるようにする。
- 友達や保育者といっしょに夏の遊びを楽しむ。
- 簡単な身の回りのことを自分でしようとする。

7月 月案

	前月の子どもの姿○	ねらい★・内容☆
 排せつが自立してきた **A児（2歳3か月）** 	○自分の思いを言葉で伝えようとしている。 ○排せつについては、ほぼトイレでできるようになってきている。	★自分からトイレに行き、排せつする。 ★保育者や友達に言葉で伝えようとする。 ☆尿意を感じたらトイレに行って排尿する。 ☆自分の思いを言葉で伝え、やりとりして遊ぶ。
感触遊びを楽しんでいる **B児（2歳7か月）** 	○保育者や友達と水遊びや泥遊びを楽しんでいる。 ○トイレに行きたいことを保育者に知らせるようになってきた。	★自分からトイレに行き、排せつする。 ★水や泥の感触を楽しみながら、のびのびと遊ぶことを楽しむ。 ☆尿意を感じたらトイレに行って排尿する。 ☆プールや水遊びで水の心地良さを感じる。
水やりに関心を持つ **C児（2歳9か月）** 	○保育者といっしょに夏野菜やヒマワリの水やりをすることを楽しんでいる。	★夏の自然に関心を持ち、かかわって楽しむ。 ☆小動物や夏野菜に興味を持って、見たり触れたりする。

週案的要素

クラスの行事・生活・遊びの計画

	第1週		第2週	
	月 楽器遊びを楽しむ、電車遊びをする 火 はだしで砂場遊び 水 七夕音楽会の雰囲気を楽しむ 木 プール開きの雰囲気を楽しむ、積み木 金 子育て支援児との交流を楽しむ	玩具・カスタネット 歌・『なつだよプールだよ』 絵本・『こぐまちゃんのみずあそび』	月 七夕の集いを楽しむ 火 プール遊び 水 水遊び、なぐり描き 木 ホール、人形遊び 金 にじみ絵	玩具・ままごとセット 歌・『たなばたさま』 絵本・『10ぴきのかえるのたなばたまつり』

書き方のヒント いい表現から学ぼう！

子どもの体調のちょっとした変化を職員間で伝え合い、共通理解する。

理由 ▶ **体調の変化に敏感に対応する。**
7月は、薄ら寒かったり、蒸し暑かったり気候不順の時期ですので、夏かぜや下痢になる子どもがあります。体調は全職員が把握し、適切に対応できるよう連携します。

健康・食育・安全	保育者間の連携	家庭・地域との連携
●部屋の室温・湿度を適温に保ち、快適に過ごせるようにする。 ●旬の野菜に興味・関心を持つ。 ●夏に感染しやすい病気や症状を再確認し対応できるようにする。	●子どもの体調のちょっとした変化を職員間で伝え合い、共通理解する。 ●ホール・園庭・プールの使用表を作り、調整しておく。	●体温や健康状態、水遊び・蒸しタオルができるか健康カードに記入してもらう。 ●水遊びなどで脱ぎ着の機会が増えるので、名前の記入をもう一度確認してもらう。

7月 月案

環境づくり◆と保育者の援助◇	子どもの発達◎と評価・反省・課題✹
◆簡単な言葉のやりとりや遊びの中で、言葉のおもしろさを経験する。 ◇自分からトイレに行くようすを認め、おおいに褒めるようにする。	◎なぐり描きなどのときは描いたものを言葉で伝えようとしている。ゆっくりと聞き取り受け止めていくようにする。
◆水遊びやプール遊びで使える容器や水に浮かぶ玩具を用意する。 ◇少しずつ顔にも水を浴びながら、水の心地良さを感じられるようにする。 ◇自分からトイレに行ったときは十分に褒める。	◎プール遊びを喜び、水が顔にかかっても泣かずに楽しんでいる。言葉はないが保育者や友達といっしょに笑顔で楽しんでいる。
◆ジョウロや水を入れるバケツを用意しておく。 ◇水やりをしながら野菜の生長や花のようすなどに興味が持てるよう声をかける。	◎水遊びができない日が続き、ジョウロを持ち水やりを楽しんでいる。花が咲いていることなど発見やつぶやきを大切にしていく。

第3週

- 月 砂場遊び、なぐり描き
- 火 プール遊び
- 水 誕生会の雰囲気を楽しむ
- 木 粘土遊び、積み木で遊ぶ
- 金 子育て支援児との交流を楽しむ

玩具・人形、粘土
歌・『きらきら星』
絵本・『10ぴきのかえるのプールびらき』

第4週

- 月 なぐり描き
- 火 プール遊び、ままごと
- 水 ヒマワリ製作、ササ舟(水遊び)
- 木 プール遊び、なぐり描き
- 金 子育て支援児との交流を楽しむ

玩具・スタンプ、絵の具
歌・『水あそび』
絵本・『こぐまちゃんのみずあそび』

評価・反省・課題 (P.88でくわしく説明!)

朝の荷物のしたくは、場所や方法を覚えてスムーズにできるようになってきている。給食時の給食袋の出し方も知らせていくようにする。また、感触遊びやプール遊びなど、夏ならではの遊びを楽しむ時間が多く取れたのでよかった。夏野菜などの自然に触れる時間を取り、大切にしていきたい。

7月 個人案

	D児（2歳3か月） 水遊びをいやがる	E児（2歳4か月） 自分で脱ぎ着をしようとしている	F児（2歳5か月） 戸外で元気に体を動かす
前月・今月初めの子どもの姿 ○	○水がかかるのをいやがり、遊びに入ろうとしない。	○自分で脱ぎ着するが、汗ばんで脱ぎにくいときは援助を求めている。 ○言葉で気持ちを伝えたいと思っている。	○汗で脱ぎにくくなってきているので保育者にしてもらうようになる。 ○保育者といっしょに体を動かすことを楽しんでいる。
ねらい ★ ・内容 ☆	★保育者といっしょに遊び、水の心地良さを楽しむ。 ☆好きな玩具で水遊びをし、楽しさを感じる。	★衣服の脱ぎ着を自分でしようとする。 ★保育者や友達と会話を楽しむ。 ☆できないところは保育者に助けてもらいながら着替える。 ☆保育者や友達と好きな玩具で遊ぶ。 ☆自分の思いを言葉で伝える。	★保育者に介助してもらいながら、少しずつ自分でしようとする。 ★保育者や友達といっしょに夏の遊びを楽しむ。 ☆さりげなく介助されながら、脱ぎ着のしかたを知り自分でしようとする。 ☆水・砂や絵の具などで遊ぶ。
環境づくり ◆ と保育者の援助 ◇	◆プールのそばにタライと玩具で水遊びができるスペースを作る。 ◇保育者といっしょに水遊びをしたり他児のプール遊びのようすを見たりする中で、少しずつ水への関心が持てるようにしていき、プールにも入れるようにする。	◆自分で着替えがしやすいように、カゴを用意する。 ◇自分でしようとする気持ちを大切にしつつ、さりげなく手助けし、自分でできたという喜びを持てるようにする。 ◇保育者が仲立ちになり、気持ちを代弁しつつ、友達とのかかわり方を知らせていく。	◆ゆったり構え、子どもの主体性を大切にする。 ◆プールで遊ぶ浮く物、小麦粉や片栗粉など感触遊びに使う物を用意しておく。
子どもの発達 ◎ と評価・反省・課題 ✱	◎プール遊びにも慣れ、おなかを水につけてワニ歩きをしたり、顔に水がかかったりしても泣かずに楽しんだりして過ごしている。	◎自分で脱ぎ着する方法を知らせると、自分でしてみようとする姿がある。畳むことも知らせていくようにする。	◎「できなーい！」という甘えも受け止めつつ、自分でできたという充実感も味わってほしい。

週案的要素

クラスの生活と遊び（環境配慮）

第1週	第2週
・七夕のササ飾りや星を飾ったり七夕の歌をうたったりしながら行事の雰囲気を味わい、七夕の日を楽しみに待つ。 ・行事を通して異年齢児といっしょに楽しめるようにする。	・自分の足ふきタオルを取れるように、子どもたちがわかりやすいところに置いておく。 ・プールの水域を決め、安全に遊べるようにする。

育ちメモ　子どもは初めて出会うものに警戒するものです。それは、自分がいざというとき、どう対処していいかわからず、強い不安を感じるからです。特に水は怖いものの最たるものですが、保育者がそばにつ

CD-ROM ▶ 7月 ▶個人案_1

	G児(2歳6か月)	H児(2歳8か月)	I児(2歳7か月)
	トイレをいやがる	感触遊びを楽しんでいる	途中入所（園）児
	○トイレに行くことをいやがることがある。 ○戸外に出て砂の感触を味わうなどして遊ぶことを喜んでいる。	○自分でできることが増え、保育者の援助をいやがることがある。 ○いろいろな感触をいやがらずに喜んで遊んでいる。	○新しい環境に慣れず、母親と離れることをいやがっている。 ○砂場で遊ぶことを喜ぶ。
	★トイレでの排せつに慣れる。 ★保育者や友達といっしょにいろいろな感触を楽しむ。 ☆保育者に見守られて排せつする。 ☆水や砂に触れて遊ぶ。	★簡単な身の回りのことを自分でしようとする。 ★保育者や友達といっしょに水や砂・泥などの感触を味わいながら、夏の遊びを楽しむ。 ☆自分でできたことを喜ぶ。 ☆水や砂・泥に触れて遊ぶ。	★保育者といっしょにいろいろな感触を味わう。 ★新しい環境に慣れ、好きな遊びを見つけて楽しむ。 ☆水や砂に触れて遊ぶ。 ☆保育者といっしょに好きな遊びをする。
	◆トイレは清潔で明るい雰囲気を保つとともに、G児の好きなキリンの絵を扉にはるなどしてみる。 ◇砂場の泥んこの中をはだしで歩くなど、保育者といっしょに楽しむ。 ◇ジョウロ、ペットボトルやビート板などで、さまざまな勢いの水を感じられるようにする。	◆ズボンやパンツを着替えやすいように、イスを用意しておく。 ◆砂場では、型抜きやお団子作りなどが体験できるようにする。 ◆プールで開放的に遊べるようバケツやジョウロなどで遊べるようにする。	◇不安な気持ちを受け止め、スキンシップを取りながら信頼関係を築いていく。 ◆プリンカップやスコップなど、砂場の玩具を十分に用意しておき、好きな遊びが見つけられるようにする。
	◎身の回りのことはほとんど自分でできるようになってきた。	◎身の回りのことはほとんど自分でできるようになってきた。	◎時々不安なようすを見せるので、引き続きスキンシップを取っていきたい。

	第3週	第4週
	●パーティションやスノコを用意し、プール遊びの後体を洗うところ、待つところを安全面に配慮し設定する。 ●プールで使う玩具を用意し、楽しめるようにする。	●戸外と室内で温度に差がありすぎないように、エアコンや扇風機を適度に使いながら、快適な室温・湿度を保つ。 ●グループに分かれて十分に遊びを楽しめるようにする。 ●季節や子どもの興味・関心に沿った絵本をいつでも読めるように、子どもの手の届くところに置いておく。

き、体を支えて安心感を持たせることで、徐々に水に慣れ、熱い中での気持ち良さがわかってきます。根気よく、初めての経験を楽しいものにします。

7月 個人案

6月 P.74から　→　8月 P.94へ

	泣いて過ごすことが増える J児（2歳9か月）	**砂や水の感触を楽しんでいる** K児（2歳10か月）	**身の回りのことを自分でする** L児（2歳11か月）
前月の子どもの姿○	○着替えを自分でしようとするのをいやがる。 ○水が顔にかかることをいやがり、遊びに入るまでに時間がかかる。7月上旬より日中に泣いて過ごすことが多くなる。	○脱ぎ着を自分でしようとするが、汗で脱ぎにくいとき、援助してもらうことが多い。 ○砂や水の感触を味わいながら遊んでいる。	○身の回りのことはほとんど自分でできるようになってきている。 ○保育者や友達と水遊びや泥遊びを楽しんでいる。
ねらい★・内容☆	★保育者に手伝ってもらいながら、身の回りのことを自分でする意欲を持つ。 ★いろいろな素材の感触遊びを楽しむ。 ☆脱ぎ着で、少しずつ自分でできるところを増やす。 ☆保育者といっしょにゆったりと水や砂に触れて遊ぶ。	★身の回りのことを自分でしようとする。 ★水や砂・泥などの感触を楽しむ。 ☆保育者に手伝ってもらいながら、衣服の脱ぎ着を自分でしようとする。 ☆じっくりと遊べる型抜き・お団子作りに取り組む。	★身の回りのことを自分でしようとする。 ★水や泥の感触を楽しみながら、のびのびと遊ぶことを楽しむ。 ☆保育者の見守りの中でひとりで着替え、排せつ・食事をする。 ☆プールや砂場で楽しく遊ぶ。
環境づくりと保育者の援助◆◇	◇あらゆる場面で保育者が寄り添い、情緒の安定を図る。 ◇保育者が先に水や砂に触れて楽しむようすを見せ、少しずつ慣れていけるようにする。	◆着替えやすいように、牛乳パックの手作りベンチを置く。 ◆砂場にプリンカップなどを十分に用意する。	◆プールや砂場で、友達といっしょにフープを通り抜けたり山作りをするなど、かかわりができるように言葉をかけていく。 ◇あらゆる生活の場面で見守り励ましていく。
子どもの発達◎と評価・反省・課題※	◎家での睡眠の時間が短いときには1日中泣いていることが多い。そばについて安心でき、泣かずに過ごせるように配慮していく。	◎水の感触を気持ち良く感じており、保育者や友達と笑い声を上げながら遊んでいる。	◎保育者や友達といっしょに水遊びやプール遊びを楽しんでいる。顔に水がかかっても恐がることなく遊びを楽しんでいる。

週案的要素　クラスの生活と遊び（環境配慮）

第1週	第2週
・七夕のササ飾りや星を飾ったり七夕の歌をうたったりしながら行事の雰囲気を味わい、七夕の日を楽しみに待つ。 ・行事を通して異年齢児といっしょに楽しめるようにする。	・自分の足ふきタオルを取れるように、子どもたちがわかりやすいところに置いておく。 ・プールの水域を決め、安全に遊べるようにする。

育ちメモ　2歳児は途中入所（園）児の多いクラスであり、同月齢でも進級児と、途中入所（園）児の発達の差がわかるものです。特定の保育者がそばにつき、不安な思い、さみしさなどを受け止め情緒の安定に

CD-ROM ▶ 7月 ▶個人案_2

6月 P.75から　　　　　　　　　　　　　　　　　　　　　　　　　　　　　　**8月** P.95へ

7月 個人案

M児（3歳） 水や泥で楽しんでいる	N児（3歳1か月） 尿意を自分から知らせる	O児（2歳9か月） 園に慣れてきている
○身の回りのことはほとんど自分でできるようになってきている。 ○保育者や友達といっしょに水遊びや泥遊びを楽しんでいる。	○尿意を感じて自分から知らせるようになる。 ○いろいろな感触をいやがらずに喜んで遊んでいる。	○排尿していても、そのまま過ごしている。 ○新しい環境に慣れ、好きな遊びを見つけて過ごしている。
★身の回りのことを自分でしようとする。 ★保育者や友達といっしょに泥や水で遊ぶことを楽しむ。 ☆保育者の見守りの中でひとりで着替え、排せつ、食事をする。 ☆水や砂などに触れて遊ぶ。	★尿意を知らせトイレで排尿する。 ★保育者といっしょにいろいろな感触遊びを楽しむ。 ☆尿意を知らせ、パンツをはいて過ごす。 ☆水や泥、砂などに触れて遊ぶ。	★保育者のそばで、園生活に慣れる。 ★好きな遊びを見つけて楽しむ。 ☆排尿したことをしぐさで知らせたり、トイレで排尿したりする。 ☆保育者や友達といっしょに楽しんで夏の遊びをする。
◆プールや砂場で、友達といっしょにかかわって遊べるように言葉をかけたり、共同で使う大きな浮き輪を用意したりする。 ◆保育者もいっしょに、水遊びや泥遊びをし、楽しさを共有する。	◆「おしっこって言えたね！ よかった！ いっしょにトイレに行こう！」と認めていく。 ◆保育者に聞いてもらえるという安心感を与えて、少しずつでも会話できるようにする。	◆6月からなので、引き続き新しい環境に慣れ、信頼関係をつくっていく。トイレの場所を再度いっしょに見に行くなど、O児にとってあたりまえでないことは何か、考えていく。 ◆プールや砂場の玩具をいっしょに準備する。
◎自分で衣服の脱ぎ着・後始末をしようとしている。汗ばんで脱ぎにくいときはさりげなく援助し、自分でできた喜びを共感していく。	◎排せつの意思表示ができるようになってきた。言葉も少しずつ出て、新しい環境を楽しめるようになってきている。	✳好きな玩具で繰り返し遊ぶなど、園に慣れたようすが見られるが、引き続きスキンシップを取り、ようすを見守っていきたい。

第3週	第4週
●パーティションやすのこを用意し、プール遊びの後体を洗うところ、待つところを安全面に配慮し設定する。 ●プールで使う玩具を用意し、楽しめるようにする。	●戸外と室内で温度に差がありすぎないように、エアコンや扇風機を適度に使いながら、快適な室温・湿度を保つ。 ●グループに分かれて十分に遊びを楽しめるようにする。 ●季節や子どもの興味・関心に沿った絵本をいつでも読めるように、子どもの手の届くところに置いておく。

↗ しっかりかかわりますが、保護者の信頼関係を築くことにも配慮していくことが重要です。園ならではの重い社会的な責任であることを自覚します。

7月

今月のねらい

日本の1年中でいちばん暑い日が、7月中旬から下旬といわれています。熱中症にも注意しなければならないでしょうし、戸外遊びの時間の調節、休息、水分補給など健康管理が今月の大きなねらいとなります。デイリープログラムを夏型に変えて、ゆったり過ごしましょう。

文例

> 活動と休息のバランスを取り、夏を元気に過ごせるようにする。

健康・食育・安全

プールでの水遊びは、夏の主たる活動です。しかし、プールの中で滑って水でおぼれそうになったり、転倒事故が起こったりと危険がいっぱいです。まず水質の点検、消毒、定められた水位の励行、もちろん紫外線予防のための遮光など、安全第一に留意して実践していきましょう。

文例

> プールの水深や水温に留意し、また、プール周辺に危険物が無いよう点検し、取り除いておく。

これも！おさえておきたい 7月の計画のポイントと文例

本指導計画の月案では、A～O児に合った今月のねらいなどを掲載しています。より参考にしていただけるように、ここでは、この月によくある、ほかにも押さえておきたいポイントを紹介しています。

保育者間の連携

朝の登園のときに、健康カードにプール遊びの可否の連絡をしてもらいますが、水着への着替えのとき皮膚の状態を確認しおしりの洗浄をし、遊びに入ります。子どもの水の慣れぐあいによってグループに分け、担当分担に応じてかかわり、共通の手順で安全に遊びます。

文例

> 水遊びで、事故が起きないよう、遊びの手順や役割分担を話し合い、共通理解しておく。

家庭・地域との連携

登園時点で汗をふき取り肌着を着替えます。午前の遊びの後、沐浴後、昼食後、午睡後などを着替えの時間にしていますが、その日の暑さ、活動、汗のかき方に応じて、肌着を頻繁に着替えます。したがって、家庭から着替えの肌着を多めに持ってきてもらいます。

文例

> 汗をかくことが増えるので、着替えを多めに用意してもらう。

7月 日の記録

保育を振り返るために、また仕事の証として、日々の記録は欠かせません。ここでは例として、同じ日の月齢の近い6人を抜き出して掲載しています。次の計画に生かしましょう。

CD-ROM 日の記録フォーマット

7月25日（金）

時刻	J児 (2歳9か月)	K児 (2歳10か月)	L児 (2歳11か月)	M児 (3歳)	N児 (3歳1か月)	O児 (2歳9か月)
8:15-45	登園	登園	登園	登園	登園	登園
9:15-45	間食(全) 小 / 子育て支援児との交流	間食(全) 小 / 子育て支援児との交流	間食(全) 小 / 子育て支援児との交流	間食(全) 小 / 子育て支援児との交流	間食(全) 小 / 子育て支援児との交流	間食(全) 小 / 子育て支援児との交流
10:15-45	小	小	小	小	小	小
11:15-45	給(全) 小	給(全) 小	給(全) 小	給(全) 小	給(全) 小	給(全) 小
12:15-45	↓12:20	↓12:20	↓12:20	↓12:20	↓12:20	↓12:20
13	↓	↓	↓	↓	↓	↓
14:15-45	14:20 小	14:55	14:55	15:00	14:50	14:55
15:15-45	間食(全)	間食(全) 小 / ブロック	間食(全) 小 / ブロック	間食(全) 小 / ブロック	間食(全) 小 / 車の玩具	間食(全) 小 / 車の玩具
16:15-45	延長保育へ	延長保育へ	降園	延長保育へ	降園	延長保育へ
17						
18						

主な保育の予定

本日のねらい
- 異年齢児とかかわり、遊ぶことを楽しむ。

登園時に留意すること
- 健康状態を確認し、気になることはすぐに報告し合う。

環境づくり（歌・絵本・素材・コーナーなど）
子育て支援児との交流をする保育室では、各グループごとにトランシーバーや携帯を持ち、状況を確認し合う。また、水分補給をしっかりとれるように、お茶を用意する。

遊びの予定
- 子育て支援児といっしょにコーナー遊び（大型積み木、絵本、輪投げ　など）

降園時に留意すること
- けがの有無や体調について伝える。

保育の実際と評価・反省・課題

登園時の健康観察（異常 (無)・有… 　　　　）

養護（生命の保持と情緒の安定）にかかわること
ひとりひとりの言動に対して、何を思ってそうしたのか、何がいやでしようとしないのか、などを考えて、気持ちを受け止めた援助を心がけた。

環境づくりについて
高温注意報が発令されたため、戸外ではなく室内で、積み木で遊ぶようにした。ゆったりと水分補給ができるように、お茶を用意し、近くにイスを準備しておいた。

保育者の援助について（チームワークを含む）
冷房で肌が冷えないように、こまめに蒸しタオルで汗をふくようにした。頭皮に汗をかき、熱がこもる現状を伝えながら、髪の毛をくくってきてもらえるように保護者に伝えていきたい。

降園時の健康観察（異常 (無)・有… 　　　　）

小:排尿　大:大便　オ:オムツ交換　く:薬　給:給食　(全):全食　茶:お茶　↓:睡眠

実践ポイント
熱中症予報などが出たときは室内での遊びをしますが、室内でも動くと汗をかきますので冷房で冷えないように配慮します。

※ SIDS（シッズ）とは「乳幼児突然死症候群」と呼ばれる、睡眠中突然死する病気です。一定時間ごとに睡眠中の子どものようすを確認しましょう。ここでは15分ごとに複数の保育者でチェックしています。SIDSについて詳しくはP.172をご覧ください。

7月のふりかえりから8月の保育へ

今月のねらい (P.80参照)
- 健康に留意し、暑い夏を元気に過ごせるようにする。
- 友達や保育者といっしょに夏の遊びを楽しむ。
- 簡単な身の回りのことを自分でしようとする。

ふりかえりポイント
- ★ ねらいの設定は？
- ◆ 環境構成・援助は？
- ◎ 子どもの育ちは？
- 次月へのつながりは？

T先生（5年目）：場面を思い浮かべて振り返ってみましょう。
S先生（2年目）：私たちの保育はどうでしょう。

例えば…

【7月】自然との出会い

夏ならではの経験として、感触遊びやプール遊びをしたけれど、★夏の自然を味わえるように、◆プールに入れない子どもたちと、夏野菜やヒマワリの水やりをしたわね。

- 水やりをきっかけに、咲いた花や虫に気づいていました。ジョウロの数が足りなくなってきました…どうしましょう。
- ペットボトルのふたに穴をあけた手作りジョウロなら、手軽に用意できるわよ。
- なるほど！ さっそく作ってみます！ 自然物への関心が、クラスみんなに広がってほしいですね。
- そうね。夏野菜を収穫したり、それらを調理してもらって食べたりできるように計画してみましょうか。

E児（2歳4か月）の場合

汗で服が脱ぎにくいときなど、困って助けてほしいことを伝えています。★自分でできた充実感を味わえるように、◆さりげなく手伝いながら、最後の部分はEちゃんの手でできるようにしました。

- 汗で脱ぎ着しにくいときは、とても不快な状態よね。そこは手伝ってあげましょう。Eちゃんが自分でできること、できないことを見極めて、時には、優しく見守る姿勢も必要ね。
- 「こっちのおそでを引っ張ってごらん」など、具体的にやり方を伝えると、やってみようとしています。慣れてくると、畳み方も知らせていきたいです。

> できたときはおおいに褒めて、認めましょう。自分でできることを、「やって」と言うときは、「先生見てるからやってごらん」と優しく援助しましょう。

伝えたい!! 園長先生のおはなし

キーワード　介助と見守りのバランス

夏は薄着になる時期であり、プール遊びなどで衣服の脱ぎ着のチャンスが増えますね。この時期、自分でパンツやTシャツを脱ごうと意欲を持ちます。でも汗で肌着がひっついて脱ぎづらくなり「ぬげない」と助けを求めに来るでしょう。自分でできることは認めながら、困っているときには介助するのが保育者の見極めですね。励ましの目ですよ。

クラス全体では

次月の指導計画に生かせます！

- 身の回りのことは、慣れたりできるようになるまで、ていねいに子どもたちの意欲を引き出すようにしていきたいです！
- そうね。できることも増えてくると、自信につながるものよ。今月、夏ならではの経験をたくさん積んだ子どもたちの楽しんでいることを、来月も引き続き楽しめるように、考えていきましょう。

今月の評価・反省・課題 (P.81参照)

朝の荷物のしたくは、場所や方法を覚えてスムーズにできるようになってきている。給食時の給食袋の出し方も知らせていくようにする。また、感触遊びやプール遊びなど、夏ならではの遊びを楽しむ時間が多く取れたのでよかった。夏野菜などの自然に触れる時間を取り、大切にしていきたい。

8月

ねらいより
健康でゆったりと過ごす。

月案 （A～C児） ・・・・・・ P.90

水やりに興味を持つ
A児（2歳4か月）

しぐさで思いを伝える
B児（2歳8か月）

動植物に興味を持つ
C児（2歳10か月）

個人案 （D～I児） ・・・・・・ P.92

自分でなんとか脱ぎ着している
D児（2歳4か月）

友達と取り合いになることがある
E児（2歳5か月）

夏の遊びを十分に楽しむ
F児（2歳6か月）

水がかかるといやがる
G児（2歳7か月）

水に触れることが好きな
H児（2歳9か月）

園生活に慣れてきた
I児（2歳8か月）

個人案 （J～O児） ・・・・・・ P.94

引き続き泣いて過ごしている
J児（2歳10か月）

スプーンで食べている
K児（2歳11か月）

排せつや着替えを自分でする
L児（3歳）

友達と取り合いをする
M児（3歳1か月）

排尿が自立してきた
N児（3歳2か月）

取り合いになることがある
O児（2歳10か月）

これも！おさえておきたい

8月の計画のポイントと文例 ・・・・・ P.96

日の記録 ・・・・・・・・・・・・・ P.97

8月のふりかえりから9月の保育へ ・・ P.98

8月 月案

CD-ROM　8月 ▶月案

今月のねらい（クラス全体としてのねらいです）
- ひとりひとりの子どもの健康状態に留意して、夏を健康で快適に過ごせるようにする。
- 保育者や友達といっしょに夏の遊びを十分に楽しむ。
- 夏の自然や生き物にふれ、興味や関心を持つ。

* マークのマーカーが引いてある部分は、ページ下部の解説とリンクしているのでご覧ください。
* 「今月のねらい」「健康・食育・安全」「保育者間の連携」「家庭・地域との連携」については、P.96の内容も、立案の参考にしてください。

8月 月案

	前月の子どもの姿 ○	ねらい ★・内容 ☆
水やりに興味を持つ A児（2歳4か月）	○プールの後のシャワーと着替えに時間がかかる。 ○保育者といっしょに夏野菜やヒマワリの水やりをすることを楽しんでいる。	★身の回りのことを自分でしようとする。 ★夏野菜や小動物に興味を持ち、見たり触れたりすることを楽しむ。 ☆保育者に見守られながら、プール遊び前後の身の回りのしたくを自分でしようとする。 ☆花も虫も何かを食べていることに気づく。
しぐさで思いを伝える B児（2歳8か月）	○やりたいことはしぐさで伝えている。 ○ごはんをよく食べ、食べ終わった皿を保育者に見せている。	★自分の思いを言葉で伝え、友達や保育者と遊ぶことを楽しむ。 ★自分から意欲的に食事をしようとする。 ☆保育者や友達と言葉を交わして遊ぶ。 ☆食事を満足するまで食べる。
動植物に興味を持つ C児（2歳10か月）	○身の回りのことを自分でしようとするが、できないときは援助を求めている。 ○動植物に興味を持ち、水やりをしようとしたり、また絵本なども見たりしている。	★身の回りのことを自分でしようとする。 ★生き物や草花の絵本や図鑑を見る。 ☆保育者に手伝ってもらいながら身の回りのことを行なう。 ☆保育者が読み、興味を深める。

週案的要素　クラスの行事・生活・遊びの計画

	第1週		第2週	
	月 片栗粉粘土 火 プール遊び 水 マット遊び、なぐり描き 木 プール遊び 金 子育て支援児との交流	玩具・片栗粉粘土、ブロック、バス 歌・『くいしんぼおばけ』 絵本・『ぶかぶか』	月 ままごと遊び 火 プール遊び、感触遊び 水 バスごっこ、かけっこ 木 プール遊び、積み木 金 子育て支援児との交流	玩具・ままごとセット、片栗粉粘土、寒天 歌・『南の島のハメハメハ大王』 絵本・『プールがぶしゅー』

書き方のヒント　いい表現から学ぼう！

健康カードの記入漏れや、体調が悪くなりプール遊びができない子どもについては、連絡帳に記入して、保護者に伝える。

子どもの健康管理は保護者との共管理
登園時、子どもの健康状態を記入してもらい、プール遊びの可、不可を定めます。書き忘れや園で体調が悪くなった場合も不可です。連絡帳に記入して確認を取ります。

健康・食育・安全
- 健康に過ごせるようにこまめに水分や休息をとるようにする。
- 収穫した野菜を食べるなど関心を持てるようにする。
- 高温注意情報・熱中症予報に気をつけて戸外での遊びなどに気をつける。

保育者間の連携
- 保育者が夏の研修や休暇により、交代で保育するので引き継ぎ簿を作って確認できるようにする。
- 水遊びが安全に遊べるように、保育者の位置や役割、できない子どもへのかかわり方を決めておく。

家庭・地域との連携
- 夏の感染症流行状況を掲示して症状がある場合は受診を促す。
- 健康カードの記入漏れや、体調が悪くなりプール遊びができない子どもについては、連絡帳に記入して、保護者に伝える。

8月 月案

環境づくり◆と保育者の援助◇	子どもの発達◎と評価・反省・課題✻
◇「トンネル抜けたらお顔がパッ！ 手がニョキ！ 足がトントン」などと声をかけながら、楽しくシャワーや着替えができるようにする。 ◆ジョウロをいくつか用意して、何人かでいっしょにすることで、子ども同士のかかわりをつくり、保育者も言葉をかける。	◎ヒマワリが咲いていると近くに行き、種を見たり触れようとしたりして楽しんでいる。 ✻連休明けは泣いて登園することが増える。
◆これまで読んだ絵本の中の興味を示したものから言葉を抜き出して、会話につなげる。 ◇保育者が笑顔で話しかけることを増やす。 ◇「おかわりしたいんだね」と代弁しつつ、言葉で伝える見本になる。	◎笑顔で過ごす時間は増えているが、保育者や友達との会話はない。ひとりで歌を口ずさんだり、小さい声でひとり言を言ったりすることが増えている。
◆動植物の観察がしやすいように、飼育ケースなどの置き場所を考える。 ◇ヒマワリの花を間近で見て言葉をかける。 ◇自分でしようとする気持ちが盛り上がるように、声をかけていく。	◎汗をかいて自分で脱げないときは、保育者に言葉で伝えて、手伝ってもらっている。

第3週		第4週	
月 避難訓練、かけっこ（5歳児クラスと） 火 プール遊び 水 身体計測、なぐり描き 木 プール遊び 金 子育て支援児との交流	玩具・絵の具、パス 歌・『ワニの家族』 絵本・『あしたプールだがんばるぞ』	月 電車の玩具 火 プール遊び、運動遊び 水 運動会検討会 木 誕生会に参加、なぐり描き 金 子育て支援児との交流	玩具・小麦粉粘土 歌・『虫の声』 絵本・『おばけのアイスクリームやさん』

評価・反省・課題 (P.98でくわしく説明！)

夏の遊びを楽しみ、保育者といっしょにプール遊び、水遊びを楽しめた。だが、水着が入れ替わっていたり、持ち物が足りなかったりと保育者の配慮不足が多くあったので注意してなおしていきたい。また、セミやザリガニなどの生き物に関心を持っていたので、まねっこ遊びや造形遊びなどに取り入れていきたい。

8月 個人案

7月 P.82から　9月 P.102へ

	D児（2歳4か月） 自分でなんとか脱ぎ着している	E児（2歳5か月） 友達と取り合いになることがある	F児（2歳6か月） 夏の遊びを十分に楽しむ
前月の子どもの姿 ○	○時間はかかるが、見守られつつ自分で脱ぎ着をしている。 ○プール遊びを楽しんでいるが、顔に水がかかることをいやがっている。	○身の回りのことが自分でできるようになってきている。 ○友達の持っている玩具を欲しがり、言葉で伝えられず取り合うことがある。	○脱ぎ着など自分でしたい気持ちが強くなり、保育者の援助をいやがることがある。 ○水や砂の感触を喜んでいる。
ねらい ★・内容 ☆	★保育者に見守られながら身の回りのことを自分でやってみようとする。 ★保育者や友達といっしょにプール遊びを十分に楽しむ。 ☆プール前後の排尿・着替えを自分でする。 ☆プールで友達とごっこ遊びをする。	★身の回りのことを自分でする。 ★思ったことを言葉に表す。 ☆保育者に見守られながら、身の回りのことを自分でやってみようとする。 ☆自分の思いを言葉で伝え、友達や保育者と遊ぶことを楽しむ。	★身の回りのことを自分でする。 ★保育者や友達といっしょに夏の遊びを十分に楽しむ。 ☆保育者に見守られながら、身の回りのことを自分でやってみようとする。 ☆プールで友達とごっこ遊びをする。
環境づくりと保育者の援助 ◆◇	◆保育者が仲立ちとなって友達同士をつなぎ、言葉を交わせるようにする。 ◇好きなワニさんごっこを友達に広げて、かかわりを増やす。 ◇遊んでいるうちに水が顔にかかっても平気になるように見守る。	◆保育者が仲立ちとなって友達同士をつなぎ、言葉を交わせるようにする。 ◇興味がある玩具を把握し、数や種類を十分に用意しておく。 ◇自分でしようとする姿を大切にし、できた喜びを共感し、自信が持てるようにする。	◆保育者が仲立ちとなって友達同士をつなぎ、言葉を交わせるようにする。 ◇プールでごっこ遊びが広がるように、「ワニさんだね」と声をかけるなどしていく。 ◇自分でしようとする姿を大切にし、できた喜びを共感し、自信が持てるようにする。
子どもの発達 ◎と評価・反省・課題 ✳	◎水に慣れ、顔に水がかかっても泣かずに楽しく遊ぶようになっている。ワニ歩きが好きで友達といっしょにすることを喜んでいる。	◎少しずつ言葉の発音がはっきりとして、保育者や友達との言葉のやりとりを楽しめるようになってきている。 ✳思いを受け止めて聞いていくようにする。	◎ひとりでヒマワリを見に行っていたり図鑑でヒマワリのページを見たりと、探索活動の深まりがある。 ✳F児の自然への関心を、他児に広げていきたい。

週案的要素　クラスの生活と遊び（環境配慮）

第1週	第2週
・風通しをよくして、エアコンや扇風機を利用しながら室温や換気に留意しておく。 ・エアコンのフィルター掃除をする。 ・休息を十分に取り、涼しい環境に中で遊べるようにする。	・季節や子どもの興味・関心に沿った絵本をいつでも読めるように、子どもの手の届くところに置いておく。 ・扇風機の掃除をする。 ・興味のある玩具を把握し、数を十分に用意するようにする。

 育ちメモ

8月の真夏の酷暑には、体格の小さい低年齢児は、熱中症になりやすいものです。熱中症は、気温が高すぎて体温調節中枢による調節が追いつかない状態で、急速に体温が上昇して命にかかわるほどの高温

CD-ROM ▶ 8月 ▶ 個人案_1

7月 P.83から
9月 P.103へ

8月 個人案

水がかかるといやがる G児(2歳7か月)	水に触れることが好きな H児(2歳9か月)	園生活に慣れてきた I児(2歳8か月)
○水遊びやプール遊びを楽しんでいるが、顔や体に水がかかることをいやがっている。 ○言葉が出始め、思いを伝えようとしている。	○暑さのため、食欲が落ちてきている。 ○水遊びやプール遊びなど開放的な遊びを楽しんでいる。	○園生活全般に慣れてきている。 ○新しい環境にも慣れ、いろいろな玩具や場所に関心を持っている。
★水の感触に慣れプール遊びを楽しむ。 ★自分の思いを言葉で伝えようとする。 ☆プールで友達とごっこ遊びをする。 ☆保育者や友達と思いや言葉をやりとりして遊ぶ。	★友達や保育者と楽しく食べる。 ★保育者や友達といっしょに夏の遊びを十分に楽しむ。 ☆楽しく食べようとする。 ☆プールで友達とダイナミックに遊ぶ。	★園生活に慣れ、安心して過ごす。 ★好きな遊びを見つけ、保育者といっしょに遊ぶことを楽しむ。 ☆園での排せつ・脱ぎ着・食事に慣れる。 ☆砂場で型抜きをして遊ぶ。
◆保育者が仲立ちとなって友達同士をつなぎ、言葉を交わせるようにする。 ◇手で水に触れることから始め、少しずつ慣れることができるようにする。	◆「残してもいいから食べよう」と勧めて、体力が落ちないように配慮する。 ◇量を加減してもらいながら、食事を楽しむ。	◆見守る中で言葉をかけて、とまどっているところがないか注意しつつ、少しずつ自分が出せるようにしていく。 ◇砂場の型抜きに没頭しているので、日陰になっているところに誘ったり違う形のカップを与えたり、砂の水分を足したりする。 ◇ひとりでできたときは褒め、意欲を育てる。
✻言葉を使ってわかり合え、友達とつながる経験もしてきているので、そのような機会をより多くつくっていきたい。	✻保護者にも食欲のことを伝えて、協力していくようにしたい。 ✻友達とかかわるきっかけをもっとつくっていきたい。	✻まだ何事にも遠慮がちなので、もっと保育者がかかわりを増やし、友達ともつながれるようにしたい。

第3週	第4週
●着替えをする際には個々のスペースを確保できるように、机・イスの置き場所を考える。 ●エアコンのフィルター掃除をする。 ●衣服を順番に置いたり並べたりして、着替えやすくしていく。	●遊具や運動遊具などを準備して、体を動かして遊べる環境をつくる。 ●上靴の置き場所に印を付けてわかりやすくしておく。 ●扇風機の掃除をする。 ●休み中に経験したことを再現しやすい物を用意し、ごっこ遊びを楽しむ。

になる可能性があり、急いで全身を冷やさなければなりません。水分摂取と外から冷やすことで対応します。毎日の熱中症予報に注意し、戸外遊びを制限します。

8月 個人案

7月 P.84から / 9月 P.104へ

	引き続き泣いて過ごしている J児（2歳10か月）	スプーンで食べている K児（2歳11か月）	排せつや着替えを自分でする L児（3歳）
前月の子どもの姿 ○	○母親と離れるとき（受け入れ時）から泣いて過ごすことが多くなる。	○苦手な食べ物が多いが、自分でスプーンを持ち食べようとしている。 ○歓声を上げながら、保育者と水遊びを喜んでいる。	○身の回りのことが自分でできるようになってきている。 ○プール遊びでは入ることを喜ぶが、顔にかかると泣いてしまう。
ねらい ★・内容 ☆	★保育者といっしょに安心して過ごす。 ☆不安を受け止めてもらいながら安心して過ごす。	★スプーンで食べることを楽しむ。 ★さまざまな感触遊びや水遊びを楽しむ。 ☆苦手な食べ物にスプーンで挑戦する。 ☆プールで友達とダイナミックに遊ぶ。	★身の回りのことを自分でしようとする。 ★水に慣れ、保育者や友達といっしょに水遊びを楽しむ。 ☆保育者に見守られながら、プール前後の排せつ、着替えを自分でする。 ☆水の感触を楽しんで遊ぶ。
環境づくりと保育者の援助 ◆◇	◆保育者が泣いているJ児に優しく接するところを友達に見せて、他児の存在を気にかけられるようにしていく。 ◇スキンシップをたくさん取ったり、家庭との連携を図ったりする。	◆保育者もいっしょに食べ楽しい雰囲気をつくる。 ◇バシャバシャシャワーが好きな友達とつながれる言葉をかけていく（H児やN児　など）。	◆他児がプールで楽しそうにしているのを見て、いっしょに遊べるようにタイミングを計って、保育者といっしょに「いれて」と遊びの輪に加わる。 ◇自分でしようとする姿を大切にし、できた喜びを共感し、自信が持てるようにする。
子どもの発達 ◎ と評価・反省・課題 ✹	◎お盆の連休明けは母親が恋しくて泣く時間が多かったが、友達が手をつなぎに来てくれたり声をかけられたりすることを喜び、泣く時間も減ってきている。	✹苦手な食べ物にも挑戦する気持ちを大切に、無理のないようにしていく。	◎プール遊びでは、最初は少し恐がっていたが、保育者や友達といっしょに楽しみながら慣れてきている。「きもちいいー！」とうれしそうにする姿もある。

週案的要素

クラスの生活と遊び（環境配慮）	第1週	第2週
	・風通しをよくして、エアコンや扇風機を利用しながら室温や換気に留意しておく。 ・エアコンのフィルター掃除をする。 ・ふとんを干す。	・季節や子どもの興味・関心に沿った絵本をいつでも読めるように、子どもの手の届くところに置いておく。 ・扇風機の掃除をする。 ・ふとんを干す。

育ちメモ　このころ、友達とのかかわりができ玩具の取り合いが増えてきます。取られた子どもが相手に立ち向かう自己発揮が育っている証拠ですが、"自分にとって必要なんだ" という主張が生じるトラブルは、

7月 P.85から

CD-ROM　8月▶個人案_2

9月 P.105へ

友達と取り合いをする	排尿が自立してきた	取り合いになることがある
M児（3歳1か月）	**N児（3歳2か月）**	**O児（2歳10か月）**
○身の回りのことが自分でできるようになってきている。 ○友達とのかかわりも増え、玩具を取り合うことがある。	○パンツをぬらさず、日中過ごすようになる。 ○水遊び、プール遊びに慣れ、保育者や友達といっしょに喜んで遊んでいる。	○こぼしながらも、自分で最後まで食べようとしている。 ○友達とのかかわりが増え、いっしょに遊ぶことが増えてきたが、物の貸し借りでトラブルになることがある。
★身の回りのことを自分でする。 ★自分の思いを言葉で伝え、友達や保育者と遊ぶことを楽しむ。 ☆保育者に見守られながら身の回りのことを自分でやってみようとする。 ☆「かして」「いいよ」のやりとり遊びをする。	★自分から進んでトイレに行き、排尿する。 ★さまざまな感触遊びや水遊びを思い切り楽しむ。 ☆自分でできるという自信を持つ。 ☆プールサイドで友達とダイナミックに遊ぶ。	★楽しい雰囲気の中で食事をする。 ★保育者や友達と言葉のやりとりをしながら、好きな遊びを楽しむ。 ☆食器に手を添えて、食事をする。 ☆保育者に手伝ってもらいつつ自分で食べる。 ☆「かして」「いいよ」のやりとりをする。
◇排せつについては、M児のリズムに注意してトイレに誘うなどする。 ◇自分でしようとする姿を大切にし、できた喜びを共感し、自信が持てるようにする。	◇排せつリズムを知り、トイレに誘う。 ◇バシャバシャシャワーが好きな友達とつながれる言葉をかけていく（K児・H児　など）。	◇O児の食べるペースを大事にしながら、楽しく食事ができるようにする。 ◇トラブルとしてではなく慣れて自分が出せるようになってきたととらえ、他児との間を取り持っていく。
✲玩具の取り合いをすることもあるが、保育者に気持ちを受け止めてもらい、言葉で気持ちを伝えようとする姿も出てきている。	✲友達と言葉でかかわれるような機会を増やしたい。	✲自分が出せてきているので、よりO児の気持ちが出るように寄り添いたい。

8月 個人案

第3週	第4週
・着替えをする際には個々のスペースを確保できるように、机・イスの置き場所を考える。 ・エアコンのフィルター掃除をする。 ・ふとんを干す。	・遊具や運動遊具などを準備して、体を動かして遊べる環境をつくる。 ・上靴の置き場所に印を付けるなどしてわかりやすくしておく。 ・扇風機の掃除をする。

自分と周りの違いに気づかせる対人行動を学ぶチャンスです。保育者が自分の行為を言葉に置き換えてくれることで確認をし、他児の立場に気づく大切な機会ともなります。

今月のねらい

夏かぜとよばれるヘルパンギーナは、コクサッキー・ウイルスによる発熱とのどが赤くなりブツブツができる病気です。登園時に健康状態をチェックしたり、活動と休息のバランス、午睡をゆっくり取る、栄養に気を配るなど健康に留意したうえで、夏遊びを楽しめるようにします。

文例
ひとりひとりの健康状態に留意し、夏を健康に過ごせるようにし、保育者や友達と夏の遊びを十分に楽しむ。

健康・食育・安全

8月は、戸外でのプール・水遊び、泥んこ遊び、フィンガーペインティング・ボディペインティング、砂遊びなど、いずれもはだしになって遊ぶものです。子どもの足の皮膚は薄く、傷つきやすいのです。ベランダ・園庭の清掃、危険物の除去、大きな石を取り除くなど気配りをします。

文例
戸外ではだしになることが多いので、危険物がないか点検しておく。

これも！おさえておきたい 8月の計画のポイントと文例

本指導計画の月案では、A～O児に合った今月のねらいなどを掲載しています。より参考にしていただけるように、ここでは、この月によくある、ほかにも押さえておきたいポイントを紹介しています。

保育者間の連携

夏かぜやとびひなど、夏に起こりやすい感染症の原因、症状、対処法などを保健師、看護師の専門家から学び、共通理解し、夏の健康管理を適切にしていけるようにします。登園時、水遊びの可否を連絡してもらい、水遊びできない子どもの担当者など、役割分担をします。

文例
感染症が出た場合の対処法について統一できるよう、あらためて話し合っておく。

家庭・地域との連携

2歳児はまだまだ赤ちゃん扱いをする保護者の方が多いようですが、自我の芽生えた子どもは、「ジブンデ」といってパンツをはこうとしたり、トイレで排せつしたり、身の回りのことができるようになっている姿があります。それらを伝え成長を共に喜ぶようにします。

文例
身の回りのことなどできるようになってきたことを知らせ、成長を保護者と共に喜ぶようにする。

8月 日の記録

保育を振り返るために、また仕事の証として、日々の記録は欠かせません。ここでは例として、同じ日の月齢の近い6人を抜き出して掲載しています。次の計画に生かしましょう。

CD-ROM 日の記録フォーマット

8月11日（月）

時刻	A児（2歳4か月）	B児（2歳8か月）	D児（2歳4か月）	F児（2歳6か月）	H児（2歳9か月）	I児（2歳8か月）
8:15/30/45	登園	登園 小	登園 小	登園	登園 小	登園
9:15/30/45	間食(全) 戸外	間食(全) 戸外	間食(全) 戸外	間食(全) 戸外	間食(全) 戸外	間食(全) 戸外
10:15/30/45	小 ままごと 小	小 なぐり描き	小 ままごと 小	小 なぐり描き	小 ままごと	小 ままごと
11:15/30/45	給(全) 小	給(全) 小	給(全) 小	給(全) 小	給(全) 小	給(全) 小
12:15/30/45	12:20 ✓	12:20 ✓	12:20 ✓	12:20 ✓	12:20 ✓	12:20 ✓
13:15/30/45	✓✓✓	✓✓✓	✓✓✓	✓✓✓	✓✓✓	✓✓✓
14:15/30/45	✓ 14:40	✓ 14:40	✓ 14:40	✓ 14:40	✓ 14:40	✓ 14:40
15:15/30/45	間食(全) 小	間食(全) 小	間食(全) 小	間食(全) 小	間食(全) 小	間食(全) 小
16:15/30/45	延長保育へ	延長保育へ	延長保育へ	降園	延長保育へ	延長保育へ
17:15/30/45						
18:15/30/45						

主な保育の予定

本日のねらい
- 保育者や友達とかかわり、遊ぶことを楽しむ。

登園時に留意すること
- ていねいに健康観察し、職員全員が把握しておく。

環境づくり（歌・絵本・素材・コーナーなど）
園庭や外回りに台風の影響で異常がないか、朝から確認しておく。また、2グループに分かれてコーナー遊びをする。

遊びの予定
戸外：水やり
コーナー：ままごと遊び、なぐり描き

降園時に留意すること
- 園での1日のようすを伝えてあいさつする。

保育の実際と評価・反省・課題

登園時の健康観察（異常　無・㊲…B児：カバンを忘れて登園する。）

養護（生命の保持と情緒の安定）にかかわること
台風の後だったので外回りを点検したり、受け入れ時に、ひとりずつ休日中に変わりはなかったかを確認したりすることができた。

環境づくりについて
戸外では野菜などの植物に台風の影響はないか、子どもたちといっしょに確認した。ヒマワリを見て、背比べをしたり、花の大きさに驚いたりするようすがあり、成長を喜ぶ姿を写真に収めることができた。

保育者の援助について（チームワークを含む）
ままごとでは、保育者が作ったお弁当を持って、「いってきます」「いただきます」と言って言葉のやりとりを楽しんでいる。しかし、子どもたち同士でのやりとりは見られないので、仲介していきたい。

降園時の健康観察（異常 ㊳・有…　　　　　　　　　　）

：排尿　大：大便　オ：オムツ交換　く：薬　給：給食　(全)：全食　茶：お茶　↓：睡眠

実践ポイント　暑い日は室内遊びが多くなりますが、友達とごっこでイメージの共有ができだすので、やりとりを楽しみます。

※ SIDS（シッズ）とは「乳幼児突然死症候群」と呼ばれる、睡眠中突然死する病気です。一定時間ごとに睡眠中の子どものようすを確認しましょう。ここでは15分ごとに複数の保育者でチェックしています。SIDSについて詳しくはP.172をご覧ください。

8月のふりかえりから9月の保育へ

今月のねらい（P.90参照）
- ひとりひとりの子どもの健康状態に留意して、夏を健康で快適に過ごせるようにする。
- 保育者や友達といっしょに夏の遊びを十分に楽しむ。
- 夏の自然や生き物にふれ、興味や関心を持つ。

ふりかえりポイント
- ★ ねらいの設定は？
- ◆ 環境構成・援助は？
- ◎ 子どもの育ちは？
- 次月へのつながりは？

 T先生（5年目）: 私たちの保育はどうでしょう。
 S先生（2年目）: 場面を思い浮かべて振り返ってみましょう。

例えば…

A児（2歳4か月）の場合

- ★夏の自然に興味を持てるように、◆手作りジョウロで水やりをできるようにしたわね。◎Aちゃんは、ヒマワリの種を触ろうとしたり、「おおきい～」と言って背比べをしたりしていたわ。
- Aちゃんは、◎保育室の図鑑を見て、「これ！さっきの！」と見せてくれる姿もありましたよ。
- Lちゃんは、セミを見つけて、「とってー！」と触りたそうにしていたわ。子どもたちの間で、動植物への興味・関心がどんどん広がっているわね。
- はい！もう少し涼しくなったら、近くの森にお散歩に行きませんか？園では出会えない生き物がたくさんいるんですよね！お気に入りの生き物を絵に描きたい子もいると思うので、準備しておいて…。うわぁ、たくさん広げられますね。
- そうね！子どもたちの興味や関心からたくさん遊びが広げられるわね。

L児（3歳）の場合

- ★「夏の遊びを十分に楽しむ」というねらいに関してはどうかしら？ プールでたくさん遊んだけれど、初めは水を怖がる子どもたちもいたわよね。
- はい。DちゃんやLちゃんのように、顔に水がかかるのをいやがる子どもたちには、◆小さいプールを用意して、ダイナミックに遊ぶ子どもたちと離れて遊べるようにしましたね。

Lちゃんは、最後まで皆と離れて遊んでいたんですが、同じように水を怖がっていたDちゃんが、ワニさんごっこをして、大きいプールで遊ぶようすをじーっと見ていたんです。そこで、◆「Lちゃんもワニさんする？」と声をかけてみました。

- Dちゃんや他の友達の中に入って、ワニさんごっこをしながら、プールに入って遊んでいたわね。
- そうなんです。◎ニコニコ笑って遊んでいました。顔に水がかかることもあって、一瞬顔をしかめるんですが、手でふいてまた遊び出せるようになったんです！
- そう！成長の瞬間を見ることができたのね！

伝えたい!! 園長先生のおはなし

キーワード　水に慣れる

たっぷりの水のプールの中へひとりで入るのは、何かが起こったときの対処ができない恐怖を持ちますね。小さいプールを用意したり、水しぶきをたてる子どもから離したり、ワニ遊びをする友達のようすを見せたり、こまやかな配慮ができましたね。この段階を押さえた配慮は、水を怖がるなどの子どもにも適応できます。

クラス全体では

次月の指導計画に生かせます！

- 夏の花、虫などの自然に親しみ、プール遊びの時間も十分に取れて、夏を満喫することができました！
- そうね、でもちょっと待って。プールのとき、水着が別の子と入れ替わっていたり、見込みが甘くてタオルや着替えが足りなかったりしたわね。
- そうでした…。登園時に持ち物を確認したり、汗をよくかく子どもなどひとりひとりへの配慮を見直したりしてあらためないといけませんね。

今月の評価・反省・課題（P.91参照）

夏の遊びを楽しみ、保育者といっしょにプール遊び、水遊びを楽しめた。だが、水着が入れ替わっていたり、持ち物が足りなかったりと保育者の配慮不足が多くあったので注意してなおしていきたい。また、セミやザリガニなどの生き物に関心を持っていたので、まねっこ遊びや造形遊びなどに取り入れていきたい。

9月

ねらいより
休息を取りながらゆっくり過ごす。

月案（A〜C児）・・・・・P.100

友達のものを欲しがる
A児（2歳5か月）

月見団子に興味津々
B児（2歳9か月）

水やりに関心がある
C児（2歳11か月）

個人案（D〜I児）・・・・・P.102

造形活動を楽しんでいる
D児（2歳5か月）

体を動かして遊んでいる
E児（2歳6か月）

歌を口ずさんでいる
F児（2歳7か月）

自分で脱ぎ着をしようとする
G児（2歳8か月）

ごっこ遊びを楽しんでいる
H児（2歳10か月）

模倣やリズム遊びが好きな
I児（2歳9か月）

個人案（J〜O児）・・・・・P.104

粘土の感触をいやがる
J児（2歳11か月）

ごっこ遊びを楽しんでいる
K児（3歳）

異年齢児とかかわっている
L児（3歳1か月）

かけっこしている
M児（3歳2か月）

友達とのかかわりが増えてきた
N児（3歳3か月）

身近な動物に興味を持っている
O児（2歳11か月）

これも！おさえておきたい
9月の計画のポイントと文例・・・・P.106

日の記録・・・・・・・・・・P.107

9月のふりかえりから10月の保育へ・・P.108

9月 月案

 CD-ROM　9月 ▶月案

* 🖍マークのマーカーが引いてある部分は、ページ下部の解説とリンクしているのでご覧ください。
* 「今月のねらい」「健康・食育・安全」「保育者間の連携」「家庭・地域との連携」については、P.106の内容も、立案の参考にしてください。

今月のねらい（クラス全体としてのねらいです）

- 休息を十分に取り、ゆっくり過ごせるようにする。
- 秋の自然に関心を持ち、触れたり見たりすることを楽しむ。
- 保育者や友達といっしょに体を動かすことを楽しむ。

9月 月案

	前月の子どもの姿〇	ねらい★・内容☆
友達のものを欲しがる A児（2歳5か月）	〇スプーンを使って食べることができている。 〇友達の持っている玩具を欲しがり、言葉で伝えられず取り合うことがある。	★スプーンで食べることを楽しむ。 ★自分の思いを言葉で伝え、友達や保育者と遊ぶことを楽しむ。 ☆スプーンを使って最後まで自分で食べる。 ☆保育者に思いを受け止められ、話そうとする。
月見団子に興味津々 B児（2歳9か月）	〇自分から衣服の脱ぎ着ができるようになり、できたと喜んでいる。 〇保育室用のススキと月見団子を見て興味を持っている。	★身の回りのことを自分でする満足感を味わう。 ★中秋の名月に興味を持ち、親しむ。 ☆脱いだ服を自分で畳んでかたづけようとする。 ☆月見団子について話を聞いたり、遊びに取り入れたりする。
水やりに関心がある C児（2歳11か月）	〇花の水やりや野菜の水やりをして植物に関心を持っている。 〇身の回りのことを自分でしようとしている。	★身の回りのことを自分でする（特に脱ぎ着）。 ★秋の草花や虫を見つけて興味を広げる。 ☆保育者に見守られながら、自分で衣服の脱ぎ着をする。 ☆散歩のときに、園庭にはない草花や虫を見つける。

週案的要素

クラスの行事・生活・遊びの計画

	第1週		第2週	
月	掃除ごっこ、スイカ作り（のり）	玩具・小麦粉粘土、運動用具 歌・『月』 絵本・『10ぴきのかえるのおつきみ』	ままごと遊び	玩具・ままごとセット、絵の具 歌・『こおろぎ』 絵本・『パパ、お月さまとって！』
火	運動遊び（マット・一本橋）		手形遊び	
水	小麦粉粘土		手形遊び	
木	なぐり描き（お月見の絵）		誕生会	
金	子育て支援児との交流		子育て支援児との交流	

書き方のヒント いい表現から学ぼう！

運動能力に合わせた個別の援助を話し合い、共通理解する。

理由

運動機能の発達に個人差がある
健康状態、体格、性格、経験などによって、子どもの運動能力には個人差があります。その能力に合わせて援助していきます。

健康・食育・安全	保育者間の連携	家庭・地域との連携
●こまめに水分をとり、室温を調整して心地良く過ごす。 ●食材に関心が持てるようにする。 ●園庭や遊具を点検し、危険な場所がないか確認しておく。	●子どもひとりひとりの体調を把握し、こまめに伝え合う。 ●**運動能力に合わせた個別の援助を話し合い、共通理解する。** ●園庭の使用時間を他クラスと調整しておく。	●戸外での活動が増えるので、体に合った服や靴を用意してもらう。 ●運動会に向けて取り組んでいる姿を保護者に伝える。 ●上靴の使用についての案内文書を出して、用意してもらう。

9月 月案

環境づくり◆と保育者の援助◇	子どもの発達◎と評価・反省・課題✲
◇量を調節したりさりげなく援助したりして、最後まで自分で食べられるようにする。 ◆子どもの思いに共感しつつ代弁しながら聞き取っていく。	✲自分の思いを言葉にして伝えることが難しそうである。「かして」「やめて」という言葉を使うことを知らせていく。
◇自分でできたときはいっしょに喜び、自信につながるようにする。 ◇保育者が見本を示してやってみせ、「きれいに畳めたね」と褒める。 ◆秋の七草やお月様を調べられるように図鑑を用意しておく。	◎脱いだ服を自分から進んで畳もうとしている。 ✲自分でしたいという気持ちがあるので、その気持ちを受け止め見守っていく。
◆あらかじめ散歩コースを見ておく。 ◇自分でやってみようと思えるように、衣服の脱ぎ着をしている友達を見たり励ましたりする。	◎秋の自然（落ちた葉）などに興味を持っている。見つけると手に持ち、うれしそうに見せ合いっこをしている姿が見られた。 ✲秋の深まりとともに変化する葉の色への気づきに共感していき、クラスのみんなにつなげる。 ✲だっこして木になっているドングリを見せる。

第3週		第4週	
月 製作遊び（指スタンプ） 火 身体計測、ままごと 水 製作遊び（指スタンプ） 木 絵遊び 金 子育て支援児との交流	玩具・ままごとセット、ストローなどの素材 歌・『とんぼのめがね』『どんぐりころころ』 絵本・『へんしんトンネル』	月 近くの森に散歩に行く 火 ままごと 水 ままごと、探索ごっこ 木 絵の具遊び(ブドウの製作) 金 かけっこ・運動遊び	玩具・パズル、ままごとセット 歌・『運動会のうた』『どんぐりころころ』 絵本・『だいじないす』

評価・反省・課題 (P.108でくわしく説明！)	水分補給もこまめにでき休息もゆったりできた。蒸しタオルはだんだん涼しくなってきているので、顔だけにするなど配慮していく。近くの森や園庭で落ち葉を拾ったり、虫を探したりし、秋の自然を味わえた。しかし、秋の自然を生かした製作をまだできていないので、考えていきたい。

9月 個人案

	D児（2歳5か月） 造形活動を楽しんでいる	E児（2歳6か月） 体を動かして遊んでいる	F児（2歳7か月） 歌を口ずさんでいる
前月の子どもの姿○	○粘土遊びや絵の具遊び、製作遊びなどを楽しんでいる。	○戸外で走ったり跳んだりして体を動かすことを喜んでいる。	○いろいろな歌や手遊びを覚えて、口ずさんだりまねたりして楽しんでいる。
ねらい★・内容☆	★いろいろな素材に触れ、こねたり描いたりはったりすることを楽しむ。 ☆さまざまな造形活動をする。	★いろいろな運動遊具を使って、体を動かす遊びを楽しむ。 ☆ストーリーのある流れの中で、楽しんで体を動かして遊ぶ。 ☆マットやトンネル、とび箱、平均台などを使って遊ぶ。	★手遊びをしたり曲に合わせて体を動かしたりすることを楽しむ。 ☆手遊びや身体表現を楽しむ。 ☆意欲を認められ、自信を持つ。
環境づくり◆と保育者の援助◇	◆思い切りできるように、新聞紙を敷く、粘土板を使う、筆や筆洗バケツ、素材や紙をたくさん用意する。 ◇新しい素材は、保育者がまずやってみせ、使ってみたいと思えるようにする。	◆物語をイメージしながら運動できるように保育者間で話し合い、運動遊具を組み合わせて準備しておく。 ◇マットの上を転がるときには、「おイモさんゴロゴロ〜」などイメージを持てるようなことばがけをしたり、とび箱から飛び下りるのを不安がるときには、「いち、にの、さん」など後押しする声かけをしたりする。 ◇汗ふき・着替え・水分補給・休息をこまめにとる。	◆『とんぼのめがね』など、子どもたちが親しんでいる虫や動物が出てくる歌を用意する。 ◇「トンボさんの羽はどんなのだったかな」など、飛んでいるところを見たトンボのようすを思い出せるような言葉をかける。 ◇「スイスイ〜気持ち良いね」など言葉をかけてイメージを共有し、保育者もいっしょにまねして遊ぶようにする。
子どもの発達◎と評価・反省・課題✻	◎新しい物に興味を示し、遊ぶ姿が見られる。 ✻ひとり遊びを十分にしながら、友達ともかかわって遊んでいけるようにしていく。	◎トンネル・マット・巧技台と、いろいろな運動遊具に興味を示し遊ぶ姿が見られる。 ✻遊び方やルールを知らせ、友達と遊ぶ楽しさも味わえるようにしたい。	◎大きな声を出し、歌や手遊びをする姿が見られる。 ✻体操やリトミック遊びでも、声を出して楽しんでいけるようかかわりたい。

	第1週	第2週
クラスの生活と遊び（環境配慮）	・ススキや月見団子を用意して、中秋の名月に関心が持てるようにする。 ・エアコンのフィルター掃除やふとん干しをする。 ・好きな遊びが楽しめるように、玩具を取り出しやすくしておく。	・十分に休息を取れるように、くつろげる広いスペースを作っておく。 ・扇風機の掃除やふとん干しをする。 ・運動遊びが楽しめるように、いろいろな運動用具を準備しておく。

育ちメモ　運動遊具を使って、体を動かして遊ぶことを喜ぶようになってきていますが、この年齢では、運動だけを取り上げて、鍛錬のようにすると、体を動かすこと自体に興味をなくしかねません。遊び感覚で

	G児(2歳8か月) 自分で脱ぎ着をしようとする	H児(2歳10か月) ごっこ遊びを楽しんでいる	I児(2歳9か月) 模倣やリズム遊びが好きな
○	自分で衣服の脱ぎ着をしたり、できないところは保育者に手伝ってもらったりしている。	友達といっしょに遊ぶ楽しさを感じ、かかわりが増え、ごっこ遊びを楽しんでいる。	模倣遊びやリズム遊びを喜び、保育者といっしょに遊びを楽しんでいる。
★☆	★身の回りのことを自分でする。 ☆自分で着替えられた喜びを味わう。	★保育者や友達との、言葉のやりとりを楽しむ。 ★言葉で伝え合うことなどを繰り返し楽しむ。 ☆保育者や友達といっしょにごっこ遊びをする。	★保育者といっしょにリズムを感じ、曲に合わせて体を動かすことを楽しむ。 ☆「月」にまつわる歌で遊ぶ。
◆◇	◆着替えやすいスペースと、ゆったりした時間を取る。 ◇自分で着替えようとしている姿を見守り、できたときはおおいに褒め、できなかったときも励まして、引き続き自分でしようとする意欲が増すようにする。	◆『へんしんトンネル』の絵本に出てくるものを準備する。 ◇保育者もいっしょに、動物のまねをしたり、せりふを言ったりして、同じイメージを共有できるようにする。	◆『月』など、「月」が出てくる歌を準備したり、お月見の雰囲気を味わえるように、小麦粉粘土で作ったお団子を飾っておく。 ◇歌をうたいながら、I児が体を使って表現するのに合わせて、「大きなお月様ね」「まんまるね」など声をかけ、保育者も同じ動きをする。
◎※	※進んで衣服の脱ぎ着をしている。脱いだ服はそのままにしてあるので、畳み方を伝え、いっしょに後始末もし、知らせていく。	◎ごっこ遊びを通じて、保育者だけでなく友達ともかかわり、言葉のやりとりを楽しむ姿が見られた。	◎手遊びや歌をうたうことを楽しむ姿がある。 ※保育者との会話の中で話したくなるような雰囲気を心がけ、ゆっくり言葉を待っていきたい。

第3週	第4週
● 季節や行事に合わせて絵本の入れ替えを行ない、いろいろな絵本に親しめるようにしておく。 ● 見つけた秋の虫を入れられるように虫カゴを用意しておく。	● 戸外と室内で温度に差がありすぎないように、室内の温度に気をつける。ようすを見て扇風機を使用していく。 ● 扇風機の掃除やふとん干しをする。 ● 広いスペースを用意して、表現遊びを楽しめるようにする。

➤ ストーリー性を持たせ、その流れに乗って体を動かすと、どんどんその世界に入り込んで、楽しんで体を動かすようになります。

8月 P.94から

9月 個人案

10月 P.114へ

		J児 (2歳11か月) 粘土の感触をいやがる	K児 (3歳) ごっこ遊びを楽しんでいる	L児 (3歳1か月) 異年齢児とかかわっている
9月 個人案	前月の子どもの姿 ○	○粘土遊びなどの感触遊びに興味を持たないことが多い。	○保育者や友達といっしょに言葉のやり取りをして、ごっこ遊びを楽しんでいる。	○異年齢児とかかわり、いっしょに遊びをすることを喜んでいる。
	内容 ☆・ねらい★	★いろいろな素材に触れ、描いたりはったりすることを楽しむ。 ☆興味のある素材を使って作ることを楽しむ。	★簡単なごっこ遊びや表現遊びを、友達や保育者といっしょに楽しむ。 ☆友達といっしょにごっこ遊びをする。	★異年齢児といっしょに体を動かすことを楽しむ。 ☆わらべうたあそびをする。
	環境づくり◆と保育者の援助◇	◆お月見にまつわる絵本を見たり、月見団子をお供えする「三宝さん」のイメージに合う空き箱に、色紙をはって作ったりできるようにしておく。 ◇作ったものを見える位置に飾っておき、できた満足感を得られるようにする。	◆段ボールや玩具などごっこ遊びに使えそうなものを用意しておく。『へんしんトンネル』の絵本から広がったごっこ遊びをする。 ◇ごっこ遊びが広がるように、保育者もなりきってかかわるようにする。	◇『かごめかごめ』や『はないちもんめ』などを歌いながら体を動かしつつ、おにいちゃん・おねえちゃんとできる機会をつくり、いろいろな年代の人とかかわる。
	子どもの発達◎と評価・反省・課題※	◎粘土など不思議な感触の物は少しためらう。しかし、空き箱などの素材では興味を示し、製作を楽しむ姿があった。	◎「おかいものいってくるね」「ごはんできたよ」など、保育者や友達と言葉のやりとりをしながらのままごと遊びも楽しんでいる。	◎子育て支援広場で異年齢児とかかわる機会では、「おにいちゃんとあそんだ」と、うれしそうに話している。

		第1週	第2週
週案的要素	クラスの生活と遊び (環境配慮)	・ススキや月見団子を用意して、中秋の名月に関心が持てるようにする。 ・エアコンのフィルター掃除やふとん干しをする。 ・好きな遊びが楽しめるように玩具を取り出しやすくしておく。	・十分に休息を取れるように、くつろげる広いスペースを作っておく。 ・扇風機の掃除やふとん干しをする。 ・運動遊びが楽しめるように、いろいろな運動用具を準備しておく。

 育ちメモ

2歳児クラスの子どもたちも、2歳後半、3歳代を迎えると、体全体のバランスを取ることが巧みになり、走っても転ばなくなります。今、発達しつつある、走る機能を使うことがうれしく、どんどん

8月 P.95から　　　　　　　　　CD-ROM　9月 ▶個人案_2　　　　　　　**10月** P.115へ

M児（3歳2か月） かけっこしている	N児（3歳3か月） 友達とのかかわりが増えてきた	O児（2歳11か月） 身近な動物に興味を持っている
○「よーい、どん」の掛け声でかけっこ遊びを楽しんでいる。	○友達とのかかわりが増え、いっしょに好きな遊びを楽しんでいる。	○セミなど身近な夏の小動物や植物に興味を持ち、触れてみようとしている。
★体を動かす心地良さを味わう。 ☆かけっこ遊びやいろいろな運動遊具を使って遊ぶことを楽しむ。	★友達といっしょに遊ぶことを楽しむ。 ★保育者や友達と会話を楽しみ、好きな遊びを楽しむ。 ☆好きな友達とままごと遊びをする。	★秋の自然物に興味を持ち、驚きや発見をする。 ☆近くの森を散歩する。
◆園庭にライン引きで20mくらいのラインを3本引き、「走る」ことへの意欲が増すようにする。 ◇発達に必要な運動として、「走る」ことを鬼ごっこなどとともに取り入れる。	◆友達といっしょに生活する中でほかの人の存在に気づき、葛藤も含めてかかわっていけるように、必要に応じて気づけるようにことばがけしたり、ぶつかる場面があっても、すぐに止めずに見守ったりする。	◆靴下と靴を履き、長そでの体操服に着替え、帽子をかぶり、水筒と虫カゴを持って散歩に出かけるようにする。 ◇葉っぱやそのほか見つけたいろいろな物への気づき・共感をしながらかかわるようにする。
◎保育者や友達と体を動かして遊ぶことを楽しんでいる。友達とトラブルになることもあるが、保育者に気持ちを受け止めてもらい、自分の言葉で話そうとしている。	◎自分の着替えが終わると、「○○ちゃんのおてつだいする」と、友達の着替えを手伝おうとする。	◎戸外散策や散歩に行った際、いろいろな大きさや、色の葉っぱを見つけたり、「せんせい、むしいたー！」など自然の物を見つけたり触れることを楽しんだりしている。

第3週	第4週
・季節や行事に合わせて絵本の入れ替えを行ない、いろいろな絵本に親しめるようにしておく。 ・見つけた秋の虫を入れられるように虫カゴを用意しておく。	・戸外と室内で温度に差がありすぎないように、室内の温度に気をつける。ようすを見て扇風機を使用していく。 ・扇風機の掃除、ふとん干しをする。 ・広いスペースを用意して、表現遊びを楽しめるようにする。

9月 個人案

走りつつ習熟していきます。そうした発達を見極めて走る機会をつくることが、保育の大切な課題になります。運動会だから走るのではありませんね。

今月のねらい

入園から半年が過ぎると2歳児もすっかり園に慣れ、幼児期を迎える子どもが増えてきました。園生活の流れがわかり、自分の身の回りの簡単な始末などを自分からしようとする意欲が出てきて、「ジブンデ」と言出します。その気持ちを受け止め見守っていきます。

文例
自分でしたいという気持ちを大切にし、できた喜びを味わえるようにする。

健康・食育・安全

まだ残暑の厳しい日もありますが、初秋の戸外遊びは全身を動かしてかけっこをしたり、フープを跳んだり、運動会で行なう種目の練習をしたり、発散・解放されます。しかしまだ暑く、夏の疲れも出るころであり時間を見計らって入室休憩、水分をとるなどします。

文例
戸外遊びの途中、休憩をするなど、長時間ひなたに出て遊ばないように配慮していく。

これも！おさえておきたい
9月の計画のポイントと文例

本指導計画の月案では、A～O児に合った今月のねらいなどを掲載しています。より参考にしていただけるように、ここでは、この月によくある、ほかにも押さえておきたいポイントを紹介しています。

保育者間の連携

9月は運動会に向けて、各年齢の幼児クラスの子どもたちが、元気良く各種の競技を繰り広げ活気に満ちてきます。2歳児もまねて戸外へ飛び出し運動しようとしますが、能力に個人差がありますので、無理のない種目を選び適切な援助ができるように共通理解します。

文例
ひとりひとりの子どもの運動能力に合わせた運動種目を選び、かかわり方や援助のしかたについて同じ対応ができるよう、保育者間で話し合っておく。

家庭・地域との連携

夏の薄着の時期に、ひとりでパンツを脱ぎ、排せつしやすくなった子どもは、オムツ外れが進んでいる姿が増えてきました。しかし、少し外気が冷えてきたり、戸外遊びに没頭してパンツの中へ漏らしたりする子どもが見られます。着替えのパンツを多めに持ってきてもらいます。

文例
パンツで過ごす子どもが増えてくるので、着替え用のパンツを多めに持ってきてもらうよう知らせる。

9月 日の記録

保育を振り返るために、また仕事の証として、日々の記録は欠かせません。ここでは例として、同じ日の月齢の近い6人を抜き出して掲載しています。次の計画に生かしましょう。

CD-ROM 日の記録フォーマット

9月30日（火）

時刻	C児 (2歳11か月)	K児 (3歳)	L児 (3歳1か月)	M児 (3歳2か月)	N児 (3歳3か月)	O児 (2歳11か月)
8:15/30/45	登園 小	登園	登園	登園	登園	登園
9:15/30/45	間食(全) ままごと	間食(全) ままごと 小	間食(全) ままごと 小	間食(全) ままごと 小	間食(全) 製作 パズル 小	間食(全) 製作 パズル 小
10:15/30/45	小 パズル 小	パズル	パズル 小	パズル 小	ままごと 小	ままごと
11:15/30/45	給(全) く 小	給(全)	給(全)	給(全)	給(全)	給
12:15/30/45	小 12:20 ↓ ✓	小 12:40 ✓	小 12:40 ✓	小 12:40 ✓	小 12:40 ✓	小 12:40 ✓
13:15/30/45	✓	✓	✓	✓	✓	✓
14:15/30/45	✓ 14:55	✓ 14:40	✓ 14:40	✓ 14:40	✓ 14:40	✓ 14:40
15:15/30/45	小 間食(全) 積み木	小 間食(全)	小 間食(全)	小 間食(全)	小 間食(全)	小 間食(全)
16:15/30/45	延長保育へ	延長保育へ	降園	延長保育へ	降園	延長保育へ
17:15/30/45						
18:15/30/45						

主な保育の予定

本日のねらい
- ままごと遊びをしながら、保育者と友達との言葉のやりとりを楽しむ。

登園時に留意すること
- 健康観察を行なう（N児…太ももの湿疹の様態確認）。

環境づくり（歌・絵本・素材・コーナーなど）

ままごと遊びができるように円卓を用意する。
画用紙と、水で溶いた絵の具を用意しておく。
歌：『どんぐりころころ』

遊びの予定

戸外：ままごと遊び、パズル
画用紙に絵の具でブドウの絵を描く。

降園時に留意すること
- 1日の園でのようすを伝える。

保育の実際と評価・反省・課題

登園時の健康観察（異常 無・有）…N児：太ももの湿疹は治まっている

養護（生命の保持と情緒の安定）にかかわること

子どもたちのたくさん話したいという気持ちを受け止め、目線を合わせるなど、話しかけやすい雰囲気を心がけた。

環境づくりについて

ままごと遊びでは、お父さん、お母さんになりきって遊ぶようすがある。生活のさまざまな場面に展開し、より役になりきれるように、エプロンなど、身に着ける物を用意していきたい。

保育者の援助について（チームワークを含む）

ままごと遊びの中で、食事を楽しんだり、意欲的にかたづけたりする姿があるので、十分に認めて、食器の扱い方なども知らせていきたい。保育者自身も役に入り、言葉のやりとりを大切にしていく。

降園時の健康観察（異常 無・有）…N児：午睡起きから顔の右半面にじんましんができる

小：排尿　大：大便　オ：オムツ交換　く：薬　給：給食　(全)：全食　茶：お茶　↓：睡眠

実践ポイント

つもりになってなりきると、それらしい言葉を使い、やりとりの経験から、さらに役割のイメージが豊かになります。

※ SIDS（シッズ）とは「乳幼児突然死症候群」と呼ばれる、睡眠中突然死する病気です。一定時間ごとに睡眠中の子どものようすを確認しましょう。ここでは15分ごとに複数の保育者でチェックしています。SIDSについて詳しくはP.172をご覧ください。

9月のふりかえりから10月の保育へ

今月のねらい (P.100 参照)
- 休息を十分に取り、ゆっくり過ごせるようにする。
- 秋の自然に関心を持ち、触れたり見たりすることを楽しむ。
- 保育者や友達といっしょに体を動かすことを楽しむ。

 T先生（5年目）　私たちの保育はどうでしょう。
場面を思い浮かべて振り返ってみましょう。
 S先生（2年目）

ふりかえりポイント
- ★ ねらいの設定は？
- ◆ 環境構成・援助は？
- ○ 子どもの育ちは？
- 次月へのつながりは？

例えば…

E児（2歳6か月）の場合

★運動会に向けて、体を動かして遊ぶことをねらいにして、運動遊具を使った遊びをしましたね。

そうね。特に大切にしたのは、★"楽しく"体を動かすということね。◆遊びの中で運動できるように、サーキット遊びにストーリーをつけて、物語の主人公になり切って遊べる流れを考えたわね。

はい！ こんな感じで…
① おイモさんになってマットの上をゴロゴロするよ。
② トンネル抜けると山があって…
③ お山を登って、カキの実を採って下りましょう。
④ おうちに帰って食べようね。細い道通れるかな？

Cちゃんは、「もういっかい、カキとりにいく！」と言って何回も行こうとしていたわね。転がる、くぐる、登る、飛ぶ、歩くなど、たくさんの動きができる流れで、とてもよいと思うわ。

O児（2歳11か月）の場合

自然物に興味津々な子どもたちが★秋の自然を存分に楽しめるように、◆近くの森にお散歩に行くことを提案してみました！

水筒やカバンに、ポケット図鑑も持って、探検隊の気分で、ワクワクしていたわね。

はい！ Oちゃんは、何か見つけるたびに、「むしいたー！」など教えてくれるんです。おそるおそる触ろうともしていました。

森では、虫のほかにも、木の実や葉っぱなど秋の自然とたくさん出会えたわね。

はい！ 葉っぱも木の実もたくさん拾ってきたので何か遊びに使いたいと思っています。子どもたちが興味を持っていた、色や形の特性を生かして何かできないでしょうか…。

葉を紙の上に置き、絵の具を付けたローラーをその上で転がすと、形が抜けてステンシルのようになりますよ！

伝えたい!! 園長先生のおはなし

キーワード　楽しく体を動かす

ひとりで歩いたり走ったりできるようになった2歳児は、自分の運動能力を試したくて、体を動かすことに興味を持ち、活発に運動するようになります。しかし、初めて経験する体育用具には、不安を持つ子どももいますよ。ストーリー性を持たせ、イメージしつつ目的に向かわせると、楽しんで運動していましたね。正確に体を動かせたわね。

クラス全体では

次月の指導計画に生かせます！

厳しい残暑だったけれど、ゆったりと過ごせるように、静と動のめりはりをつけて保育できたわね。

はい。活発に遊んだ後は、十分に休息時間を取るようにしました。来月も引き続き、健康に過ごせるように配慮しながら、子どもたちの興味・関心を広げて遊べるようにしたいです！

今月の評価・反省・課題 (P.101 参照)

水分補給もこまめにでき休息もゆったりできた。蒸しタオルはだんだん涼しくなってきているので、顔だけにするなど配慮していく。近くの森や園庭で落ち葉を拾ったり、虫を探したりし、秋の自然を味わえた。しかし、秋の自然を生かした製作をまだできていないので、考えていきたい。

10月

ねらいより
休息を十分に取り、健康に過ごす。

月案 （A～C児） ・・・・・ P.110

苦手なものにチャレンジ
A児（2歳6か月）

造形遊びが好きな
B児（2歳10か月）

泣いて訴える
C児（3歳）

個人案 （D～I児） ・・・・・ P.112

製作遊びが好きな
D児（2歳6か月）

自然物を集めている
E児（2歳7か月）

体を動かしている
F児（2歳8か月）

友達と過ごすことを喜ぶ
G児（2歳9か月）

ままごと遊びが好きな
H児（2歳11か月）

自分で手洗いうがいをする
I児（2歳10か月）

個人案 （J～O児） ・・・・・ P.114

いやなことを表情で伝える
J児（3歳）

秋の自然物とかかわる
K児（3歳1か月）

言葉で保育者に伝える
L児（3歳2か月）

ごっこ遊びが好きな
M児（3歳3か月）

戸外で遊んでいる
N児（3歳4か月）

言葉のやりとりをする
O児（3歳）

これも！おさえておきたい
10月の計画のポイントと文例 ・・・・ P.116

日の記録 ・・・・・ P.117

10月のふりかえりから11月の保育へ ・ P.118

10月 月案

 CD-ROM　10月 ▶月案

今月のねらい （クラス全体としてのねらいです）

- 体調の変化に留意し、休息を十分に取り、健康に過ごせるようにする。
- 保育者や友達と体を動かして遊ぶ楽しさを味わう。
- 戸外遊びをしながら秋の自然に興味を持ち、触れて楽しむ。

＊ 🔍マークのマーカーが引いてある部分は、ページ下部の解説とリンクしているのでご覧ください。
＊「今月のねらい」「健康・食育・安全」「保育者間の連携」「家庭・地域との連携」については、P.116の内容も、立案の参考にしてください。

10月 月案

	前月の子どもの姿 ○	ねらい ★・内容 ☆
苦手なものにチャレンジ A児（2歳6か月）	○苦手な食材も小さくしたり励ましたりすることで、自分で食べようとしている。 ○10月20日から全身にじんましんが出る。	★自分で食事をすることを楽しむ。 ☆自分から進んでさまざまな食材を口にする。 ☆苦手な食べ物もひと口食べてみる。
造形遊びが好きな B児（2歳10か月）	○粘土遊びや絵の具遊びなどの遊びを楽しんでいる。	★さまざまな感触を味わいながら造形活動を楽しむ。 ☆粘土や絵の具などいろいろな素材に触れて遊ぶことを楽しむ。
泣いて訴える C児（3歳）	○友達に自分の思いが言葉で伝えられずに、泣いて訴えることが多い。	★自分の思いを言葉で伝え、友達と遊ぶことを楽しむ。 ☆ごっこ遊びやままごと遊びの中で、言葉を使う楽しさを知る。

週案的要素 クラスの行事・生活・遊びの計画

	第1週		第2週	
月	避難訓練、ままごと	玩具・パズル	車で遊ぶ	玩具・マット、フープ、スポンジブロック
火	なぐり描き、電車の玩具	歌・「とんぼのめがね」	なぐり描き	歌・『運動会のうた』
水	掃除ごっこ	絵本・『へんしんトンネル』	運動遊び	絵本・『10ぴきのかえるのうんどうかい』
木	運動遊び、砂場遊び		歯科検診、ままごと	
金	運動遊び		製作遊び（コスモス作り）	

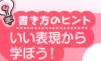 **書き方のヒント いい表現から学ぼう！**

運動会に全員で参加でき、その後も玉入れやパラバルーンなどで、幼児といっしょに遊びを楽しんでいる。

理由 → **幼児といっしょの遊びを楽しむ**

運動会は園全体で取り組む大きな行事ですが、2歳児もいっしょにしたい魅力的なものもあったでしょう。行事の後、幼児といっしょに楽しませることを課題にしていい取り組みです。

健康・食育・安全	保育者間の連携	家庭・地域との連携
● 戸外遊び後は、手洗い・うがいをていねいにしていく。 ● 秋の食材に興味を持てるよう、収穫物を見たり触れたりする。 ● 運動用具の点検をし、安全に使用できるようにする。	● 園庭やホールを使う時間帯を各クラスで調整しておく。 ● ひとりひとりの体調を把握し、ゆったりと過ごせる環境を用意する。 ● 上靴の使用方法を共通理解する。	● 運動量が増えてきていることを伝え、疲れが出やすいので睡眠や栄養を十分にとってもらう。 ● 運動会の内容や持ち物について案内文書を出して、協力をお願いする。

環境づくり◆と保育者の援助◇	子どもの発達◎と評価・反省・課題✳
◆ 苦手な食べ物をひと口でも食べられたら励まし達成感が味わえるようにする。 ◇ 体調に気を配り、保護者とも連絡を密にする。じんましんの原因を調べてもらう。	◎ 白ごはんといっしょに苦手な物を食べようとすることが多い。 ✳ 食べこぼしが多いので食べる姿勢も知らせていくようにする。
◆ 子どもの興味を引くさまざまな素材を用意して、意欲を引き出せるようにする。 ◇ 子どもの自由な発想を受け止め、作る喜びを味わえるようにする。	✳ 初めて使う素材などは、保育者のようすを見ながら使用することが多い。遊びたい気持ちなどを受け止めていくようにする。
◆ たくさんの絵本を読んだり歌をうたったりして、言葉を豊かにする。 ◇ 友達関係を深められるように、お互いの気持ちを代弁し、仲立ちする。	✳ 友達とかかわることを喜んでいるが、言葉で伝えられずに手を出そうとすることが増える。手が出そうなときは止めているが、ようすを見ていくようにする。

10月 月案

第3週		第4週	
月 パズル遊び 火 なぐり描き 水 パズル遊び、ハロウィン製作 木 身体計測 金 子育て支援児との交流	**玩具**・ままごとセット、フラワーペーパー **歌**・『どんぐりころころ』 **絵本**・『ちいさなくれよん』	月 身体計測、製作遊び(サツマイモ) 火 製作遊び(サツマイモ) 水 誕生会、戸外遊び 木 戸外遊び、ハロウィン製作 金 子育て支援児との交流	**玩具**・バス、フラワーペーパー **歌**・『おいもころころ』 **絵本**・『ぼくのえんそく』

評価・反省・課題 (P.118でくわしく説明!)	運動会に全員で参加でき、その後も玉入れやパラバルーンなどで、幼児といっしょに遊びを楽しんでいる。運動会までは園外に出る戸外探索の時間も少なかったが、これからは、自然に関心を持ちながら、楽しめるようにしていきたい。

10月 個人案

9月 P.102から　　　　11月 P.122へ

個人案

	製作遊びが好きな **D児**（2歳6か月）	自然物を集めている **E児**（2歳7か月）	体を動かしている **F児**（2歳8か月）
前月の子どもの姿 ○	○のりを使ったり色塗りをしたりして、製作遊びを楽しんでいる。	○小さな虫や葉っぱなどに関心を持ち、触れたり集めたりしている。	○戸外で保育者といっしょに、かけっこや運動遊びを楽しんでいる。
ねらい ★・内容 ☆	★さまざまな造形活動を楽しむ。 ☆ハサミやのりを使い、製作をして遊ぶ。	★秋の自然物に関心を持ち、さまざまな遊びを楽しむ。 ☆園庭や散歩に出て、自然の変化や不思議さに出会ったり葉や木の実を拾い集めたりする。	★保育者や友達といっしょに体を動かして遊ぶことを楽しむ。 ☆走る・跳ぶ・登る・飛び降りる・ぶら下がるなど、体をさまざまに動かして遊ぶ。
環境づくり◆と保育者の援助 ◇	◆紙・描画材・ハサミ・のりなどを、すぐに出せるところに置く。 ◇素材となる物をたくさん集め、作りたい、描きたい気持ちが膨らむようにする。	◆ダンゴムシを間近で観察できるように飼育ケースを用意するとともに、わかりやすい図鑑なども出しておく。 ◆散歩は下見をして、状況を把握しておく。 ◇実物を見たり触ったりする体験ができるようにしたり、発見したり気づいたりしたことを受け止め、共感したりしてかかわっていく。	◆「よーい、どん」の掛け声をかける。 ◆巧技台など運動用具を出しておく。 ◇保育者が楽しく体を動かして見せるなど、いっしょに遊んだり、できるようになったことを褒め、自信につなげたりする。
子どもの発達◎と評価・反省・課題 ✴	✴作ることや自分でできることが増え楽しんでいるが、できないことがわかると意欲をなくすことがあるので、できるように援助していく。	✴ダンゴムシに関心を持ち触れようとしているが、バッタやカタツムリなどの小動物は恐いようで触れていない。少しずつ慣れていけるように援助していく。	◎語彙が増えたことで、友達や保育者に言葉で自分のしたいことを伝えようとしている。 ◎ギャロップで移動することが増えた。

週案的要素

クラスの生活と遊び（環境配慮）	第1週	第2週
	・気温の変化に留意し、活動後の衣服や昼食時の服装に配慮する。 ・扇風機の掃除をする。 ・ふとんを干す。 ・掃除ごっこでは滑らないように靴下を脱いで、安全に遊べるようにする。	・保育室の絵本棚を整理し、破損している本を修理しておく。 ・ふとんを干す。 ・運動遊具が安全に使えるように点検しておく。

育ちメモ　運動会をひかえ、幼児クラスのかけっこを見たり、歓声を聞いたり、園全体の高揚した雰囲気が2歳児にも影響し、かけっこや、運動遊びを楽しむことでしょう。活発な子どもは高いところが好きで、

CD-ROM ▶ 10月 ▶ 個人案_1

10月 個人案

G児（2歳9か月）　友達と過ごすことを喜ぶ

- ○特定の友達とかかわり、いっしょに過ごすことを喜んでいる。

- ★保育者や友達とかかわることを喜び、言葉のやりとりを楽しむ。
- ☆生活に必要な言葉を聞き分けたり、自分の言葉で話したりする。

- ◆動物・乗り物・自然物、そのほかひとりひとりの興味に合った絵本を、いつでも取り出せるようにしておく。
- ◇絵本を見ながらリズミカルな言葉をまねたり読んでもらったように話したりするなど、豊かな言葉にふれられるようにする。

- ◎言葉で自分の思いを伝えようとすることが増えている。
- ＊聞き取れないことが多いが、ゆっくりと受け入れて楽しいと思えるようにかかわっていく。

H児（2歳11か月）　ままごと遊びが好きな

- ○保育者や友達といっしょに言葉のやりとりを楽しんでいる。

- ★保育者や友達と、ごっこ遊びを通して言葉のやりとりの楽しさを味わう。
- ☆ままごとやヒーローごっこなどを楽しんでする。

- ◆いろいろなごっこ遊びが展開できるように、遊具や玩具などを使いやすいように用意しておく。
- ◇ひとりひとりの話をよく聞いて、もっと話したいという気持ちになるようにする。

- ◎ままごと遊びを楽しんでいる。
- ＊保育者とのかかわりが多いので、友達といっしょに楽しめるように仲介していく。

I児（2歳10か月）　自分で手洗いうがいをする

- ○衣服をぬらすこともあるが、保育者といっしょに手洗いやうがいをしている。

- ★身の回りのことを自分でしようとする。
- ☆保育者に見守られながら、ていねいに手洗いやクチュクチュがいをする。

- ◆クチュクチュがいや手の洗い方を、わかりやすい絵で示す。
- ◇保育者がクチュクチュがいやガラガラうがいもして見せて、挑戦してみようとする意欲につなげる。
- ◇手洗いをしているときに、手がきれいになっているようすがわかるようにする。

- ◎自分で身の回りのことができることが増えて、進んでしようとしている。気持ちを大切にして見守っていくようにする。

第3週

- 保育室を広く使えるように、机などをかたづけるようにする。
- 扇風機の掃除をする。
- ふとんを干す。
- ままごと遊びを楽しめるように、役になりきれるような環境を用意する。

第4週

- 落ち葉などの秋の自然物に関心が持てるようにする。
- 気温が低くなるので、保育室内の温度に配慮していく。
- 楽器の扱い方をていねいに知らせていく。
- ふとんを干す。

飛び降りるスリルを楽しむようになります。ひざ、くるぶしの筋・神経系が相互に作用し合って可能になりますが、無理のないようにしましょう。

10月 個人案

	J児(3歳)　いやなことを表情で伝える	K児(3歳1か月)　秋の自然物とかかわる	L児(3歳2か月)　言葉で保育者に伝える
前月の子どもの姿○	○いやなことがあると、言葉ではなく表情で伝えてくる。	○トンボを見たり落ち葉を集めたりして楽しんでいる。	○思ったことを言葉にして保育者に伝えようとしている。
ねらい★・内容☆	★自分の思いを簡単な言葉で伝えようとする。 ☆保育者や友達とのごっこ遊びを通して、言葉のやりとりを楽しむ。	★戸外で秋の自然物に触れて楽しむ。 ☆散歩や園外保育に行く。	★保育者や友達と言葉のやりとりを楽しむ。 ☆自分の思いを言葉で伝えようとする。
環境づくり◆と保育者の援助◇	◆ままごとセットなど、会話の仲立ちになるような玩具を用意しておく。 ◇ごっこ遊びの中で楽しい会話のやりとりができるように仲立ちをする。	◆戸外や園外に出る機会を持ち、秋の自然にふれる。 ◇ドングリ・木の実・オナモミなどをたくさん拾い集め、形や大きさの違いなど子どもたちの発見に共感する。	◆安心でき、信頼できる保育者の存在で、自分の気持ちを表すことができるように、何か話したそうにしているときは目を合わせて、話しやすい雰囲気を心がける。 ◇発した言葉に対して、「先生もそう思う」など言って共感し、安心して話ができるようにする。
子どもの発達◎と評価・反省・課題✳	◎泣くこともなくなり、友達や保育者とごっこ遊びの中で言葉のやりとりを楽しめるようになってきている。	◎コスモスやオナモミなど自然に興味を持ち、友達や保育者といっしょに触れたりして楽しんでいる。	◎自分の思いを友達や保育者に伝えている。相手の気持ちも落ち着いて聞こうとしている。

週案的要素

クラスの生活と遊び（環境配慮）

第1週	第2週
・気温の変化に留意し、活動後の衣服や昼食時の服装に配慮する。 ・扇風機の掃除をする。 ・ふとんを干す。 ・掃除ごっこでは滑らないように靴下を脱いで、安全に遊べるようにする。	・保育室の絵本棚を整理し、破損している本を修理しておく。 ・ふとんを干す。 ・運動遊具が安全に使えるように点検しておく。

育ちメモ

運動用具を使う機会が多くなってきました。マットを置いておくと、でんぐり返りといわれる前転をしようとする子どもがいます。前転は頭で体を支えると首に負担がかかり危険です。またドテッと背↗

CD-ROM 10月 ▶個人案_2

ごっこ遊びが好きな M児(3歳3か月)	戸外で遊んでいる N児(3歳4か月)	言葉のやりとりをする O児(3歳)
○友達とのかかわりが増え、いっしょに好きな遊びを楽しんでいる。	○戸外で友達といっしょに、かけっこや運動遊びを楽しんでいる。	○保育者や友達と言葉のやりとりを楽しんでいる。
★保育者や友達といっしょに好きな遊びを楽しむ。 ☆ままごと遊びやごっこ遊びを楽しむ。	★友達と体を動かすことを楽しむ。 ☆走る・跳ぶ・転がる・はう・クマさん歩き・登る・飛び降りる・ぶら下がるなど、さまざまな動きを経験する。	★ままごと遊びを通して、言葉のやりとりの楽しさを味わう。 ☆ままごと遊びやごっこ遊びを楽しむ。
◆ごっこ遊びや集団遊びが楽しめるように、保育者が仲介する。 ◇遊びが広がるような声かけをする。	◆運動遊具や器具は、園庭の固定遊具とも組み合わせてダイナミックにする（マット・低いとび箱・平均台・鉄棒・はん登棒・ジャングルジム・すべり台など）。 ◇かけっこやジャンプなど、できるようになったことを認め、自信が持てるようにする。	◆ごっこ遊びや集団遊びが楽しめるように、保育者が仲介する。 ◇遊びが広がるような声かけをする。
◎ごっこ遊びを通して、言葉のやりとりを楽しんでいる。役になりきりいろいろな言葉を知ろうとしたり、使う意欲がうかがえるようになってきた。	◎戸外で遊び、体を動かすことを楽しんでいる。 ＊簡単なルールを伝えて遊んでいきたい。	◎自分の思いを友達や保育者に伝えている。 ＊これからも見守り、必要なときには仲立ちし、友達とのかかわりを大切にしていく。

第3週	第4週
・保育室を広く使えるように、机などをかたづけるようにする。 ・扇風機の掃除をする。 ・ふとんを干す。 ・ままごと遊びを楽しめるように、役になりきれるような環境を用意する。	・落ち葉などの秋の自然物に関心が持てるように気づかせていく。 ・気温が低くなるので、保育室内の温度に配慮していく。 ・楽器の扱い方をていねいに知らせていく。 ・ふとんを干す。

↗中を打つと、背骨に傷を付ける恐れがあります。前転をする基本姿勢を教えてからにします。腰を曲げ手を足先に付け、首をまたの間に入れて転びます。

10月の計画のポイントと文例

これも！おさえておきたい

本指導計画の月案では、A～O児に合った今月のねらいなどを掲載しています。より参考にしていただけるように、ここでは、この月によくある、ほかにも押さえておきたいポイントを紹介しています。

10月 ▶文例

今月のねらい

さわやかな初秋は園外へ散歩に出て、木々が色づき出した気配を感じたり、虫を見つけたりすることでしょう。また、園庭では巧技台を渡ったり、飛び降りたり体を使って遊ぶことが多くなります。2歳児に適切な活動量・時間を考え、休息、水分の補給をし快適に過ごします。

文例
秋の自然にふれながら、保育者や友達といっしょに体を動かして遊ぶことを楽しむが、活動量を把握し、休息を十分に取って快適に過ごせるようにする。

健康・食育・安全

秋空の下園庭で体を十分に使った遊びの量が増えてきます。脚力のまだまだ弱い2歳児は、走っていても脚が上がっていませんので、ささいな段差、石につまづいて転ぶことがあります。庭に埋もれて頭を出している石などは掘り起こして取り除き、小石は拾います。

文例
園庭の小石を拾い、危険がないようにしていく。

保育者間の連携

早朝保育担当と長時間保育担当の保育者は、勤務時間のローテーションで引き継ぎ交代します。その際に、オムツを外し、パンツに切り替えている子どもの個別配慮について、共通理解をし合います。人が変わっても同じ対応ができ、子どもに安心感を与えるでしょう。

文例
早朝保育と長時間保育の担当者と、パンツで長時間過ごす子どもについて共通理解を深める。

家庭・地域との連携

自分で靴を履いて出たい子どもたちが、ベランダに腰をかけ、保育者に靴の履き方を教えてもらって履こうとしますが、かかとを入れるのが難しいのです。運動靴のかかとの縁の部分にひもが付いていると、そこを引っ張って履けるのです。保護者の協力を連絡します。

文例
自分で靴の脱ぎ履きをできるように、かかとにひもが付いた靴を用意してもらう。

10月 日の記録

保育を振り返るために、また仕事の証として、日々の記録は欠かせません。ここでは例として、同じ日の月齢の近い6人を抜き出して掲載しています。次の計画に生かしましょう。

CD-ROM 日の記録フォーマット

10月15日（水）

時刻	A児(2歳6か月)	B児(2歳10か月)	E児(2歳7か月)	G児(2歳9か月)	H児(2歳11か月)	I児(2歳10か月)
8:15/30/45	登園	登園	登園	登園	登園	登園
9:15/30/45	間食(全) 戸外 小	間食(全) 戸外 小	間食(全) 戸外 小	間食(全) 戸外 小	間食(全) 戸外 小	間食(全) 戸外 小
10:15/30/45	ブロック 小	ブロック 小	ハロウィン製作 小	ハロウィン製作 小	ブロック 小	ブロック 小
11:15/30/45	給(全) 小	給(全) 小	給(全) 小	給(全) 小	給(全) 小	給(全) 小
12:15/30/45	12:20 ↓ ✓	12:20 ↓ ✓	12:20 ↓ ✓	12:20 ↓ ✓	12:20 ↓ ✓	12:20 ↓ ✓
13:15/30/45	✓	✓	✓	✓	✓	✓
14:15/30/45	✓ 14:40	✓ 14:40	✓ 14:35	✓ 14:35	✓ 14:40	✓ 14:40
15:15/30/45	小 間食(全)	小 間食(全) 小	小 間食(全) 小	小 間食(全) 小	小 間食(全)	小 間食(全)
16:15/30/45	延長保育へ	降園	降園	降園	延長保育へ	降園
17						
18						

主な保育の予定

本日のねらい
- さまざまな素材に触れ、作ることを楽しむ。

登園時に留意すること
- 健康観察をていねいに行なう。

環境づくり(歌・絵本・素材・コーナーなど)
ハロウィン製作用のフラワーペーパーを、子どもたちが丸めやすい大きさに切っておく。けが防止のため、ブロックをかたづける箱は、遊ぶときはかたづけておく。

遊びの予定
- ハロウィンのキャンディーの製作をする
- ブロック遊び

降園時に留意すること
- 1日のようすを伝え、衣替えの手紙を渡す。

保育の実際と評価・反省・課題

登園時の健康観察（異常 無・有… ）

養護(生命の保持と情緒の安定)にかかわること
ふとんを干して清潔にし、気持ち良く眠れるようにした。体が冷えないように、午睡時に掛けぶとんがかかっていない子どもがいたら、掛けるようにする。

環境づくりについて
「きいろ、みどり」と言いながらブロックを手にして、遊んでいるようすがあるので、ブロックと同じ色の箱を用意し、色分けをしながらかたづけできるようにしていきたい。

保育者の援助について(チームワークを含む)
急に、代わりの保育者が入ることになった。トイレや朝の荷物のしたくなど、ふだんの子どもたちのようすと見守りのようすを伝えたことで、子どもたちも保育者も落ち着いて過ごすことができた。

降園時の健康観察（異常 無・有… ）

小:排尿　大:大便　オ:オムツ交換　く:薬　給:給食　(全):全食　茶:お茶　↓:睡眠

実践ポイント
指先が器用になると、ねじったり、丸めたりしたがります。小麦粉粘土とセロハンでキャンディーを作りましたね。

※ SIDS（シッズ）とは「乳幼児突然死症候群」と呼ばれる、睡眠中突然死する病気です。一定時間ごとに睡眠中の子どものようすを確認しましょう。ここでは15分ごとに複数の保育者でチェックしています。SIDSについて詳しくはP.172をご覧ください。

10月のふりかえりから11月の保育へ

今月のねらい (P.110 参照)
- 体調の変化に留意し、休息を十分に取り、健康に過ごせるようにする。
- 保育者や友達と体を動かして遊ぶ楽しさを味わう。
- 戸外遊びをしながら秋の自然に興味を持ち、触れて楽しむ。

 私たちの保育はどうでしょう。
場面を思い浮かべて振り返ってみましょう。
T先生（5年目） S先生（2年目）

ふりかえりポイント
- ★ ねらいの設定は？
- ◆ 環境構成・援助は？
- ○ 子どもの育ちは？
- 次月へのつながりは？

例えば…

10月
10月のふりかえりから11月の保育へ

運動会を終えて

「保育者や友達と体を動かして遊ぶ楽しさを味わう」というねらいに関して、振り返ってみてどう？

○ 運動会を終えて、クラスの中で、子ども同士のかかわりが増えているように感じます。運動会で見たミニパラバルーンで皆で遊んだり、友達といっしょにかけっこしたりするのを楽しんでいます。

ミニパラバルーンは、幼児が運動会の種目でやっていたのを見たのがきっかけね。横歩きや潜り込む動作など、楽しみながらいろいろな動きができるわね。

はい！ 幼児のおにいちゃん、おねえちゃんといっしょに遊ぶこともあって、友達と体を楽しく体を動かすのにピッタリですね！

B児（2歳10か月）の場合

先月、小麦粉粘土や絵の具の感触を楽しんでいたBちゃんに、★もっといろいろな素材に触れて遊べないかと考えたの。そこで、◆紙粘土を用意してみたんだけど、ようすをうかがっていたから、私がまず粘土をこねてみたの。

紙粘土は初めてだから、T先生のようすを見たんですね！

そうね。ぐーっと握って置いたかたまりを見て、「ワンワンみたい」と言ったことをきっかけに、耳を付けたり、体の形を変えたりしていたわ。イメージを表現していたのね。イメージの具象化ね。

T先生が、紙粘土をこねて偶然にできた形がきっかけになって、Bちゃんの「○○をつくりたい！」という意欲につながったんですね。

> 頭の中でイメージしたものを、はっきりと形にすることです。Bちゃんがイメージしている犬を紙粘土で再現しようとしているということですね。

伝えたい!! 園長先生のおはなし

キーワード　見たてからの遊びの広がり

粘土質のものは自由に形を変えられる可塑性（かそ）があり、子どもには魅力的な素材です。しかし、初めて出会う子どもはすぐには手が出ないですよね。保育者が粘土をぐっと握り込み、離した形が犬に見えた子どもは、イメージを基に耳を引っ張り出したり、脚をひねりだしたりして、紙粘土の面白さに没頭していきましたね。よい経験です。

クラス全体では

次月の指導計画に生かせます！

 今月は、運動会を通して、十分に体を動かし、保育者や友達と楽しく遊ぶことができたわね。

 はい！ 園庭で遊んでいるときに、落ち葉など秋の自然に触れる姿もありました。来月は、落ち葉やドングリを使って遊べるといいなぁと思っています。

 そうね。寒くなってくるから、室内での遊びも考えておきましょうね。

今月の評価・反省・課題 (P.111 参照)

運動会に全員で参加でき、その後も玉入れやパラバルーンなどで、幼児といっしょに遊びを楽しんでいる。運動会までは園外に出る戸外探索の時間も少なかったが、これからは、自然に関心を持ちながら、楽しめるようにしていきたい。

11月

ねらいより
寒暖の差に留意し、健康に過ごす。

月案 （A～C児）・・・・・・P.120

戸外で遊んでいる
A児 (2歳7か月)

自然物に興味がある
B児 (2歳11か月)

小石や落ち葉を探す
C児 (3歳1か月)

個人案 （D～I児）・・・・・・P.122

自分でしたがる
D児 (2歳7か月)

手が先に出てしまう
E児 (2歳8か月)

言葉で保育者に伝えようとする
F児 (2歳9か月)

友達とぶつかることもある
G児 (2歳10か月)

友達と遊ぶことを楽しんでいる
H児 (3歳)

音楽に合わせて楽しんでいる
I児 (2歳11か月)

個人案 （J～O児）・・・・・・P.124

清潔に関心を持つ
J児 (3歳1か月)

自分で食べようとしている
K児 (3歳2か月)

運動会を満喫した
L児 (3歳3か月)

自分で服を着たい
M児 (3歳4か月)

友達と同じ遊びを楽しんでいる
N児 (3歳5か月)

秋の自然物を保育者に見せている
O児 (3歳1か月)

これも！おさえておきたい
11月の計画のポイントと文例・・・P.126

日の記録・・・・・・・・・・P.127

11月のふりかえりから12月の保育へ・・P.128

11月 月案

CD-ROM　11月▶月案

* 🖍マークのマーカーが引いてある部分は、ページ下部の解説とリンクしているのでご覧ください。
* 「今月のねらい」「健康・食育・安全」「保育者間の連携」「家庭・地域との連携」については、P.126の内容も、立案の参考にしてください。

今月のねらい（クラス全体としてのねらいです）
- 寒暖の差に留意し、健康に過ごせるようにする。
- 秋の自然にふれ、さまざまな遊びを楽しむ。
- 保育者や友達と生活や遊びの中で言葉のやりとりを楽しむ。

11月 月案

	前月の子どもの姿 ○	ねらい ★・内容 ☆
戸外で遊んでいる A児（2歳7か月）	○戸外で保育者や友達といっしょに、かけっこや運動遊びを楽しんでいる。	★保育者や友達といっしょに体を動かして遊ぶことを楽しむ。 ☆固定遊具や運動遊具を使って、走ったり跳んだり登ったりして遊ぶ。
自然物に興味がある B児（2歳11か月）	○戸外遊びでは花を探したり落ち葉を集めたりして、自然物に関心を持っている。	★秋の自然物に関心を持ち、触れて遊ぶことを楽しむ。 ☆落ち葉やドングリを見つけて、遊びに使う。
小石や落ち葉を探す C児（3歳1か月）	○戸外遊びで小石や落ち葉などを探したり集めたりして楽しんでいる。	★散歩や戸外での遊びで秋の自然に触れて遊ぶことを楽しむ。 ☆ドングリや落ち葉などの、秋の自然を使って遊ぶ。

週案的要素　クラスの行事・生活・遊びの計画

	第1週	第2週
	月　戸外探索 火　ドングリ拾い 水　掃除ごっこ、電車の玩具 木　作品展を見に行く、なぐり描き 金　子育て支援児との交流	月　作品展を見に行く、落ち葉遊び 火　折り紙遊び、花を植える 水　なぐり描き、戸外遊び 木　ドングリで転がし絵をする 金　子育て支援児との交流
	玩具・パス、ボタン 歌・『山の音楽家』 絵本・『だいじないす』	玩具・折り紙、ボタン 歌・『やきいもグーチーパー』 絵本・『おいもをどうぞ！』

書き方のヒント　いい表現から学ぼう！

動植物の名前より、子どもが美しさや不思議さを感じることを大切にし、子どもの思いに共感する。

理由

これなに？の質問より「美しいね」に共感

知りたがりのこの時期の子どもは、すぐ「これなに」と質問します。名前をこたえるのではなく、「なにかな」と観察して印象を話し合ったり、「きれいね」と言って感動に共感したりします。

健康・食育・安全

- 適切な室温、湿度となるよう暖房器具や加湿器を使用したり換気をこまめにしたりする。
- 旬の素材を見たり、触れたり味わったりして楽しむ。
- 戸外遊びの時間帯を配慮する。

保育者間の連携

- 気温差が出る時期なので、ひとりひとりの健康状態を把握し体調の変化に迅速に対応する。
- 作品展や身体計測などの時間など各クラスで調整しておく。

家庭・地域との連携

- 作品展に向けての取り組みや過程を理解してもらえるようにボードなどで知らせていく。
- 園児服や上靴など子どもが自分で脱ぎ着しやすいものにしてもらえるように知らせていく。

環境づくりと保育者の援助	子どもの発達と評価・反省・課題
◇散歩や園外保育に出かけたときでも、簡単なかけっこ遊びなどをするように誘いかける。 ◇できるようになったことを認め、自信を持てるようにする。	◎オナモミやドングリを夢中になって探すことを楽しんでいる。 ✽寒くなるが戸外で元気良く遊んでいきたい。
◇「あながあいているのはなんで？」「いろがかわった！」「ドングリからねっこがでてきた！」など、子どもの気づきに共感していく。	◎オナモミを戸外で見つけると、服に付けて遊ぶことを楽しんでいる。「寒い」と戸外に出ることをいやがることもあるので、そのつど呼びかけていく。
◆散歩コースは下見して決め、何があってどこを見せたいか、何を感じてほしいかを考えておく。 ◆動植物の名前より、子どもが美しさや不思議さを感じることを大切にし、子どもの思いに共感する。 ◇「きれいだね」「どうしてかな」「こんなの見つけたよ」「不思議だね」と、子どもといっしょに『感じる』ことを楽しむ。	◎オナモミやドングリなどを見つけると「みてー！」と言って、うれしそうな表情をしている。 ✽引き続き、自然にふれて遊ぶことを楽しんでいきたい。

11月 月案

第3週

- 月 避難訓練、模倣遊び
- 火 製作遊び
- 水 身体計測、にじみ絵
- 木 落ち葉遊び、花の植え替え
- 金 子育て支援児との交流、サツマイモを食べる

玩具・パズル、洗濯バサミ
歌・『きのこ』
絵本・『ピーマンマンとかぜひきキン』

第4週

- 月 落ち葉遊び
- 火 模倣遊び
- 水 模倣遊び
- 木 誕生会に参加する
- 金 運動遊び（一本橋）

玩具・小麦粉粘土、パズル
歌・『もちつき』
絵本・『おおきなかぶ』

評価・反省・課題
(P.128でくわしく説明！)

朝夕は寒くなってきたが、日中は寒さに負けずに戸外に出ることを喜んでいる。子どもの体調の変化にも気をつけていくようにする。上靴やはし（12月より使用）の扱い方についても、保育者間で再度共通理解していくようにする。また、園庭で拾ったドングリを使って転がし絵をしたり、落ち葉を画用紙にはったりと、自然物を使ってさまざまな遊びを楽しむことができた。

11月 個人案

(10月 P.112から / 12月 P.132へ)

	D児 (2歳7か月) 自分でしたがる	E児 (2歳8か月) 手が先に出てしまう	F児 (2歳9か月) 言葉で保育者に伝えようとする
前月の子どもの姿 ○	○自分で身の回りのことをしたい気持ちが強く、保育者の援助をいやがることがある。	○友達とのかかわりの中で、言葉にできずに手を出してしまうことがある。	○自分の思いや感じたことなどを、少しずつ保育者に言葉で伝えようとしている。
ねらい ★ ・ 内容 ☆	★身の回りのことを自分でする満足感を味わう。 ★自分の思いを言葉で伝えようとする。 ☆自分で衣服を脱いだり、畳んでかたづけたりする。 ☆「いや」「かして」など言葉で気持ちを伝える。	★気持ちを受け止め、好きな遊びを楽しむ。 ☆「つぎはせんせいのばん」「こんどはせんせいにこうたい」などと言葉にして、体験とともに知る。	★保育者や友達と言葉のやりとりを楽しむ。 ☆保育者や友達といろいろな遊びを通して、言葉のやりとりの楽しさを知る。
環境づくり◆と保育者の援助◇	◆ひとりひとりのマークを決めるなどして、自分のものと友達のものをわかりやすくしておく。 ◇手伝う前に、「ちょっと手伝おうか？」など問いかけ、「やって」「みてて」など自分の思いを伝えられるようにする。	◆「かして」→「いいよ」だけでなく、「かして」→「いや」もあることを知らせ、「まつ」ことや「ほかのことをする」こともあるんだと知らせていく。 ◇順番や交代などがあることを知らせていっしょに遊ぶ楽しさを味わえるようにする。	◆言葉のやりとりを楽しめるように、季節の歌や手遊びを用意しておく。 ◇手遊びをしながら、言葉を保育者から発し、おもしろさを十分に知らせていく。
子どもの発達◎と評価・反省・課題 ✱	✱"できない"と思ったことは保育者に手伝ってもらうが"自分でしたい"という気持ちもあるので、すべては手伝わずに見守っていきたい。	◎友達が泣いていると、そばに行き「だいじょうぶ？」と声をかけている。自分の気持ちを言葉にし、保育者や友達に伝える姿が見られた。	◎自分の気持ちを言葉にして保育者に伝え、かかわることを楽しんでいる。園児服のボタンがうまく留められず、保育者といっしょにしている。

週案的要素

	第1週	第2週
クラスの生活と遊び（環境配慮）	・園児服をロッカーに入れられるように、園児服入れを用意しておく。 ・加湿器のフィルターにストックがあるか点検しておく。 ・ふとんを干す。 ・子どもたちが拾った木の実や落ち葉を種類別に入れる箱を用意しておく。	・気温が低くなってくるので、窓の開閉に配慮していく。 ・加湿器のフィルターを掃除しておく。 ・ふとんを干す。 ・折り紙などの扱い方をていねいに知らせて、2グループに分かれて楽しむ。

育ちメモ

友達とのかかわりが増えると、玩具の奪い合いによるトラブルが起こってきます。自分の自我と、相手の欲求のぶつかり合いであることを保育者に仲介され、気づいた子どもは「かして」「いいよ」と

CD-ROM　11月 ▶ 個人案_1

10月 P.113から

12月 P.133へ

友達とぶつかることもある G児（2歳10か月）	友達と遊ぶことを楽しんでいる H児（3歳）	音楽に合わせて楽しんでいる I児（2歳11か月）
○友達とかかわって遊ぶことが増え、互いにぶつかり合うことがある。	○友達と思いがぶつかることもあるが、かかわって遊ぶことを楽しんでいる。	○音楽に合わせて体操したり、歌をうたったりすることを楽しんでいる。
★自分の思いを簡単な言葉で伝えようとする。 ☆「そのおもちゃであそびたい」「ぼくがあそんでいた」などと言う。	★保育者や友達と集団遊びやごっこ遊びを楽しむ。 ☆いろいろな友達とかかわって遊ぶ。	★友達といっしょに遊ぶ楽しさを味わう。 ☆いっしょにうたったり踊ったりして遊ぶ。
◆好きな遊びを通して友達とかかわることができるように、玩具を十分に用意しておく。 ◇いざこざになったときは、互いの思いを聞き、「これで遊びたかったんだって」「ごめんねって言ってるよ」などそれぞれの気持ちを言葉で伝え、仲介するようにする。	◆友達とのやりとりが出てくる絵本（『おいもをどうぞ！』など）を用意し、まねをして遊べるようにする。 ◇保育者もいっしょになって遊び、友達とのかかわりの中で必要な言葉を知らせたり、仲立ちをしたりする。	◆リズム遊びができるように、広いスペースを用意したり、『山の音楽隊』や『きのこ』の歌詞のイメージを振り付けにして見せたりする。 ◇音楽に合わせて、いろいろな動きをして楽しめるように、曲の速さや大きさを変えて流す。
✻上靴を自分で履こうとするが、左右逆になっていることもあるので、そのつど知らせていき、自分でも気づけるよう見守っていく。	✻園児服のボタンがうまく外せず、保育者が来てくれるのを待っている。"自分でしたい"という意欲も引き出していく。	◎模倣遊びや手遊びなど、音楽に合わせて体を動かすことを楽しんでいる。友達や保育者といっしょに同じ遊びを楽しんでいる。

11月 個人案

第3週	第4週
・絵本棚に、季節に合った絵本を並べる。 ・加湿器を使用していく。 ・ふとんを干す。 ・いろいろな素材を使って製作を楽しめるようにしておく。	・気温や室温に留意して、暖房器具を使用していく。 ・ふとんを干す。 ・運動遊びで園庭を使用できるように、他クラスと調整しておく。

言葉で表すことや、「順番」があることを知ったり、対人関係の技術や能力を高めていきます。相手の気持ちがわかる人間形成につながっていきます。

11月 個人案

	J児（3歳1か月） 清潔に関心を持つ	K児（3歳2か月） 自分で食べようとしている	L児（3歳3か月） 運動会を満喫した
前月の子どもの姿 ○	○服をぬらしてしまうこともあるが、保育者といっしょに手洗い・うがいをしている。	○食べ残しなく、最後まで自分で食べようとしている。 ○散歩で園外の森へ行き、落ち葉をたくさん集めている。	○体を使った遊びを好み、戸外遊びを楽しんでいる。 ○運動会の経験が楽しかったようで、「せんせい、よーい、どん！ して」と言ってきている。
ねらい ★・内容 ☆	★保育者に見守られながらうがいを自分でしようとする。 ☆クチュクチュうがいをしつつ、言葉のやりとりをする。	★スプーンやフォークを正しく持って残さず食べる。 ★秋の自然への興味を深める。 ☆楽しい雰囲気の中で、正しい持ち方で食べる。 ☆ドングリや木の実を使って遊ぶ。	★戸外で走るなど全身を使った遊びを楽しむ。 ☆友達とかけっこ競走（運動会ごっこ）をする。
環境づくり ◆ と保育者の援助 ◇	◆うがいに必要な、コップとタオルを用意する。 ◇保育者もガラガラうがいをいっしょにし、興味を持てるようにする。	◆給食時にスプーンの持ち方を笑顔で伝え、保育者がお手本を見せつつ、後ろから手を添えて正しい持ち方を伝える。 ◇落ち葉にも興味が行くように、「黄色い葉っぱ集めようか」と言葉をかける。 ◇色や形など子どもの発見に共感する。	◆園庭に運動会のときのような、20メートルくらいのラインを3本引く。 ◇友達との競争をできるように誘いかけたり、走っていることを楽しんでいる姿を十分に受け止めたりする。
子どもの発達 ◎ と評価・反省・課題 ✳	◎「じぶんで」と口に出すことも増え少しずつ自分でしようという意欲が出てきている。 ✳必要に応じた援助をしながら、自分でしたいという気持ちを大切して、見守っていきたい。	✳スプーンを持つときに中指の場所が異なることが多く、手を使うことがある。繰り返し知らせ正しく持てるように保護者にも伝えていく。	◎友達といっしょに走ることを楽しんでいる。 ✳自分の思いが通らないと手が出ることがあるので気をつけて見ていくようにする。

週案的要素 クラスの生活と遊び（環境配慮）

第1週	第2週
・園児服をロッカーに入れられるように、園児服入れを用意しておく。 ・加湿器のフィルターにストックがあるか点検しておく。 ・ふとんを干す。 ・子どもたちが拾った木の実や落ち葉を種類別に入れる箱を用意しておく。	・気温が低くなってくるので、窓の開閉に配慮していく。 ・加湿器のフィルターを掃除しておく。 ・ふとんを干す。 ・折り紙などの扱い方をていねいに知らせて、2グループに分かれて楽しむ。

育ちメモ　園生活の流れが少しずつわかるようになり、お散歩へ行く用意をしている保育者の動きを見て、「おしっこ、いっておこう」と友達と声をかけ合い、トイレへ行ったり、帽子を取って上着を着ようとし

自分で服を着たい	**友達と同じ遊びを楽しんでいる**	**秋の自然物を保育者に見せている**
M児（3歳4か月）	**N児**（3歳5か月）	**O児**（3歳1か月）
○衣服の前後が逆になったり時間がかかったりするが、自分でしようとする。	○友達に「いっしょにあそぼう」と声をかけて、同じ遊びを楽しんでいる。	○秋の自然物や動植物を見つけては、保育者や友達に見せて喜んでいる。
★衣服の前と後ろを知り、自分で着るうれしさを味わう。 ☆衣服の前と後ろがうまくいかないときは、保育者に手伝ってもらいながら自分でしようとする。	★友達や保育者と言葉のやりとりを楽しむ。 ☆いろいろなごっこ遊び（ままごと、ヒーローごっこ、おうちごっこ、お店屋さんごっこ　など）の中でさまざまな言葉を使う。	★秋の自然物を見つけたり触れたりして遊ぶことを楽しむ。 ☆秋の自然物の美しさや不思議さを感じる。
◆M児の肌着を出しておいたり、前後がわかるように置いて、脱ぎ着をしやすくしたりしておく。 ◇切る前に、前身頃を上に置いて「こっちが前だね」などいっしょに確認してから着るようにする。	◆いろいろなごっこ遊びができるように、遊具や玩具などを使いやすいように用意しておく。また、必要になって作りたくなる物も予想して、素材や道具も出しやすくしておく。 ◇保育者もいっしょにごっこ遊びに入り、「いらっしゃいませ」「どうぞ」などの言葉のやりとりを楽しみ、場面を共有できるようにする。	◆美しく色づいた真っ赤なモミジや黄色いイチョウの葉を、散歩のときに拾っておく。 ◇「見て見てこの葉っぱ、きれいだよ！赤と黄色のプレゼント、ハイ」と渡して、興味を深めていく。
◎自分のペースで身の回りのことをしようとしている。 ✳友達とかかわることを楽しみ、話しながら散歩していることがあるので気をつけるようにする。	◎友達との言葉のやりとりを楽しみ、生活をしている。生活の流れもわかり、次に何をするのかをわかってきて身の回りのことを自分でしようとしている。	◎オナモミを戸外で見つけると自分で服にたくさん付けて楽しんでいる。自然物に関心を持つことが多く、友達といっしょに見つけることを喜んでいる。

第3週	第4週
● 絵本棚に、季節に合った絵本を並べる。 ● 加湿器を使用していく。 ● ふとんを干す。 ● いろいろな素材を使って製作を楽しめるようにしておく。	● 気温や室温に留意して、暖房器具を使用していく。 ● ふとんを干す。 ● 運動遊びで園庭を使用できるように、他クラスと調整しておく。

↗たり、準備をしたりするようになります。主体的に動く友達のようすをまねて、自分もしようとしたり、しだいに次の行動が読めるようになっていったりしますね。

今月のねらい

2歳児は運動量が増えることもあり、食べることに意欲的になり、はしを使おうとします。排尿を言葉で知らせたり、パンツをひとりではけるなど自分で簡単な身の回りのことをしようとします。ひとりひとりに合わせて自立への自信をつけることを、ねらいます。

文例
自分ですることに興味を持ち、簡単な身の回りのことをしようとする。

健康・食育・安全

園での栽培は、無農薬で栽培でき安全であり、旬の栄養価の高い野菜が摂取でき新鮮で健康によく、雨などの天候、自然との関係、水やり、草取りなど人間との関係がわかり、感謝の気持ちが持てることがよいのです。収穫の喜びで調理を楽しめるのです。

文例
野菜を自分たちで収穫し、その野菜でクッキングを楽しめるようにする。

これも！おさえておきたい
11月の計画のポイントと文例

本指導計画の月案では、A〜O児に合った今月のねらいなどを掲載しています。より参考にしていただけるように、ここでは、この月によくある、ほかにも押さえておきたいポイントを紹介しています。

CD-ROM 11月 ▶文例

保育者間の連携

11月は初冬に入り、冬の下痢、かぜなどの感染症に注意を要する時期です。飛沫感染、接触感染、乾燥を阻止するのに有効なのが手洗い、うがいの励行です。正しい手の洗い方、うがいのしかた、手のふき方などを、共通認識したうえで、個別に段階に合わせて援助します。

文例
手洗いやうがいなどの生活習慣を、ひとりひとりに合わせたていねいな援助ができるように話し合っておく。

家庭・地域との連携

ウイルスや細菌が体内に入り発病する疾患を感染症と言い、乳幼児期は多くの感染症に罹る時期ですが、季節によって蔓延する疾患が違います。季節毎に事前にリーフレットなどで情報を渡すこと、園児の発症を把握したときは掲示板やクラス便りなどで知らせ予防しましょう。

文例
感染症がはやりやすい時期なので、掲示板などで保護者に知らせるようにする。

11月 日の記録

保育を振り返るために、また仕事の証として、日々の記録は欠かせません。ここでは例として、同じ日の月齢の近い6人を抜き出して掲載しています。次の計画に生かしましょう。

CD-ROM 日の記録フォーマット

11月 5日(水)

時刻	J児 (3歳1か月)	K児 (3歳2か月)	L児 (3歳3か月)	M児 (3歳4か月)	N児 (3歳5か月)	O児 (3歳1か月)
8 (15/30/45)	登園	登園	登園	登園	登園	登園
9 (15/30/45)	間食(全) 掃除ごっこ	間食(全) 掃除ごっこ	間食(全) 掃除ごっこ	間食(全) 掃除ごっこ	間食(全) 掃除ごっこ	間食(全) 掃除ごっこ
10 (15/30/45)	小 電車の玩具	小 パズル 小	小 電車の玩具 小	小 パズル 小	小 電車の玩具 小	小 電車の玩具 小
11 (15/30/45)	給(全) 小	給(全) 小	給(全) 小	給(全) 小	給(全) 小	給(全) 小
12 (15/30/45)	12:20 ↓	12:20 ↓	12:20 ↓	12:20 ↓	12:20 ↓	12:20 ↓
13 (15/30/45)	↓	↓	↓	↓	↓	↓
14 (15/30/45)	14:35	↓ 15:00	↓ 15:00	↓ 15:00	↓ 15:00	↓ 15:00
15 (15/30/45)	小	間食(全) 積み木	間食(全) 小 積み木	間食(全) 小 積み木	間食(全) 積み木	間食(全) 小 積み木
16 (15/30/45)	延長保育へ	降園	延長保育へ	延長保育へ	小 延長保育へ	延長保育へ
17						
18						

主な保育の予定

本日のねらい
- 部屋がきれいになることに関心を持ち、掃除ごっこを楽しむ。

登園時に留意すること
- 健康観察をていねいに行なう。

環境づくり(歌・絵本・素材・コーナーなど)
ぞうきんをぬらし、絞っておく。
保育室の机、イスなどを1か所に固めておき、広いスペースを設ける。

遊びの予定
掃除ごっこを楽しむ。
コーナー:電車の玩具、パズル

降園時に留意すること
- 園でのようすを伝える。

保育の実際と評価・反省・課題

登園時の健康観察(異常 無・有…　　　　　)

養護(生命の保持と情緒の安定)にかかわること
気温が低くなってきているので、午睡起きのふとんを上げるときの換気以外は、窓を閉める。歯のみがき方をていねいに伝えていきたい。

環境づくりについて
掃除ごっこでは、十分にスペースを取れるように、コーナーを区切るさくを1か所に集めておいたり、作品展の準備物にぶつからないようにパーティションを立てたりして配慮した。

保育者の援助について(チームワークを含む)
N児が、ぞうきんが汚れて黒くなっているのを見つけ、それがピカピカの証だと気づいていた。N児の発見をクラスに広げ、掃除ごっこを通してきれいにする喜び、気持ち良さを伝えていきたい。

降園時の健康観察(異常 無・有…　　　　　)

小:排尿　大:大便　オ:オムツ交換　く:薬　給:給食　(全):全食　茶:お茶　↓:睡眠

実践ポイント
衣服を着替えて心地良くなる経験と同じく、室内をはいたりふいたりしてすっきりした感覚を養いましょう。

※ SIDS(シッズ)とは「乳幼児突然死症候群」と呼ばれる、睡眠中突然死する病気です。一定時間ごとに睡眠中の子どものようすを確認しましょう。ここでは15分ごとに複数の保育者でチェックしています。SIDSについて詳しくはP.172をご覧ください。

11月のふりかえりから12月の保育へ

今月のねらい (P.120参照)
- 寒暖の差に留意し、健康に過ごせるようにする。
- 秋の自然にふれ、さまざまな遊びを楽しむ。
- 保育者や友達と生活や遊びの中で言葉のやりとりを楽しむ。

 T先生（5年目）：私たちの保育はどうでしょう。場面を思い浮かべて振り返ってみましょう。
 S先生（2年目）

ふりかえりポイント
- ◆ ねらいの設定は？
- ◆ 環境構成・援助は？
- ◎ 子どもの育ちは？
- 次月へのつながりは？

例えば…

E児（2歳8か月）の場合

 Eちゃんは、友達にすぐ手を出してしまいます。「かして」と言って、自分の気持ちを伝えられるようにはなりましたが、すぐにかしてもらえないと、がまんできずに手を出してしまうんです。

 「待つ」「順番」「交代」を実感できるように援助してみたらどうかしら？ もちろん、Eちゃんの思いを受け止めてからね。

 三輪車で遊びたかったのよね。でもHちゃんもしたかったんだって。順番に交代しようか？

などでしょうか？ 3周回ったら交代するなど決めて、そばにいていっしょに待つことも大切ですよね。

 そうね。待てたときは、おおいに褒めて認めてあげましょうね。
3歳を目前に、順番を待つことを理解できるようになるの。自分の思いを十分に受け止めてもらえる満足感が、他人の思いを理解して、自分に気持ちに折り合いをつける姿につながるのよ。

K児（3歳2か月）の場合

 ★「秋の自然にふれ、さまざまな遊びを楽しむ」というねらいに対して、ドングリや落ち葉を造形遊びに使って楽しめたと言えますね！

 そうね。戸外で、ドングリ拾いをしているときに、Kちゃんが、ドングリを入れた箱を傾けて遊んでいたのを見て、◆ドングリの転がし絵を取り入れてみたの。

まさに子どもの姿から広がった遊びですね！ T先生さすがです！ Kちゃんは、「コロコロ〜」「うわぁ、こっちにもきた！」など言って、とても喜んでいましたね。

そうね。思いがけない線が出てくるのがおもしろいのよね。

 ドングリの処理のしかた
① 洗剤を入れた水で洗う。
↓
② 30分ほど熱湯につける。
↓
③ 十分に乾燥させる。
虫がいることがあるので、処理してから遊びに使いましょう。

 ドングリの転がし絵の楽しみ方
ドングリに色が付きやすいエナメル絵の具を、空き容器に入れ、ドングリを付けます。空き箱の底に画用紙を敷き、絵の具のついたドングリを載せて箱を傾けます。カラフルな軌跡がすてきな作品になります。

 11月のふりかえりから12月の保育へ

伝えたい！！ 園長先生のおはなし

 キーワード　友達との譲り合い

三輪車は、目で進む方向を確認して両手でハンドルを操作し、ペダルをこぐという協応動作をして走り回る魅力的な遊びです。友達に譲ることが難しいですね。具体的な場面で保育者が仲介し、「貸して」「順番」「交代」などの言葉を、実際の場面で実感できるように「1周したら交代ね」「順番よ」「待っててね」と言葉と行動で知らせます。

クラス全体では

次月の指導計画に生かせます！

 子どもたちは、元気に戸外で遊んでいるけれど、最近すごく寒くなってきたから、健康管理によりいっそう注意しましょうね。

 はい。うちの園では2歳の12月から上靴を履くようになったり、はしを使うようになったりしていますよね。保護者へのお知らせ、子どもたちへの伝え方を、もう一度確認しておかなくっちゃ！

今月の評価・反省・課題 (P.121参照)

朝夕は寒くなってきたが、日中は寒さに負けずに戸外に出ることを喜んでいる。子どもの体調の変化にも気をつけていくようにする。上靴やはし（12月より使用）の扱い方についても、保育者間で再度共通理解していくようにする。また、園庭で拾ったドングリを使って転がし絵をしたり、落ち葉を画用紙にはったりと、自然物を使ってさまざまな遊びを楽しむことができた。

12月

ねらいより
寒い時期を健康に過す。

月案 (A〜C児) ・・・・・・ P.130

友達と同じ遊びを楽しむ
A児 (2歳8か月)

友達とかけっこする
B児 (3歳)

友達と遊ぶ
C児 (3歳2か月)

個人案 (D〜I児) ・・・・・・ P.132

ドングリに興味を持っている
D児 (2歳8か月)

少しずつ言葉にしようとしている
E児 (2歳9か月)

上着を着て戸外に出る
F児 (2歳10か月)

戸外で体を動かしている
G児 (2歳11か月)

自分の気持ちを言葉で伝える
H児 (3歳1か月)

音楽を口ずさむ
I児 (3歳)

個人案 (J〜O児) ・・・・・・ P.134

自分でしたい気持ちが強い
J児 (3歳2か月)

好きな曲に合わせて体を動かす
K児 (3歳3か月)

戸外で体を動かす
L児 (3歳4か月)

友達と走って遊ぶ
M児 (3歳5か月)

自分でボタンを留める
N児 (3歳6か月)

好きな絵本を楽しむ
O児 (3歳2か月)

これも！おさえておきたい
12月の計画のポイントと文例 ・・・ P.136

日の記録 ・・・・・・ P.137

12月のふりかえりから1月の保育へ ・・・ P.138

12月 月案

CD-ROM　12月 ▶月案

今月のねらい（クラス全体としてのねらいです）

- ひとりひとりの体調に留意して寒い時期を健康に過ごせるようにする。
- 保育者や友達と見たて遊びやごっこ遊びを楽しむ。
- 身の回りのことを自分でしようとする。
- 体を動かして元気に遊ぶことを楽しむ。

* 🖍マークのマーカーが引いてある部分は、ページ下部の解説とリンクしているのでご覧ください。
* 「今月のねらい」「健康・食育・安全」「保育者間の連携」「家庭・地域との連携」については、P.136の内容も、立案の参考にしてください。

		前月の子どもの姿 ○	ねらい ★ ・内容 ☆
12月 月案	友達と同じ遊びを楽しむ **A児**（2歳8か月）	○気の合う友達といっしょに同じ遊びを楽しんでいる。	★順番や交代があることを知り、友達といっしょに遊ぶことを楽しむ。 ☆楽しく遊ぶためのルールを知る。
	友達とかけっこする **B児**（3歳）	○友達といっしょに戸外でかけっこや追いかけごっこを楽しんでいる。	★全身を使って遊ぶことを楽しむ。 ☆走る・跳ぶ・飛び降りるなど、いろいろな動きをする。
	友達と遊ぶ **C児**（3歳2か月）	○友達とぶつかり合うこともあるが、かかわって遊ぶことを喜んでいる。	★保育者や友達といっしょに集団遊びやごっこ遊びを楽しむ。 ☆思い切り体を動かして遊ぶ。 ☆保育者や友達とかかわりながら、ごっこで遊ぶ。

週案的要素 クラスの行事・生活・遊びの計画

	第1週		第2週	
月	掃除ごっこ	玩具・小麦粉粘土	近くの森に行く	玩具・マット、フープ
火	模倣遊び	歌・『もちつき』	模倣遊び	歌・『コンコンクシャンのうた』
水	もちつき、もちつきごっこ	絵本・『サンタさんのいたずらっこリスト』	なぐり描き（散歩の絵）	絵本・『のせてのせて』
木	なぐり描き（もちつきの絵）		ままごと	
金	子育て支援児との交流		子育て支援児との交流	

書き方のヒント いい表現から学ぼう！

保育者も加わり、ルールや友達と交代することを伝え、楽しく遊べるように援助する。

理由 ➡ **楽しく遊ぶためのルールを知る**

友達と遊ぶ機会が増えてくると、玩具の取り合いや、順番を守らないなどのトラブルが出てきます。楽しく遊ぶルールとしての順番、交代や待つ姿勢を育てていきます。

健康・食育・安全	保育者間の連携	家庭・地域との連携
●保育室の温度や湿度に留意し、子どもが触れる所は清潔にする。 ●保育者や友達と楽しく食事をする。 ●霜や水滴で遊具がぬれていないか、安全確認をする。	●感染症に注意し、ひとりひとりの健康状態をこまめに伝え合う。 ●園行事に関して、保育者間で共通理解をして進めていく。 ●ホールの使用表を作って、使う時間を調整しておく。	●感染症予防と対応を共通理解しておく。 ●年末年始の案内をし、親子で楽しむ時間をつくってもらう。 ●はしの使い方を保護者に伝え、家庭でも子どもに知らせてもらう。

環境づくり◆と保育者の援助◇	子どもの発達◎と評価・反省・課題✻
◆ルールの遊びを楽しめるようにする。 ◇保育者も加わり、ルールや友達と交代することを伝え、楽しく遊べるように援助する。	✻順番や交代を知ろうとする。友達との玩具の貸し借りを知り、待とうとしている。簡単な決まりを守って遊んでいけるよう知らせていく。
◆マット・低いとび箱・平均台・巧技台などを出しておき、体を動かして遊べるようにする。 ◇サーキットにして、運動や遊びに変化が持てるようにする。	✻模倣遊びでは、遊び始めは少し控えめにしていた。しかし友達や保育者が楽しんでいるのを見て、だんだん参加しようという気持ちが出てきている。入っていきやすい雰囲気をつくり、誘っていきたい。
◆『のせてのせて』の絵本を手に取りやすいところに置いておく。 ◇「のせてのせて」「どうぞ」など、楽しく繰り返せる言葉を動きとともに出せるようにする。	◎保育者や友達とかかわりながら、ごっこ遊びを楽しんでいる。登場人物や動物などの役になりきり、言葉のやりとりを繰り返ししている。

12月 月案

第3週		第4週	
月 避難訓練、模倣遊び 火 模倣遊び 水 クリスマス会 木 なぐり描き (サンタ) 金 誕生会に参加する、鬼ごっこ	玩具・鈴・カスタネット、ブロック、パズル 歌・『サンタはいまごろ』 絵本・『サンタクロースと小人たち』	月 大掃除、戸外遊び (ボール) 火 戸外遊び (しっぽ取り、あぶくたった) 水 身体計測、なぐり描き (絵馬) 木 製作遊び (雪だるま) 金 模倣遊び	玩具・ブロック、パズル 歌・『お正月』 絵本・『うさぎちゃんとゆきだるま』

評価・反省・課題 (P.138でくわしく説明!)	戸外に出る際は、気温などに配慮して遊ぶ時間を調整した。また、戸外で手も冷えているので部屋に戻ったら湯を用意し、手を温められるようにした。子どもたちが快適に健康に過ごせるよう、エアコン・加湿器のフィルターの掃除はこまめに行なっていきたい。また、室内でも、体を十分に使い、模倣や見たて遊びを楽しんだ。十分に体を動かせる遊びのレパートリーを増やしていきたい。

12月 個人案

11月 P.122から　　1月 P.142へ

	D児 (2歳8か月) ドングリに興味を持っている	E児 (2歳9か月) 少しずつ言葉にしようとしている	F児 (2歳10か月) 上着を着て戸外に出る
前月の子どもの姿 ○	○みんなといっしょにトイレに行くが、座る時間が短く出ないことが多い。 ○自然物への興味も出てきた。	○自分の思いや感じたことを、少しずつ言葉にしようとするようになってきている。	○簡単な脱ぎ着はひとりでできるようになっているが、ボタンの掛け外しなどは手伝ってもらうことが多い。 ○戸外で遊ぶのが好きである。
ねらい ★・内容 ☆	★自分でトイレに行き、排せつをしようとする。 ★造形遊びから自然物への興味を持つ。 ☆トイレでゆったり排せつできるようにする。 ☆ドングリで転がし絵をする。	★自分の思いや気持ちを伝える喜びを味わう。 ☆保育者や友達と、自分の思いを言葉で伝える。	★身の回りのことを自分でする。 ★戸外で冬の外気を感じつつ、自然物のおもしろさに気づく。 ☆ボタンの掛け外しも自分でしようとする。 ☆上着を着て散歩に出かけ、自然物の見たて遊びをする。
環境づくり ◆と保育者の援助 ◇	◇トイレが混み合っていないときに、「ゆっくりでいいからね」と誘ってみる。 ◆ドングリ・絵の具・画用紙・大きめの箱を用意する。 ◇ドングリのおもしろい転がり方や、できた絵での見たて遊びを楽しめるように、D児の言葉を漏らさず聞き取り、思いに共感する。	◆話す機会をつくったり、ゆったりとかかわったりして話しやすい環境をつくる。 ◆E児の話を目線を合わせて聞き、「そう、○○だったのね」と繰り返し、思いを伝えるうれしさを味わえるようにする。	◆戸外に出るときの上着を取り出しやすく工夫する。 ◇散歩などでゆったり歩き、時には立ち止まり、雲を見て「あの雲おいしそうだね」とか、葉っぱの虫食いを見て「お面みたいね」など、イメージを引き出せるようにする。
子どもの発達 ◎と評価・反省・課題 ✽	✽紙パンツで排せつすることが多い。トイレで排せつできると十分に褒め、自信につなげていく。	◎いやなことも手を出さずに言葉で伝えようとしている。 ✽思いを言葉にできたことを褒め、言葉のやりとりも楽しんでいけるようにする。	✽ボタンの掛け外しも少しずつやろうとしている。衣服を畳むということも知らせ、ていねいにしていけるようさりげなく援助していく。

週案的要素

クラスの生活と遊び（環境配慮）

第1週	第2週
●気温や室温、湿度に留意して、適度にエアコンを使用していく。 ●はしの持ち方を知らせていく。 ●エアコン・加湿器のフィルターを掃除する。 ●伝統的な行事に関心が持てるように、遊びを用意しておく。	●着替えの時間をゆっくりとったり必要に応じて手伝ったりして、気持ちを大切にする。 ●エアコン・加湿器のフィルターを掃除する。 ●室内でも体を動かして遊べるように、運動用具を用意しておく。

育ちメモ　人間は、言葉で事物や事象をとらえたり、考えたりすることを通して、その生活の大半を言葉と深くかかわりながら生活をしている存在です。このような言語行動を伴った人間生活を言語生活といいま

12月 ▶個人案_1

戸外で体を動かしている	自分の気持ちを言葉で伝える	音楽を口ずさむ
G児（2歳11か月）	H児（3歳1か月）	I児（3歳）
○戸外で走ったり、追いかけごっこをしたりして友達と楽しんでいる。	○自分の気持ちを言葉で少しずつ伝えられるようになってきている。	○好きな音楽や曲が流れると口ずさんで歌う姿が見られる。
★寒さに負けず、体を動かして遊ぶことを楽しむ。 ☆保育者や友達と鬼ごっこをする。	★ごっこ遊びやルールのある遊びを通して言葉のやりとりを楽しむ。 ☆動物まねっこごっこをする。 ☆鬼ごっこやあぶくたったなどして体を動かして遊ぶ。	★曲に合わせて、喜んで体を動かすことを楽しむ。 ☆友達といっしょに踊って遊ぶ。
◆園庭やホールなど、広い場所を使えるようにしておく。 ◇捕まえない程度の速さで追いかけ、逃げることを楽しめるようにする。	◆動物の絵本・写真やDVDを用意して、さまざまな動物のイメージが広げられるようにする。 ◇イメージが膨らむようなことばがけや援助をする。 ◇子どもの言葉を受け止め、やりとりを楽しみながら遊びを広げられるようにする。	◆リズミカルな曲、クリスマスの曲を用意し、リズム遊びができるようにスペースを空けておく。 ◇曲に合わせておしりを振るなど、ひとりひとりの感じた動きを大切にしながら、体の部位の名前も伝えていく。
◎戸外に出ると走ることを楽しんでいる。走るだけでなく、戸外遊びの伝承遊びを知らせ、友達や保育者とかかわりながら遊ぶことを楽しむ。	◎いやなことはいやと言葉で伝えようとしている。自分の気持ちを伝えていこうとしていることを認めていく。	◎曲に合わせて体を動かし音楽遊びを楽しんでいる。言葉も「ここ？」と発することもある。少しずつ自分を表現していけるように見守っていく。

第3週	第4週
● 汚物の処理などを適切に対処する。 ● エアコン・加湿器のフィルターを掃除する。 ● クリスマスに興味を持てるように、ツリーを見たり親しみのある曲を用意したりする。	● お正月が近づいていることがわかるように、壁面装飾をしておく。 ● エアコン・加湿器のフィルターを掃除する。 ● 冬の外気にふれる機会を持ち、体を動かす遊びを取り入れる。

すが、2歳の時期はまさに言葉の開花なのです。いやなことも手を出さずに思いを言葉にして伝えようとしている姿を、認め、褒めることで、言葉が発達します。

12月 個人案

11月 P.124から　→　1月 P.144へ

	J児（3歳2か月） 自分でしたい気持ちが強い	K児（3歳3か月） 好きな曲に合わせて体を動かす	L児（3歳4か月） 戸外で体を動かす
前月の子どもの姿 ○	○「自分でしたい」気持ちを持ち始め、言葉や態度で示すことが増える。	○好きな曲が流れると手をたたいたり振ったりして、体を使って表現し、体を動かしている。	○戸外で走ったり、追いかけごっこをしたりして楽しんでいる。
ねらい ★・内容 ☆	★身の回りのことを自分でしようとする。 ☆荷物のかたづけを自分でしようとする。 ☆見守られる中でボタンを留める。	★リズムに乗って体を動かすことを楽しむ。 ☆友達といっしょに踊って遊ぶ。	★思い切り体を動かして遊ぶことを楽しむ。 ☆保育者や友達と鬼ごっこをする。
環境づくり ◆と保育者の援助 ◇	◆ゆったりとした時間とスペースの中で着替えられるようにする。 ◇ボタンを留めるのに苦労しているときは、鏡の前で、ボタンがどうなっているかいっしょに確かめて進める。 ◇自分でできた喜びを味わえるように、できたときは目を見ておおいに褒めるようにする。	◆リズミカルな曲、クリスマスの曲を用意したり、リズム遊びができる広いスペースを用意したりする。 ◇手をたたいて喜んで遊んでいる姿に十分に共感しながら、歌ったり踊ったりすることを楽しめるようにする。	◆園庭は、つまずく物がないように整備しておく。保育者が鬼になり、追いかけっこをして捕まるドキドキ感を楽しめるようにする。 ◇保育者がわざと固定遊具に座り込んで、近寄ってきたらまた追いかけるなど、変化を考えて、ワクワク・ドキドキが続く工夫をする。
子どもの発達 ◎と評価・反省・課題 ✻	◎荷物のかたづけや、衣服の脱ぎ着など自分の身の回りのことを自分でやろうと強く思い、している。できる喜びを感じ、うれしそうにしている。	◎音楽に合わせて体を動かして遊ぶことを楽しんでいる。歌の振りなどを覚え、好きな歌をうたうことを楽しんでいる。いろいろな歌をうたっていきたい。	◎「いっぱいはしったらあたたかくなってきた」と話しながら、友達や保育者と体を動かして遊ぶことを楽しんでいる。

週案的要素

	第1週	第2週
クラスの生活と遊び（環境配慮）	・気温や室温に留意して、適度にエアコンを使用していく。 ・はしの持ち方を知らせていく。 ・エアコン・加湿器のフィルターを掃除する。 ・伝統的な行事に関心が持てるように、遊びを用意しておく。	・着替えの時間をゆっくり取ったり必要に応じて手伝ったりして、気持ちを大切にする。 ・エアコン・加湿器のフィルターを掃除する。 ・室内でも体を動かして遊べるように、運動用具を用意しておく。

育ちメモ：乳児・低年齢の子どもにとって絵本は大人に読んでもらうものです。絵本は読んでもらうことで子どもの内面に届き、心に響いて思わず言葉が飛び出すことがあります。繰り返しのある言葉を模倣した

CD-ROM 12月 ▶個人案_2

友達と走って遊ぶ **M児**（3歳5か月）	自分でボタンを留める **N児**（3歳6か月）	好きな絵本を楽しむ **O児**（3歳2か月）
○友達といっしょに走ったり、追いかけごっこをしたりして楽しんでいる。	○通園服のボタンを自分で留めている。友達が困っていると手伝ってあげている。	○好きな絵本を見つけ、繰り返しのある言葉に興味を持ち楽しんでいる。
★体を動かして遊ぶ楽しさを味わう。 ☆走る・跳ぶ・飛び降りるなど、いろいろな動きをする。	★身の回りのことを自分でしようとする。 ☆保育者の温かい見守りの中で、安心して身の回りのことをする。	★見たり聞いたりしたものを、まねることを喜ぶ。 ☆絵本の中の登場人物になって遊ぶ。 ☆繰り返しの言葉を言う。
◆マット・低いとび箱・平均台・巧技台などを出しておく。 ◇サーキットにして、運動や遊びに変化が持てるようにする。	◆コートを掛ける場所やハンガーにわかりやすいマークを付け、見つけやすいようにしておく。 ◇自分でできたことや、友達を手伝うようすをおおいに褒めていく。	◆お気に入りの絵本を繰り返し読んだり、役になり切って遊べるように、小道具を作って置いておいたりする。 ◇保育者もいっしょに、繰り返しのあるせりふを言い、楽しさを共有できるようにする。
◎戸外に出ると、最初は「さむいー」と言うが、体を動かして遊ぶと温まってくることを感じている。	◎靴下を上げたり、上の服をズボンに入れたりと、自分で衣服を整えている。自分でできたことを喜んでいる。	✲好きな絵本を見つけ、自分で声に出して読もうとすることを楽しんでいる。いろいろな本を用意し、見たり、聞いたりしながら文字にも関心を持てるようにしたい。

12月 個人案

第3週	第4週
・汚物の処理などを適切に対処する。 ・エアコン・加湿器のフィルターを掃除する。 ・クリスマスに興味を持てるように、ツリーを見たり親しみのある曲を用意したりする。	・お正月が近づいていることがわかるように、壁面装飾をしておく。 ・エアコン・加湿器のフィルターを掃除する。 ・冬の外気にふれる機会を持ち、体を動かす遊びを取り入れる。

り、登場人物になりきって言葉で表現したりする姿が見られます。体全体で表現する楽しさを引き出してくれるのも、感動できる絵本との出会いです。

今月のねらい

ひとりひとりの子どもの生活習慣の自立が進むと自信がつき、友達への関心が広がってきます。言葉の獲得が多くなるとともにイメージも豊かになり、友達とイメージを共有してごっこ遊びが盛んになります。クリスマスやお正月の夢も膨らみ楽しい遊びをねらいます。

文例
遊びを通して、保育者や友達とのかかわりを楽しむ。

健康・食育・安全

戸外にしろ、室内にしろ、エネルギーをいっぱい使って遊び込んだ子どもたちは、充実感と快い疲れを覚えて、暖かい室内、心地よい音楽、気持ち良いふとんでぐっすりと午睡に入ります。管理としては室温・湿度・換気、ふとんがきっちり掛かっているか配慮しましょう。

文例
気持ち良く睡眠を取れるよう、室温・湿度・換気に配慮したり、寝ている途中にふとんが外れていたらかぶせたりするようにする。

これも！おさえておきたい
12月の計画のポイントと文例

本指導計画の月案では、A～O児に合った今月のねらいなどを掲載しています。より参考にしていただけるように、ここでは、この月によくある、ほかにも押さえておきたいポイントを紹介しています。

保育者間の連携

年末をひかえ、いよいよもちつきの時期を迎えました。近年は、家庭でもちつきをすることがあまり無いでしょうから子どもにとっては新鮮な経験で心弾む期待の行事です。どのような手順で、だれが何をするか、役割分担やどんなふうに安全に食べてもらうか話し合いをしましょう。

文例
もちつきを行なう際の段取りを、調理師と連携を取りながらスムーズに進められるようにする。

家庭・地域との連携

年末をひかえ、保護者の皆様もお忙しいでしょうが、夏祭りや、運動会や園の大きな行事は、保護者と共に開催し喜びを分かち合ってきました。縁起のよい年の最後のもちつきを成功させるために、特に父親の協力を呼びかけ共育ての本領を発揮してもらいたいものです。

文例
もちつきのねらいや行事予定を知らせ、実際のもちつきの男性のつき手、女性の協力者を事前にお願いし、保護者と共に行事を盛り上げてもらう。

12月 日の記録

保育を振り返るために、また仕事の証（あかし）として、日々の記録は欠かせません。ここでは例として、同じ日の月齢の近い6人を抜き出して掲載しています。次の計画に生かしましょう。

CD-ROM 日の記録フォーマット

12月18日（木）

時刻	A児 (2歳8か月)	D児 (2歳8か月)	E児 (2歳9か月)	F児 (2歳10か月)	G児 (2歳11か月)	I児 (3歳)
8	登園	登園 小	登園	登園	登園	登園
9	間食(全) 戸外	間食(全) 戸外	間食(全) 戸外	間食(全) 戸外	間食(全) 戸外	間食(全) 戸外
10	小 なぐり描き	なぐり描き 小	なぐり描き 小	小 なぐり描き	小 なぐり描き	小 なぐり描き
11	給(全) 小	給(全) 小	給(全) 小	給(全) 小	給(全) 小	給(全) 小
12	12:20 ✓↓	12:20 ✓↓	12:20 ✓↓	12:20 ✓↓	12:20 ✓↓	12:20 ✓↓
13	✓	✓	✓	✓	✓	✓
14	✓ 15:00	✓ 15:00	✓ 15:00	✓ 15:00	✓ 15:00	✓ 15:00
15	小 間食(全) 積み木	小 間食(全) 積み木	小 間食(全) 積み木	小 間食(全) 積み木	小 間食(全) 積み木	小 間食(全) 積み木
16	延長保育へ	延長保育へ	降園	延長保育へ	降園	延長保育へ
17						
18						

主な保育の予定

本日のねらい
- のびのびと自由に描くことを楽しむ。
- 戸外で元気に遊ぶ。

登園時に留意すること
- 健康観察をていねいに行なう。

環境づくり（歌・絵本・素材・コーナーなど）

画用紙に名前、日付を書いておき、パスが折れていないか確認しておく。
歌：『サンタはいまごろ』
絵本：『サンタクロースと小人たち』

遊びの予定

なぐり描き（サンタクロース）
戸外遊び

降園時に留意すること
- 園でのようすを伝え、クリスマス製作を持ち帰る。

保育の実際と評価・反省・課題

登園時の健康観察（異常 (無)・有… ）

養護（生命の保持と情緒の安定）にかかわること

戸外が寒くなってきたので、受け入れ時に暖房を入れ、保育室内を暖かくしておいた。戸外遊びの時間の長さに配慮していきたい。

環境づくりについて

戸外に出るときは、上着を着て出るようにした。また、保育室に戻ったら、お湯を用意し、手をつけて温められるようにした。

保育者の援助について（チームワークを含む）

戸外で氷を見つけた子どもたちは、寒がりながらも氷を手に取り、「みてみて」と友達や保育者に見せていた。自然の発見を大切にし、季節の自然に興味を持つようにしていきたい。

降園時の健康観察（異常 (無)・有… ）

小：排尿　大：大便　オ：オムツ交換　く：薬　給：給食　(全)：全食　茶：お茶　↓：睡眠

実践ポイント

イルミネーションが輝きツリーが飾られますが、戸外は氷ができる寒さで、冬到来の季節の変化を感じます。

※ SIDS（シッズ）とは「乳幼児突然死症候群」と呼ばれる、睡眠中突然死する病気です。一定時間ごとに睡眠中の子どものようすを確認しましょう。ここでは15分ごとに複数の保育者でチェックしています。SIDSについて詳しくはP.172をご覧ください。

12月のふりかえりから1月の保育へ

今月のねらい (P.130参照)
- ひとりひとりの体調に留意して寒い時期を健康に過ごせるようにする。
- 保育者や友達と見たて遊びやごっこ遊びを楽しむ。
- 身の回りのことを自分でしようとする。
- 体を動かして元気に遊ぶことを楽しむ。

私たちの保育はどうでしょう。
場面を思い浮かべて振り返ってみましょう。

T先生(5年目) / S先生(2年目)

ふりかえりポイント
- ★ ねらいの設定は？
- ◆ 環境構成・援助は？
- ○ 子どもの育ちは？
- 次月へのつながりは？

例えば…

C児（3歳2か月）の場合

★絵本からのごっこ遊びを楽しめるように、Cちゃんがお気に入りの◆『のせてのせて』の絵本に出てくる動物のかぶり物を用意しておいたの。

- ○車に見たてた縄跳びに入って、登場人物になりきっていましたね。
- そうね。○私がかぶり物を付けると、笑顔で近づいてきて、せりふのやりとりをしようとしていたわ。興味を示したAちゃんを誘って、いっしょに「のせてのせて！」と言ったわ。
- 言葉のやりとりを繰り返ししていましたね。ほかの友達も誘って、遊びが広がっていました。
- そうね。かぶり物の数を増やして、オリジナルの登場人物を子どもたちと考えてみてもおもしろいわね。

L児（3歳4か月）の場合

★戸外で元気に体を動かして遊べるように、最近はよく鬼ごっこをしています。遊びが続くように、◆私が鬼のときにわざとじっと座り込んで、Lちゃんが近づいてくるのを待ってみました。

- 保育者が変化をつけることで、Lちゃんは鬼ごっこの駆け引きのおもしろさを知ったのね。
- はい。○わざとゆっくり近づいてきて、私と目が合うと「わーっ」と逃げていました。
- ○初めは寒がっていたけれど、「あたたかくなってきた！」と言って、体を動かすと体温が上がることを実感できていたようね。
- はい。寒くても楽しく体を動かせるような戸外遊びのバリエーションをもっと増やしていきたいです。

伝えたい!! 園長先生のおはなし

キーワード　戸外遊びと健康

2歳児は、走り回るのが大好きです。言葉の獲得と同時に自分の頭の中で「止まれ」と命令し、スムーズに止まれます。鬼ごっこの駆け引きがおもしろくなり喜んで遊びます。戸外で走り回ると体中の筋肉を使い、熱が産生しますので、体が暖かくなるのを実感しますね。衣服の調節をし、手洗い・うがいをして、気持ち良く食事をとりましょう。

クラス全体では

次月の指導計画に生かせます！

- ずいぶん寒くなってきたから、室温・湿度の管理をはじめ、子どもたちが快適に、健康に過ごせるようにしたわね。
- 戸外でも、室内でも、体を動かして友達や保育者といっしょに遊びを楽しみました。来月も引き続き、子どもたちの楽しんでいることを広げていきたいです。

今月の評価・反省・課題 (P.131参照)

戸外に出る際は、気温などに配慮して遊ぶ時間を調整した。また、戸外で手も冷えているので部屋に戻ったら湯を用意し、手を温められるようにした。子どもたちが快適に健康に過ごせるよう、エアコン・加湿器のフィルターの掃除はこまめに行なっていきたい。また、室内でも、体を十分に使い、模倣や見たて遊びを楽しんだ。十分に体を動かせる遊びのレパートリーを増やしていきたい。

1月

ねらいより
室温や湿度に留意して健康に！

- 戸外で走って遊ぶ
  A児（2歳9か月）
- 戸外に出るのをいやがる
  B児（3歳1か月）
- 絵本の言葉を楽しむ
  C児（3歳3か月）

個人案（D〜I児） ・・・・・ P.142

- 体を動かして遊んでいる
  D児（2歳9か月）
- 冬の自然にふれている
  E児（2歳10か月）
- 保育者と話すことを楽しむ
  F児（2歳11か月）
- 保育者に伝えようとする
  G児（3歳）
- 言葉のやりとりを楽しむ
  H児（3歳2か月）
- 泣いて感情を表す
  I児（3歳1か月）

- 保育者に思いをぶつける
  J児（3歳3か月）
- 絵本を楽しんでいる
  K児（3歳4か月）
- はしを使い始めている
  L児（3歳5か月）
- ボタン留め外しが苦手な
  M児（3歳6か月）
- 異年齢児と遊ぶのが好きな
  N児（3歳7か月）
- はしを使って食べている
  O児（3歳3か月）

これも！おさえておきたい
1月の計画のポイントと文例 ・・・ P.146

日の記録 ・・・・・・・・・・・ P.147

1月のふりかえりから2月の保育へ ・・ P.148

1月 月案

CD-ROM 1月 ▶ 月案

今月のねらい (クラス全体としてのねらいです)

- 室温や湿度に留意し、健康に過ごせるようにする。
- はしを使って食べることに慣れる。
- 冬の自然にふれたり、友達といっしょにごっこ遊びやお正月遊びを楽しんだりする。

* マークのマーカーが引いてある部分は、ページ下部の解説とリンクしているのでご覧ください。
* 「今月のねらい」「健康・食育・安全」「保育者間の連携」「家庭・地域との連携」については、P.146の内容も、立案の参考にしてください。

	前月の子どもの姿 ○	ねらい★・内容☆
戸外で走って遊ぶ A児 (2歳9か月)	○戸外で走ったり追いかけごっこをしたりして友達と楽しんでいる。	★戸外で体を動かしての遊びを、保育者や友達とかかわりながら楽しむ。 ☆保育者や友達といっしょに鬼ごっこをする。
戸外に出るのをいやがる B児 (3歳1か月)	○戸外遊びのときに、「さむいのがいやだ」と泣いて訴え、立ちすくむことがある。	★思い切り体を動かして遊ぶことを楽しむ。 ☆戸外で保育者や友達といっしょにしっぽ取りをする。
絵本の言葉を楽しむ C児 (3歳3か月)	○絵本の中の繰り返しの言葉やフレーズを覚え、いっしょに言って楽しんでいる。	★友達といっしょにごっこ遊びを楽しむ。 ☆2月の発表会でする劇ごっこを楽しむ(クラス全員)。

1月 月案

週案的要素

クラスの 行事・生活・遊び の計画

第1週	第2週
月 掃除ごっこ 火 模倣遊び 水 たこ揚げ、なぐり描き 木 避難訓練、しっぽ取り 金 模倣遊び	月 たこ揚げ 火 模倣遊び 水 たこ揚げ 木 ままごと遊び 金 子育て支援児との交流
玩具・ビニールだこ、絵合わせカード 歌・『たこたこあがれ』 絵本・『ひつじぱん』『のせてのせて』	玩具・ままごとセット、積み木、パズル 歌・『コンコンクシャンのうた』 絵本・『てぶくろ』『のせてのせて』

書き方のヒント いい表現から学ぼう！

感染症が流行しやすい時期なので、発症状況や情報などを知らせ、予防に努めてもらう。

理由

インフルエンザは、飛沫感染です

インフルエンザは、発熱、肺炎、脳炎など症状が厳しく、感染力が強いので、園で患児が発生すればすぐに状況を知らせ、手洗い・うがいの徹底、健康状態の連絡をし合います。

健康・食育・安全	保育者間の連携	家庭・地域との連携
●嘔吐物の処理方法を再確認し感染が拡大しないようにする。 ●お正月の食べ物に興味を持てるように知らせていく。 ●霧や水滴などで滑ることのないように点検しふき取っておく。	●ひとりひとりの健康状態をこまめに伝え合う。 ●ホールの使用表を作って、使う時間を調整しておく。 ●行事の参加方法について各クラスのことを理解しておく。	●感染症が流行しやすい時期なので、発症状況や情報を知らせ、予防に努めてもらう。 ●はしの持ち方など家庭でも知らせてもらうようにする。 ●行事について案内文書を出す。

環境づくり◆と保育者の援助◇	子どもの発達◎と評価・反省・課題✻
◆鬼ごっこやしっぽ取りなど戸外で体が温まる遊びを取り入れる。 ◇体を動かして遊ぶ楽しさや、気持ち良さを感じられるようことばがけをしたり、誘いかけたりする。	✻登園時に寒く震えていることが多い。また、戸外に出ても体が動かず立っていることが多いので、体を動かすと暖かくなることを知らせていく。
◆鬼ごっこやしっぽ取りなど戸外で体が温まる遊びを取り入れる。 ◇体を動かして遊ぶ楽しさや気持ち良さを感じられるよう、ことばがけをしたり、保育者もいっしょに追いかけたりする。	◎体を動かすことで暖かくなることがわかり戸外に出て走って遊ぶことを楽しんでいる。戸外遊びの後の配慮もきちんとしていく。
◆『のせてのせて』の絵本・かぶりものなどを用意しておく。 ◆「のせてのせて」「どうぞ」のごっこ遊びで、好きな場面の小道具や身に付けるものを用意しておく。 ◇保育者も役になりきり、子どもたちの遊びが広がるようにする。	◎ごっこ遊びの中で言葉のやりとりを楽しんでいる。 ✻保育者とのかかわりを楽しんでいるので、仲介になり友達とも楽しめるようにしていきたい。

1月 月案

第3週		第4週	
月 こま回し 火 製作遊び(鬼) 水 誕生会に参加する、なぐり描き 木 豆入れを作る 金 身体計測	玩具・パス、のり、クレヨン、こま 歌・『ゆき』 絵本・『14ひきのさむいふゆ』『おおきなかぶ』	月 鬼ごっこ 火 模倣遊び 水 あぶくたった 木 なぐり描き(鬼) 金 模倣遊び	玩具・パス、パズル、積み木 歌・『豆まき』 絵本・『せつぶんだまめまきだ』『おおきなかぶ』

評価・反省・課題 (P.148でくわしく説明!)	インフルエンザで休む子どもや保育者が増えた。室内の気温や湿度に気をつけ換気・掃除をして健康に過ごせるように、引き続きしていきたい。また、はしを使って食べているが、中指の場所が違う子どもが多いので、家庭とも連携して繰り返し知らせていく。たこ揚げ・こま回しなどの伝承遊びも楽しむことができた。暖かい時間に、戸外で体を動かして遊べるようにしたい。

1月 個人案

		D児（2歳9か月） 体を動かして遊んでいる	E児（2歳10か月） 冬の自然にふれている	F児（2歳11か月） 保育者と話すことを楽しむ
前月の子どもの姿 ○		○戸外に出て氷に触ったり体を動かしたりすることを楽しんでいる。	○戸外に出て氷を探したり触れたりして楽しんで遊んでいる。	○保育者や友達と言葉のやりとりを楽しみ、出来事や経験したことを話している
ねらい ★・内容 ☆		★冬の自然に触れて、体を動かすことを楽しむ。 ☆友達といっしょにお正月遊び（たこ揚げ）を楽しむ。	★冬の自然物を見たり、ふれたりすることを楽しむ。 ☆戸外で氷探しをして遊ぶ。	★ごっこ遊びを通して言葉のやりとりを楽しむ。 ☆発表会でする劇ごっこを楽しむ。 ☆劇の衣装を作って遊ぶ。
環境づくり ◆ と保育者の援助 ◇		◆保育者がポリ袋でたこを作っておく。 ◇『たこあげ』の歌をうたって、たこへの興味を持てるようにする。 ◇「風が吹いてくるほうに走ると、よく揚がるよ」と、言葉と動作で知らせる。	◆保育者がポリ袋のたことたこ糸を用意する。ポリ袋に油性フェルトペンで絵を描けるように準備しておく。 ◆氷を触ったあとは手を温められるように、湯を用意しておく。 ◇氷がどんなところにできているかに気づけるように園庭へ誘いかけたり、見つけたときの思いを受け止めたりする。	◆保育者がカラー不織布のチョッキを作っておく。ハサミも用意する。 ◇フリルの付いた服を見た子どもたちがおもしろがると思い、カラー不織布で作った衣装のすそにハサミの1回切りでヒラヒラを付けようと誘いかけて遊び、フリル付きの服をおもしろがる子どもに共感していく。
子どもの発達 ◎ と評価・反省・課題 ✻		◎たこ揚げを楽しみ、戸外遊びを楽しんでいる。保育者に言葉で楽しかったことなどを伝えている。 ✻友達とも言葉のやりとりを楽しめるよう仲介していきたい。	◎氷を見つけると喜んで触ったり容器に入れたりして楽しく遊ぶことができた。他児にも知らせ、冬の自然事象をみんなで発見することができた。	✻言葉のやりとりを楽しんでいるが、吃音になることがあるので焦らずにゆっくりと言うことで伝わることを知らせていきたい。

		第1週	第2週
週案的要素	クラスの生活と遊び（環境配慮）	・新しい年が始まる雰囲気を味わえるように、装飾や壁面飾りをしていく。 ・ふとんを干す。 ・エアコン・加湿器のフィルターを掃除する。 ・お正月遊びを楽しめるように玩具を用意しておく。	・冷えた手を温められるようにお湯を用意しておく。 ・ふとんを干す。 ・エアコン・加湿器のフィルターを掃除する。 ・言葉のやりとりを楽しみながら遊べるように玩具を用意しておく。

育ちメモ

2歳児クラスの子どもたちは、語彙数も増え、三語文が話せるようになります。言葉が理解できるようになると、イメージが育ち、見たて、つもり遊び、再現遊びが盛んになります。絵本も子どもの模

CD-ROM　1月　▶個人案_1

12月 P.133から

2月 P.153へ

保育者に伝えようとする	言葉のやりとりを楽しむ	泣いて感情を表す
G児（3歳）	H児（3歳2か月）	I児（3歳1か月）
○「せんせいみて」と、自分の行動を友達や保育者に認めてもらおうとしている。	○ごっこ遊びを通じて、友達や保育者と言葉のやりとりを楽しんでいる。	○自分の思いを、言葉でなく泣いて訴えることがある。
★楽しかったことを保育者に伝え、遊びの中で会話を楽しむ。 ☆自分の言葉で話し、それが相手に伝わる喜びを味わう。	★保育者や友達と表現遊びを楽しむ。 ☆保育者といっしょに言葉のやりとりをして遊んだり表現遊びをしたりする。	★自分の思いを言葉で伝える。 ☆ごっこ遊びでいろいろな役になって、それぞれの気持ちを味わう。
◆保育者が聞き役になり、安心して話ができる環境をつくる。 ◇保育者に伝えてきたときはゆったりと時間を取ってかかわり、思いを十分に認めていく。	◆『おおきなかぶ』の絵本を用意しておく。 ◇「うんとこしょ」＝ふたりの保育者、「どっこいしょ」＝子どもたちで、ロープを引っ張り合う遊びにして変化をつける。 ◆保育者もいっしょに表現し、子どものようすを見守ったり言葉にしたりしていく。	◆保育者がいつも笑顔でかかわるなど、安心できる環境をつくる。 ◆役になりきって遊べるように、玩具などをさまざまに用意しておく。 ◇子どもの思いを受け止め、言葉に表現できるようにする。 ◇焦らず、ゆっくり自分の思いを伝えられるようにする。
✻自分の思いが伝わらないと泣いて訴えることが多くなる。気持ちを受け止めて、ゆっくりと話すことを知らせていく。	✻言葉のやりとりを楽しんでいるが、不適切な言葉を使うときがあるので、繰り返し知らせていくようにしていく。	◎朝のあいさつ・帰りのあいさつは大きな声ですることが増える。日中、友達とのかかわりの中で思いが通じないと泣くが、保育者に伝わると泣きやみ、過ごしている。

1月 個人案

第3週	第4週
・手洗い・うがいの大切さを知らせられるように、紙芝居などを用意しておく。 ・ふとんを干す。 ・エアコン・加湿器のフィルターを掃除する。 ・いろいろな素材に触れ、作ることを楽しめるようにしておく。	・戸外で体を動かして遊ぶ機会を増やす。 ・気温に応じて通園服を着用するようにする。 ・エアコン・加湿器のフィルターを掃除する。 ・思い切り体を動かして遊べるように、広いスペースを用意しておく。

⤴ 倣遊びのきっかけになります。そんな遊びを通して友達とイメージを共有し、劇ごっこの表現ができ、生活発表会のテーマになって楽しみます。

1月 個人案

（12月 P.134から / 2月 P.154へ）

		J児（3歳3か月） 保育者に思いをぶつける	K児（3歳4か月） 絵本を楽しんでいる	L児（3歳5か月） はしを使い始めている
前月の子どもの姿 ○		○思いどおりにいかないときは、保育者の服を引っ張り、訴えることがある。	○好きな絵本を見つけ、繰り返しのある言葉に興味を持ち楽しんでいる。	○はしを使って食べようとするが、握りばしになり、スプーンを使って食べている。
ねらい★・内容☆		★自分で衣服の脱ぎ着を楽しみながらできるようにする。 ★自分の思いを言葉で伝えようとする。 ☆保育者に見守られながら、自分で着替えようとする。 ☆簡単な言葉で話し、保育者や友達とかかわる。	★友達といっしょに表現遊びを楽しむ。 ☆発表会でする劇ごっこを楽しむ。	★正しい持ち方を知り、はしを使って食べようとする。 ☆仲間集めでつまみ出しゲームをする。（全員が経験できるようにする）
環境づくり◆と保育者の援助◇		◇保育者がゆったりと笑顔で「どうしたの？」と、話を聞く時間を取る。 ◇「おててひとつずついれようね」と着替える順番がわかるようにことばがけし、自分でできたときはおおいに褒める。	◆劇で使う入退場やBGMの曲を用意する。 ◇子どもたちが歌ったり聞いたりしたことのある曲を選び、それに合わせてより楽しく劇ごっこができるようにする。	◆はし練習用に、1.5cmのキューブに切った赤・青・黄のスポンジ各30個くらいを混ぜて、紙皿3～4枚に盛っておく。 ◇はしでつまんで色分けする、楽しいはしの練習遊びをする。
子どもの発達◎と評価・反省・課題✽		◎鼻歌を歌ってきげん良く過ごす。午睡起きはきげんが悪く、思いどおりに衣服の着替えができないと泣いてしまうことが多い。	◎保育者や友達といっしょに表現遊びを楽しんでいる。リトミックなどリズムを取って体を使う遊びを楽しんでいけるようにする。	◎はしを使うことを喜んでいる。しかし、握りばしになっているので、家庭でも知らせていくよう伝え正しい持ち方に慣れていけるようにする。

		第1週	第2週
週案的要素	クラスの生活と遊び（環境配慮）	・新しい年が始まる雰囲気を味わえるように、装飾や壁面飾りをしていく。 ・ふとんを干す。 ・エアコン・加湿器のフィルターを掃除する。 ・お正月遊びを楽しめるように玩具を用意しておく。	・冷えた手を温められるようにお湯を用意しておく。 ・ふとんを干す。 ・エアコン・加湿器のフィルターを掃除する。 ・言葉のやりとりを楽しみながら遊べるように玩具を用意しておく。

育ちメモ　子どもが好きな絵本を、求めに応じて何度も繰り返し読み語りをしているうちに、絵本の登場人物の人物像や、せりふを覚えてしまって、それぞれの人物になりきって、体で表現したり、せりふを言っ

CD-ROM　1月　▶個人案_2

ボタン留め外しが苦手な M児(3歳6か月)	異年齢児と遊ぶのが好きな N児(3歳7か月)	はしを使って食べている O児(3歳3か月)
○ボタンの留め外しができず、保育者に援助を求めることがある。	○異年齢のおにいちゃん、おねえちゃんといっしょに遊ぶのが好きで喜んで遊んでいる。	○はしを使って食べることを喜んでいる。
★保育者に見守られながら身の回りのことを自分でしようとする。 ☆冬服のボタン、うがい・手洗い（長そでをまくる）、お湯で手を温めるなど、冬の生活を身につける。 ☆指先を使って遊ぶ。	★お正月の雰囲気を味わう。 ☆5歳児クラスの子どもといっしょに、お正月の伝承遊びをする。	★食事のマナーを身につける。 ☆食器に手を添えて、正しい持ち方ではしを使って食べようとする。
◆シールはり、友達とボタン留めっこ、仲間集めでつまみ出しゲームなど、指先を使う遊びを用意する。 ◇指先を使う遊びは、生活にもつながるので、早くからさまざまに取り入れながら、ていねいにかかわっていく。	◆おせち料理の写真、しめ飾り、百人一首やいろいろなカルタ、ひもで回すこまなどを用意しておく。 ◇5歳児といっしょに見たり説明を聞いたりして、いっしょに遊べるようにする。	◆はしとお茶わんの並べ方や食べ方を絵や写真でわかりやすく示す。 ◇食育としてもとらえ、ままごとなどでも取り入れながら、楽しく食事マナーが身につくようにする。
◎ていねいに身の回りのことをやろうとしている。ボタン掛けも、ゆっくりすると器用に手先を使っている。できると十分に褒め、自信をつけていく。	◎カルタの文字や絵に興味を持ち、5歳児とペアで行なったり、5歳児がこまを回すのを見て手を添えてやらせてもらったりする中で、大きくなることへのあこがれを持っている。	◎机の上や下に給食をこぼしてしまうことが多い。食器に手を添え、ていねいに食べるよう知らせていく。

第3週	第4週
・手洗い・うがいの大切さを知らせられるように、紙芝居などを用意しておく。 ・ふとんを干す。 ・エアコン・加湿器のフィルターを掃除する。 ・いろいろな素材に触れ、作ることを楽しめるようにしておく。	・戸外で体を動かして遊ぶ機会を増やす。 ・気温に応じて通園服を着用するようにする。 ・エアコン・加湿器のフィルターを掃除する。 ・思い切り体を動かして遊べるように、広いスペースを用意しておく。

1月 個人案

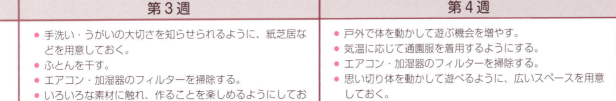

てやりとりをしだしたりします。それらしい小道具を用意して置くと自分たちで役を決め、劇遊びを展開します。日常の自然な生活の姿を発表会にします。

今月のねらい

年末年始の休み明けで、情緒不安や、生活リズムの不調な子どもが見られますが、園庭の霜をじゃりじゃり音を立てて踏んで遊んだり、ビニールだこを飛ばして冬の風を感じて解放させましょう。室内ではひもでつった羽根を突くなどして正月遊びをします。

文例
戸外で冬の自然事象に触れたり、室内で正月遊びを楽しんだりする。

健康・食育・安全

最近の家庭では、食材がそろわないとか、子どもがもちをのどに詰まらせると怖いとかで、ぞうにを食べて正月を祝わないことが多いと聞きます。伝承行事を子どもに伝えるためにも、園の給食に子どもが食べやすいぞうにを作ってもらいましょう。七草がゆも体によいものですので食べましょう。

文例
調理師に子どもに優しいぞうにを作ってもらって食べたり、七草がゆを食べたりして、お正月の余韻を楽しむ。

これも！おさえておきたい
1月の計画のポイントと文例

本指導計画の月案では、A～O児に合った今月のねらいなどを掲載しています。より参考にしていただけるように、ここでは、この月によくある、ほかにも押さえておきたいポイントを紹介しています。

保育者間の連携

ビニール袋で簡単に揚げられるたこを作っておき、興味を持った子どもからたこ揚げをしますが、ぶつからないようにグループ分けをし担当者を決めておきます。生活発表会の演目に応じた大道具、小道具などの準備、会場場所の割り当てなど、共通認識します。

文例
たこ揚げや生活発表会などの際の動きや環境について共通認識しておく。

家庭・地域との連携

年末、年始の休み明けなので、その間、旅行・帰省など、生活の変化の模様を伝えてもらいます。来客が多くてかまわれすぎ、甘えたがりになったり、情緒不安になったりなど、体調や精神的変化などもよく聞き取りましょう。個別のようすに合わせて受け入れます。

文例
休み明けなので、休み中の子どものようすを保護者に聞いて確認していく。

1月 日の記録

保育を振り返るために、また仕事の証として、日々の記録は欠かせません。ここでは例として、同じ日の月齢の近い6人を抜き出して掲載しています。次の計画に生かしましょう。

CD-ROM 日の記録フォーマット

1月26日（月）

時刻	C児（3歳3か月）	J児（3歳3か月）	K児（3歳4か月）	L児（3歳5か月）	M児（3歳6か月）	N児（3歳7か月）
8:15-45	登園 小	登園 小	登園	登園	登園	登園
9:15-45	間食(全) 鬼ごっこ 小	間食(全) 鬼ごっこ 小	間食(全) 戸外	間食(全) 戸外	間食(全) 戸外	間食(全) 戸外
10:15-45	ままごと パズル 小	パズル ままごと 小	小 ままごと パズル	小 ままごと パズル	小 ままごと パズル	小 パズル ままごと 小
11:15-45	弁当(全) 小	弁当(全) 小	弁当(全)	弁当(全)	弁当(全)	弁当(全)
12:15-45	12:20 ✓	12:20 ✓	12:20 小 ✓	12:20 ✓	12:20 ✓	12:20 小 大 ✓
13:15-45	✓	✓	✓	✓	✓	✓
14:15-45	✓ 14:40	✓ 14:40	✓ 14:35	✓ 14:35	✓ 14:40	✓ 14:40
15:15-45	小 間食(全)	間食(全)	間食(全)	間食(全)	間食(全)	間食(全)
16:15-45	延長保育へ	延長保育へ	小 延長保育へ	降園	延長保育へ	小 延長保育へ
17						
18						

主な保育の予定

本日のねらい
- 寒さに負けずに、戸外で体を動かして遊ぶことを楽しむ。

登園時に留意すること
- 休み中のようすを聞き、健康観察をていねいに行なう。

環境づくり（歌・絵本・素材・コーナーなど）
園庭を広く使えるように、他クラスと調整しておく。
気温に応じて通園服を着用する。

遊びの予定
戸外：鬼ごっこ
コーナー：ままごと、パズル

降園時に留意すること
- 1日のようすを伝えてあいさつをする。

保育の実際と評価・反省・課題

登園時の健康観察（異常 無・有… ）

養護（生命の保持と情緒の安定）にかかわること
暖房や加湿器を使い、保育室を快適な室温、湿度に保つように心がけた。

環境づくりについて
戸外で、みんなで手をつなぎ、『むっくり熊さん』の歌でふれあい遊びをした。かけっこなどで体を温めるほかに、友達や先生とのスキンシップを取り入れた暖の取り方もしていきたい。

保育者の援助について（チームワークを含む）
C児とJ児が言い合いをしているとき、伝えたいという気持ちを大切にしようと、すぐに仲介しないで少し見守ることにした。お互いの気持ちを受け止めると、落ち着いて遊びに向かっていった。

降園時の健康観察（異常 無・有… ）

小：排尿　大：大便　オ：オムツ交換　く：薬　給：給食　(全)：全食　茶：お茶　↓：睡眠

実践ポイント
お正月明けに着膨れた子どもが登園しますが、ビニールだこを見つけ、戸外へ飛び出すと、寒さに負けず、たこ揚げで走り回ります。

※ SIDS（シッズ）とは「乳幼児突然死症候群」と呼ばれる、睡眠中突然死する病気です。一定時間ごとに睡眠中の子どものようすを確認しましょう。ここでは 15 分ごとに複数の保育者でチェックしています。SIDS について詳しくは P.172 をご覧ください。

1月のふりかえりから2月の保育へ

今月のねらい（P.140 参照）
- 室温や湿度に留意し、健康に過ごせるようにする。
- はしを使って食べることに慣れる。
- 冬の自然にふれたり、友達といっしょにごっこ遊びやお正月遊びを楽しんだりする。

T先生（5年目）：私たちの保育はどうでしょう。場面を思い浮かべて振り返ってみましょう。

S先生（2年目）

ふりかえりポイント
- ◆ ねらいの設定は？
- ◆ 環境構成・援助は？
- ◎ 子どもの育ちは？

次月へのつながりは？

例えば…

N児（3歳7か月）の場合

★異年齢の友達といっしょに遊ぶことを楽しめるように、◆5歳児クラスと、カルタ、こまなどのお正月遊びをいっしょにする機会を設けたわね。

 はい。Nちゃんは、◎5歳のおにいちゃんがじょうずにこまを回すようすをじーっと見ていました。自分にはできないことができる存在は、あこがれの的ですね。

 そうね。手を添えてもらってこま回しに挑戦したり、ペアになってカルタをしたり、おにいちゃん、おねえちゃんの優しさにもふれたわね。

 はい。大きくなったらあんなことができるんだという期待になっていると思います。異年齢クラスとの交流をこれからもしていきたいですね。

O児（3歳3か月）の場合

 先月から、はしを使って食事することに挑戦していますよね。Oちゃんはそれがとてもうれしいようで、ままごと遊びでも、はしを使って食べるまねをしています。

 そうね。★正しいおはしの使い方を伝えるために、◆ふだんの遊びに取り入れたり、保護者に絵で伝えていっしょに取り組んでもらったりしたわね。

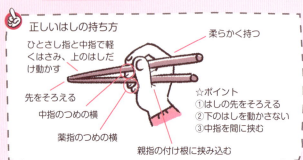

正しいはしの持ち方
- ひとさし指と中指で軽くはさみ、上のはしだけ動かす
- 柔らかく持つ
- 先をそろえる
- 中指のつめの横
- 薬指のつめの横
- 親指の付け根に挟み込む

☆ポイント
① はしの先をそろえる
② 下のはしを動かさない
③ 中指を間に挟む

 Oちゃんもなんですが、中指の位置がひとさし指の横にくるなど、正しい持ち方でない子どもがいます。そのつど私もしてみせて、知らせていきます。

 そうね。興味を持てるように、楽しみながら、はしに慣れていけるようにしましょうね。

伝えたい!! 園長先生のおはなし

キーワード　異年齢児へのあこがれ

2歳児も後半になると、周囲のことがよくわかるようになり、人間観察も広がります。特に自分にできない能力、目の前で見事にこまを回す年長のおにいちゃんの技量には、憧憬（しょうけい）のまなざしで見つめていますね。身近に刺激を受ける年長児の存在は子どもの向上心の目標になります。ペアでカルタをする交流は、成長への期待を持たせますね。

クラス全体では

次月の指導計画に生かせます！

 今月はインフルエンザが流行してしまいましたね。

 そうね。子どもたちの健康を守ることはもちろん、私たち保育者も感染源にならないようにしないとね。

 そうですね。寒さが続きますが、暖かい時間に戸外に出て、元気に遊べるようにしたいものです。

今月の評価・反省・課題（P.141 参照）

インフルエンザで休む子どもや保育者が増えた。室内の気温や湿度に気をつけ換気・掃除をして健康に過ごせるように、引き続きしていきたい。また、はしを使って食べているが、中指の場所が違う子どもが多いので、家庭とも連携して繰り返し知らせていく。たこ揚げ・こま回しなどの伝承遊びも楽しむことができた。暖かい時間に、戸外で体を動かして遊べるようにしたい。

2月

ねらいより
寒い時季を元気に過ごす。

月案（A〜C児） ・・・・・ P.150

友達を誘って遊ぶ
A児（2歳10か月）

言葉のやりとりを楽しむ
B児（3歳2か月）

戸外で体を動かす
C児（3歳4か月）

個人案（D〜I児） ・・・・・ P.152

語彙が増えてきた
D児（2歳10か月）

はしに興味を持っている
E児（2歳11か月）

友達と体を動かしている
F児（3歳）

ごっこ遊びが好きな
G児（3歳1か月）

はしに慣れ始めた
H児（3歳3か月）

絵本を楽しんでいる
I児（3歳2か月）

個人案（J〜O児） ・・・・・ P.154

積極的に戸外で遊ぶ
J児（3歳4か月）

言葉で保育者に伝える
K児（3歳5か月）

友達とやりとりして遊ぶ
L児（3歳6か月）

自分で脱ぎ着をしている
M児（3歳7か月）

保育者に泣いて訴える
N児（3歳8か月）

絵本の繰り返しの言葉を楽しむ
O児（3歳4か月）

これも！おさえておきたい
2月の計画のポイントと文例 ・・・・ P.156

日の記録 ・・・・・ P.157

2月のふりかえりから3月の保育へ ・・・ P.158

2月 月案

 CD-ROM 2月 ▶月案

今月のねらい（クラス全体としてのねらいです）

- 寒い時季を元気に過ごせるようにする。
- 身の回りのことを自分でしようとする。
- 思ったことや興味を持ったことを言葉で表し、やりとりを楽しむ。

* 💡マークのマーカーが引いてある部分は、ページ下部の解説とリンクしているのでご覧ください。
* 「今月のねらい」「健康・食育・安全」「保育者間の連携」「家庭・地域との連携」については、P.156の内容も、立案の参考にしてください。

	前月の子どもの姿	ねらい★・内容☆
友達を誘って遊ぶ A児（2歳10か月） 	○友達を誘って、同じ遊びを楽しんでいる姿が見られる。	★保育者や友達といっしょに言葉のやりとりを楽しむ。 ☆保護者や友達と豆まきごっこをとおして、言葉のやりとりをしてかかわる。
言葉のやりとりを楽しむ B児（3歳2か月） 	○友達とのかかわりの中で、言葉のやりとりを楽しみながら遊ぶ姿が見られる。	★友達と簡単なごっこ遊びを通して言葉のやりとりを楽しむ。 ☆さまざまなごっこ遊びをする。
戸外で体を動かす C児（3歳4か月） 	○園庭に出て鬼ごっこやたこ揚げを保育者や友達と楽しんでいる。	★体を動かして遊ぶことを楽しむ。 ☆戸外でしっぽ取りをする。 ☆園庭で友達とかけっこをする。

2月 月案 週案的要素

クラスの行事・生活・遊びの計画

	第1週		第2週	
	月 豆まきごっこ 火 掃除ごっこ 水 模倣遊び 木 なぐり描き 金 子育て支援児との交流	玩具・画用紙の豆、パス 歌・『豆まき』 絵本・『せつぶんだまめまきだ』『のせてのせて』	月 避難訓練、模倣遊び 火 製作遊び（ひな人形） 水 模倣遊び 木 しっぽ取り 金 生活発表会	玩具・飛び出す袋玩具 歌・『ゆげのあさ』 絵本・『てぶくろ』『のせてのせて』

💡書き方のヒント　いい表現から学ぼう！

身の回りのことが自分でできるようすや、生活発表会を通してのそれぞれの子どもの成長を知らせ、喜び合う機会を設ける。

理由 ▶ **成長した子どもを見て感動する保護者**

おおぜいの保護者の前でおじけず衣服の脱ぎ着を披露したり、のびのびと自分の役を演じ、友達と楽しげに歌をうたったりしているわが子の生活発表会の姿に、成長を実感し感動されます。

健康・食育・安全	保育者間の連携	家庭・地域との連携
●戸外と室内の気温差に気をつけ、暖房器具を使用し、換気をする。 ●食事マナーがわかり、はしを使って食べることを楽しむ。 ●霜や氷などで滑りやすくなっていないかなどを点検する。	●感染症の情報を共通理解し、換気や加湿などの配慮を確認し合う。 ●ホールや園庭で、運動遊びや表現遊びをする使用時間を話し合う。 ●3歳児クラスに遊びに行く時間を調整しておく。	●感染症の情報や発症状況を知らせ、予防方法を共通理解する。 ●身の回りのことが自分でできるようすや、生活発表会を通してのそれぞれの子どもの成長を知らせ、喜び合う機会を設ける。

環境づくり◆と保育者の援助◇	子どもの発達◎と評価・反省・課題✻
◆画用紙・ハサミ・鬼が出てくる絵本を用意し、鬼のお面や豆まきごっこの豆を保育者といっしょに子どもたちも画用紙で作って楽しめるようにする。 ◇「おにはそと」「ふくはうち」を、大きな声で言い、伝承行事を楽しめるようにする。	◎遊びの中での約束事を守ろうとし、友達や保育者のそばで同じ遊びを楽しんでいる。 ✻戸外遊びを通して、季節の変化も感じていけるようにしたい。
◆ままごと・お姫様ごっこ・お母さんごっこなどができるように、段ボール・玩具・エプロン・毛糸・不織布や、必要な物を作りたくなったときのためのハサミ・のりを、すぐ出せるようにしておく。 ◇時々、保育者がお客さんなどとして入って、言葉がもっと出るように働きかける。	◎ままごと遊びで役を演じることを楽しんでいる。友達や保育者といっしょに言葉のやりとりをしながら、イメージを膨らませている。
◆園庭の使用について他クラスと連絡を取り合い、広いスペースで遊べるようにする。 ◇しっぽの数を増やすなど、しっぽ取りにも新しいルールを入れて遊び、興味が増すようにする。	◎かけっこやしっぽ取りなど、戸外では体をたくさん動かして遊ぶことを楽しんでいる。足の力もついてきている。

2月 月案

第3週		第4週	
月 なぐり描き 火 絵の具遊び(手形) 水 身体計測、戸外遊び(伝承遊び) 木 3歳児クラスに遊びに行く 金 子育て支援児との交流	玩具・ハサミ・のり、パス、こま、ビニールだこ 歌・『ゆき』 絵本・『さよなら さんかく』	月 近くの森に行く 火 なぐり描き(散歩の絵) 水 3歳児クラスへ遊びに行く 木 誕生会に参加する 金 子育て支援児との交流	玩具・散歩バッグ 歌・『うれしいひなまつり』 絵本・『たまごにいちゃん』

評価・反省・課題
(P.158でくわしく説明!)

進級を楽しみに待てるように、3歳の保育室へ遊びに行った。進級を楽しみにしている子どもも出てきて、身の回りのことを"自分でしたい"という意欲も見られた。ひとりひとりの成長を振り返り、来年度への引き継ぎもていねいに行なっていきたいと思う。身の回りのことや登園時間などを保護者に知らせて、進級に向けて、家庭でも同じテンポで動いてもらえるようにする。また、発表会に向けて、言葉のやりとりや生活習慣をていねいにするように心がけた。

2月 個人案

（1月 P.142から → 3月 P.162へ）

	D児（2歳10か月） 語彙が増えてきた	E児（2歳11か月） はしに興味を持っている	F児（3歳） 友達と体を動かしている
前月の子どもの姿 ○	○語彙が増え、自分の思いを保育者や友達に言葉を使って伝えようとしている。	○はしに興味はあるが、握りばしになるのでスプーンを使って食べている。	○友達といっしょに追いかけっこやたこ揚げを楽しんでいる。
ねらい ★・内容 ☆	★自分の言葉で話そうとする。 ☆自分の思いが言葉で伝わることを知り、言葉のやりとりを楽しむ。	★はしの正しい持ち方を知る。 ☆はしが使いたくなる「つまみ出しゲーム」などの遊びをする。	★戸外で体を動かして元気に遊ぶことを楽しむ。 ☆鬼ごっこやしっぽ取りなどで元気に遊ぶ。
環境づくりと保育者の援助 ◆◇	◆保育者が笑顔で優しく聞いてくれる存在となり、折にふれ話を聞くようにする。 ◇「あのね、あのね」と、伝えたい気持ちをうまく言葉にできないときは、言いたいことを「○○なのね」と言葉で置き換え、伝える満足感を味わえるようにする。	◆豆まきごっこの画用紙の豆を多めに作って置いておいたり、はしやスプーンを選べるように用意しておいたりする。 ◇はしでつまんで皿に移し、数をかぞえる遊びとして楽しむ中ではしの正しい持ち方が身につくようにする。	◆保育者といっしょに走ったり追いかけられたりして楽しく遊べるようにし、友達といっしょに遊ぶ楽しさが感じられるようにする。
子どもの発達 ◎と評価・反省・課題 ✳	◎"自分でしたい"という気持ちが強く、着替えや、衣服を畳む際「じぶんで」と言葉で伝えようとする。	✳握りばしになりながらも、はしを使って食事しようという意欲がある。意欲を受け止め手を添えながら持ち方を知らせていく。	◎しっぽ取りやかけっこなど、体をたくさん動かして遊ぶことを喜び、楽しんでいる。 ✳簡単なルールのある遊びを楽しめるようにしていきたい。

週案的要素

クラスの生活と遊び（環境配慮）

第1週
- 室内の温度や湿度に留意して換気を行なう。
- ふとんを干す。
- エアコン・加湿器のフィルターを掃除する。
- 豆まきを楽しめるように、自分で作った鬼のお面や豆を用意しておく。

第2週
- 脱いだ服を畳みやすいように、ひとりひとりのスペースを広めにする。
- ふとんを干す。
- エアコン・加湿器のフィルターを掃除する。
- 表現遊びを楽しめるように、衣装や小道具を子どもたちの手が届くところに置いておく。

育ちメモ

人間の乳児は全面的に大人に依存し、教えられ、学習して身につけなければ人間になりえない社会的な存在です。人間が作り上げてきた社会の歴史的な文化の中から、生活様式を大人の介助によって学

G児（3歳1か月）ごっこ遊びが好きな	H児（3歳3か月）はしに慣れ始めた	I児（3歳2か月）絵本を楽しんでいる
○保育者や友達と言葉のやりとりを楽しみ、出来事や経験したことを話している。	○はしを使って食べることを喜んでいるが、つかめないときはスプーンに持ち替えている。	○好きな絵本を見つけ、繰り返しのある言葉に興味を持ち楽しんでいる。
★ごっこ遊びを通し言葉のやりとりを楽しむ。 ☆ピザ屋さんごっこのメニューを決めて、言葉を引き出しながら作る。	★食事のマナーを身につける。 ☆食器の場所やはしの持ち方を知り、楽しく食べる。	★友達や保育者といっしょに表現遊びを楽しむ。 ☆発表会でする劇ごっこ『のせてのせて』を楽しむ。（全員参加）
◆2〜3品のメニューを作る。 ◇メニューから注文された料理を作る。（例　パスタ＝毛糸・色紙／ピザ＝丸く切った段ボール・色紙　など） ◇子どもたちから出てきた言葉や動きを取り入れ、保育者や友達と言葉のやりとりを楽しめるようにする。	◆イラストや写真などで配ぜんのしかたがわかりやすいようにしておく。 ◇何をどう並べるのか、繰り返し伝え、自分でできた喜びを味わえるようにする。	◆本番と同じ衣装や小道具を身近に置いておき、生活発表会を楽しめるようにする。 ◇子どもから新しいアイディアが出たら、思いを十分に受け止めできる限り取り入れていく。
◎ままごと遊びでは料理を作ることを楽しみ「できたよ」とうれしそうに持ってくる。イメージが膨らむようなことばがけをしたい。	◎保育者に手を添えてもらいながら、はしを使って食事している。はしの正しい持ち方を知らせていく。	◎友達や保育者といっしょに、同じ遊びを楽しんでいる。

第3週	第4週
・はしの持ち方を知らせたりイスの座り方を知らせたりする。 ・ふとんを干す。 ・エアコン・加湿器のフィルターを掃除する。 ・描いたりはったりして製作ができるように、材料を十分に用意する。	・進級に少しずつ興味を持てるようにする。 ・ふとんを干す。 ・エアコン・加湿器のフィルターを掃除する。 ・友達と遊ぶことや簡単なルールのある遊びを楽しめるようにする。

2月 個人案

び取って身につけていく、つまり「しつけ」にほかならないといえます。3歳ごろになってやっと生活の基本的な習慣が身につき、少し自信を持ちます。

2月 個人案

	J児(3歳4か月) 積極的に戸外で遊ぶ	K児(3歳5か月) 言葉で保育者に伝える	L児(3歳6か月) 友達とやりとりして遊ぶ
前月の子どもの姿 ○	○衣服を自分で脱いだり、前後を確認しながら着たりするようになってきている。 ○戸外で遊ぶことに積極的になってきている。	○語彙が増え、楽しかったことなどを保育者や友達に言葉で伝えようとしている。	○友達とかかわりの中で、言葉のやりとりを楽しみながら遊ぶ姿が見られる。
ねらい ★ ・ 内容 ☆	★身の回りのことを自分でしようとする。 ★戸外で体を動かして遊ぶことを楽しむ。 ☆身の回りのことを自分でできたことを喜ぶ。 ☆保育者や友達といっしょに、戸外で氷探しをしたりしっぽ取りをしたりして遊ぶ。(全員参加)	★保育者や友達と言葉のやりとりを楽しむ。 ☆発表会でする劇ごっこ『のせてのせて』を楽しむ。(全員参加)	★友達と簡単なごっこ遊びを通して言葉のやり取りを楽しむ。 ☆友達といっしょに言葉のやりとりや表現遊びをする。
環境づくりと保育者の援助 ◆ ◇	◆衣服の脱ぎ着やかたづけなど、最後まで自分でできるよう十分に時間を取る。 ◇できたときには十分に褒める。 ◆遊びに必要な運動用具を用意する。 ◇生活面での自信が遊びでの積極性になっているので、体を動かすことにも誘っていくようにする。	◆本番と同じ衣装や小道具を身近に置いておく。 ◇子どもたちから出てくる言葉や動きを取り入れ、保育者や友達と言葉のやりとりを楽しむ。	◆ごっこ遊びが広がるように、さまざまな玩具や絵本を用意しておく。 ◇保育者もいっしょに入り、ひとりひとりの子どもの思いや言葉を受け止めながら、ごっこ遊びを盛り上げていく。
子どもの発達 ◎ と 評価・反省・課題 ✳	✳保育者に手伝ってもらうこともあるが、「じぶんで」と言いながら衣服を畳んで直す姿も増えてきている。進級に向けて、できることが増えるように、見守っていきたい。	◎生活発表会を楽しみに待ち、言葉のやりとりや保育者との会話を喜んでいる。進級を楽しみにできるようかかわっていくようにする。	◎発表会では、保育者や友達と言葉のやりとりをして楽しく参加していた。

週案的要素

	第1週	第2週
クラスの生活と遊び(環境配慮)	●室内の温度や湿度に留意して換気を行なう。 ●ふとんを干す。 ●エアコン・加湿器のフィルターを掃除する。 ●豆まきを楽しめるように、自分で作った鬼のお面や豆を用意しておく。	●脱いだ服を畳みやすいように、ひとりひとりのスペースを広めにする。 ●ふとんを干す。 ●エアコン・加湿器のフィルターを掃除する。 ●表現遊びを楽しめるように、衣装や小道具を子どもたちの手が届くところに置いておく。

育ちメモ　前ページで、しつけのことを書きましたが、もう少し詳しくいいますと、しつけとは、子どもが健康で安全に暮せるように、そして豊かな人間となって育ち、将来をたくましく幸福に生き抜いて、人間

M児 (3歳7か月)　自分で脱ぎ着をしている	N児 (3歳8か月)　保育者に泣いて訴える	O児 (3歳4か月)　絵本の繰り返しの言葉を楽しむ
○衣服の脱ぎ着を自分でしている。前後が気になり保育者に確認している。 ○おうちでひな祭りの人形を見たという話をしていた。	○自分の思いが言葉で伝わらないとき、泣いて訴えることが多い。	○好きな絵本を見つけ、繰り返しのある言葉に興味を持ち、楽しんでいる。
★身の回りのことを自分でしようとする。 ★ひな祭りのことを知る。 ☆衣服の脱ぎ着やボタン、前後など保育者に確認しながら自分で着替えようとする。 ☆伝承遊びの絵本を読んでもらったり歌をうたったりする。	★相手に自分の思いを言葉で伝えようとする。 ☆絵本や図鑑で知ったことを伝える。	★友達といっしょに表現遊びを楽しむ。 ☆友達と、絵本のせりふを繰り返し言い合って遊ぶ。
◆衣服の脱ぎ着やかたづけなど、最後まで自分でできるよう十分に時間を取る。 ◇できたときには十分に褒める。 ◆ひな祭りのことが載っている本やひな人形のパンフレットなどを用意しておく。 ◇ひな祭りについてわかりやすく話し、製作遊びなどに広げる。	◆動植物の絵本や図鑑を、手に取りやすい所に置いておく。 ◇「Nちゃん、こんなときは何て言うんだっけ？　教えて」と保育者が聞き、話しやすいようにする。	◆表現遊びを楽しめるよう、小道具や衣装を用意し、取り出しやすい場所に置いておく。 ◇保育者もいっしょになって、絵本の登場人物になりきり、楽しさを共有する。
※自分のペースではあるが、身の回りのことを自分でしたい気持ちを持っている。できるまで見守るなどして必要に応じて援助していく。	◎言葉で気持ちが伝わらないときは、保育者に伝えて仲介してもらって言っている。言葉のやりとりや会話を楽しみ、ごっこ遊びを楽しんでいる。	◎気の合う友達と同じ遊びをして誘い合って遊ぶ姿が見られるようになる。 ※集団での遊びを楽しめるようにしていきたい。

第3週	第4週
・はしの持ち方を知らせたりイスの座り方を知らせたりする。 ・ふとんを干す。 ・エアコン・加湿器のフィルターを掃除する。 ・描いたりはったりして製作ができるように、材料を十分に用意する。	・進級に少しずつ興味を持てるようにする。 ・エアコン・加湿器のフィルターを掃除する。 ・友達と遊ぶことや簡単なルールのある遊びを楽しめるようにする。

文化を次の時代へと推進していくための創造ができるような人格形成の基礎づくりこそがしつけです。未来への見通しを持った重要な営みです。

今月のねらい

2月は1年中でいちばん寒い季節ですが、寒くても元気に戸外でボール遊びやしっぽ取り遊びをして体を動かせ、暖かくなることを感じるような姿を目ざします。また、衣服の脱ぎ着や、トイレの排せつ、手洗い、うがい、身の回りのことを進んですることをねらとします。

文例
冬の寒さに負けず元気に過ごし、身の回りのことを自分から進んでできるようにする。

健康・食育・安全

外気が寒いので室内遊びが増えますが、走ることを習熟した2歳後半の子どもたちは、室内でボール遊びをしたり、巧技台の坂を上ったり下りたり、体を動かす遊びに興じます。子どもは周囲を見ていませんからぶつからないように、空間を工夫し安全に遊びます。

文例
体を動かして遊ぶことが増えるので、ぶつかるなどのけがが起きないように広い場を取ったり、気をつけたりする。

これも！おさえておきたい
2月の計画のポイントと文例

本指導計画の月案では、A〜O児に合った今月のねらいなどを掲載しています。より参考にしていただけるように、ここでは、この月によくある、ほかにも押さえておきたいポイントを紹介しています。

CD-ROM　2月▶文例

保育者間の連携

進級するにあたり、この1年の生活習慣の自立過程や課題、各種の発達の姿を話し合い、記録を整理して、次年度の担任保育者に引き継ぎできるよう、用意します。絵画や製作物は、個別の1年分をまとめ、成長の記念として保護者に渡せるように、作品集を作っていきます。

文例
進級するにあたり、子どもひとりひとりの生活習慣の自立過程や、発達の姿を把握し、記録を整理して引き継ぎの準備をする。

家庭・地域との連携

2歳の子どもが「ジブンデ」と主張し、がんばって身の回りのことをしようとする姿を、保護者の中には反抗ととらえて、かまおうとして子どもとトラブルになる姿があります。生活発表会などで子どもの成長をまのあたりにした機会に、自立の姿を受け止めてもらいます。

文例
簡単な身の回りのことを自分でしようとするようになってきているので、家庭でも見守ったり励ましたりして自分でしようとする気持ちを受け止めてもらう。

2月 日の記録

保育を振り返るために、また仕事の証として、日々の記録は欠かせません。ここでは例として、同じ日の月齢の近い6人を抜き出して掲載しています。次の計画に生かしましょう。

CD-ROM 日の記録フォーマット

2月 5日（木）

時刻	B児 （3歳 2か月）	D児 （2歳10か月）	E児 （2歳11か月）	F児 （3歳）	G児 （3歳 1か月）	I児 （3歳 2か月）
8:15/30/45	登園	登園 小	登園	登園 小	登園	登園 小
9:15/30/45	間食(全) 戸外	間食(全) 戸外	間食(全) 戸外	間食(全) 戸外	間食(全) 戸外	間食(全) 戸外
10:15/30/45	小 なぐり描き 絵本	小 なぐり描き 絵本	小 なぐり描き 粘土	小 なぐり描き 絵本	小 なぐり描き 粘土	小 なぐり描き 絵本
11:15/30/45	給(全) 小 小	給(全) 小 小	給(全) 小 小	給(全) 小 小	給(全) 小 小	給(全) 小 小 大
12:15/30/45	12:20 ↓	12:20 ↓	12:20 ↓	12:20 ↓	12:20 ↓	12:20 ↓
13:15/30/45						
14:15/30/45	↓ 15:00	↓ 15:00	↓ 15:00	↓ 15:00	↓ 15:00	↓ 15:00
15:15/30/45	小 間食(全)	小 間食(全)	小 間食(全)	小 間食(全)	間食(全)	小 間食(全)
16:15/30/45	オ 延長保育へ	オ 延長保育へ	オ 延長保育へ	オ 延長保育へ	降園	オ 延長保育へ
17:15/30/45						
18:15/30/45						

主な保育の予定

本日のねらい
- イメージしたものや描きたいものを、紙いっぱいに描くことを楽しむ。

登園時に留意すること
- 健康観察をていねいに行なう。

環境づくり（歌・絵本・素材・コーナーなど）
気温に応じて上着を着用して戸外に出るようにする。
ボールの空気が入っているか、確認しておく。

遊びの予定
戸外：ボール遊びを楽しむ。
パスでなぐり描きを楽しむ。

降園時に留意すること
- 園でのようすを伝え、生活発表会の手紙を渡す。

保育の実際と評価・反省・課題

登園時の健康観察（異常 (無)・有… ）

養護（生命の保持と情緒の安定）にかかわること
午睡時に、SIDSチェック・健康観察を行なうとともに、掛けぶとんがきちんと掛かっているか確認した。

環境づくりについて
なぐり描きでは、パスが友達の分と混ざらないように、自分の前に置くようにした。戸外でのボール遊びでは、異年齢クラスと連携し、広いスペースを利用して、満足いくまで遊ぶことができた。

保育者の援助について（チームワークを含む）
なぐり描きで、目や口を描いたり、「○○が△△しているところ」など言って、物語をイメージして描いたりしている。子どもが発した言葉ひとつひとつを拾い、それを、画用紙に書くようにした。

降園時の健康観察（異常 無・(有)…D児：ほほにすり傷あり ）

小：排尿　大：大便　オ：オムツ交換　く：薬　給：給食　(全)：全食　茶：お茶　↓：睡眠

実践ポイント1
進級を控えて、3歳児などと戸外へ出てボールのあてっこで逃げ回ったり、追いかけたりして体を動かして交流します。

※SIDS（シッズ）とは「乳幼児突然死症候群」と呼ばれる、睡眠中突然死する病気です。一定時間ごとに睡眠中の子どものようすを確認しましょう。ここでは15分ごとに複数の保育者でチェックしています。SIDSについて詳しくはP.172をご覧ください。

2月のふりかえりから3月の保育へ

今月のねらい（P.150参照）
- 寒い時季を元気に過ごせるようにする。
- 身の回りのことを自分でしようとする。
- 思ったことや興味を持ったことを言葉で表し、やりとりを楽しむ。

ふりかえりポイント
- ★ ねらいの設定は？
- ◆ 環境構成・援助は？
- ◎ 子どもの育ちは？
- 次月へのつながりは？

私たちの保育はどうでしょう。— T先生（5年目）
場面を思い浮かべて振り返ってみましょう。— S先生（2年目）

例えば…

G児（3歳1か月）の場合

★友達や保育者と言葉のやりとりを楽しめるように、◆ピザ屋さんごっこをしたわ。ピザの生地や具材を画用紙で作っておいて、お客さんとのやりとりでいろいろなピザを作ることができるようにしたの。

- すごく盛り上がっていましたね！
- そんなの。Gちゃんが「はいどうぞ」と言ってくれたから、◆「ありがとう。トマトいっぱいね、いいにおいだわ」とGちゃんの思いを受容すると、すごくうれしそうに笑顔を見せていたわ。子どもの言葉を、そのとおり取り入れて、認めることが、言葉のやりとりを活発にさせるのよ。
- なるほど…！ 生活発表会に向けても、子どもたちと言葉のやりとりをていねいにしていきます。

J児（3歳4か月）の場合

Jちゃんは、衣服を自分で畳もうとしています。★自分でしようとする気持ちを大切にし、できる喜びを味わえるように、★十分に時間を取って見守るようにしました。

- 3歳児クラスに遊びに行くようになって、進級への期待から、身の回りのことを自分でしようとしている姿が見られるわね。
- はい。Jちゃんが、自分ひとりできれいに畳めたときに、「ひとりで畳めたのね！ おねえちゃんだもんね」と言うと、大きくうなずいていました。
- Jちゃんの気持ちをよくくみとれているわね。自分でできることが自信になって、大きくなることへの期待も膨らむものよ。

伝えたい!! 園長先生のおはなし

キーワード　ごっこ遊びでの育ち

2歳半から3歳にかけて、遊びに重要な変化が現れるのですよ。自分が何の遊びをしているか意識化できること。実際の意味と仮の意味の心的分化が成立することです。「何屋さんですか？」「ピザ屋さんです」と遊びの名を挙げ、イメージした行動が取れます。その中で必要な言葉のやりとりがおこり、場面を共有して仲間関係が育つのです。

クラス全体では
次月の指導計画に生かせます！

- 3歳児クラスへ遊びに行ったことをきっかけに進級に期待を抱くようすがありますね。
- そうね。保護者にも、園での取り組みや子どもたちの成長のようすを伝えていきましょうね。保護者の進級への不安をなくせるように、話し合ったり、課題を確認し合うことも大切よ。

今月の評価・反省・課題（P.151参照）

進級を楽しみに待てるように、3歳の保育室へ遊びに行った。進級を楽しみにしている子どもも出てきて、身の回りのことを"自分でしたい"という意欲も見られた。ひとりひとりの成長を振り返り、来年度への引き継ぎもていねいに行なっていきたいと思う。身の回りのことや登園時間などを保護者に知らせて、進級に向けて、家庭でも同じテンポで動いてもらえるようにする。また、発表会に向けて、言葉のやりとりや生活習慣をていねいにするように心がけた。

3月

ねらいより
進級に期待を持って過ごす。

月案 （A〜C児） ・・・・・・ P.160

 ボタンの留め外しが苦手な
A児（2歳11か月）

 会話することが楽しい
B児（3歳3か月）

 遊びをまねようとする
C児（3歳5か月）

個人案 （D〜I児） ・・・・・・ P.162

 戸外で友達と遊んでいる
D児（2歳11か月）

 はしで食べようと挑戦する
E児（3歳）

 散歩先で自然物にふれる
F児（3歳1か月）

 座って排せつしている
G児（3歳2か月）

 約束事がわかる
H児（3歳4か月）

 絵を描くことを楽しんでいる
I児（3歳3か月）

個人案 （J〜O児） ・・・・・・ P.164

 友達を誘って遊ぶ
J児（3歳5か月）

 はしで食べることがうれしい
K児（3歳6か月）

 戸外遊びが好きな
L児（3歳7か月）

 保育者に言葉で伝えようとする
M児（3歳8か月）

 ほかの友達の遊びに関心を持つ
N児（3歳9か月）

 戸外で体を動かす
O児（3歳5か月）

これも！おさえておきたい

3月の計画のポイントと文例 ・・・・ P.166

日の記録 ・・・・・・・・・・・・ P.167

3月のふりかえりから次年度へ ・・・ P.168

3月 月案

CD-ROM　3月 ▶月案

今月のねらい（クラス全体としてのねらいです）

- 進級に期待を持って過ごせるようにする。
- 友達や異年齢児とかかわって遊び、進級を楽しみに待つ。
- 春の訪れを感じながら、のびのびと戸外遊びを楽しむ。

* マークのマーカーが引いてある部分は、ページ下部の解説とリンクしているのでご覧ください。
* 「今月のねらい」「健康・食育・安全」「保育者間の連携」「家庭・地域との連携」については、P.166の内容も、立案の参考にしてください。

	前月の子どもの姿	ねらい★・内容☆
ボタンの留め外しが苦手な A児（2歳11か月）	○衣服ボタンの留め外しが自分でできず、援助を求めることが多い。	★生活習慣全般の自立を目ざす。 ☆保育者に見守られながら、身の回りのことを自分でしようとする。
会話することが楽しい B児（3歳3か月）	○「せんせいみて」と、自分の行動を友達や保育者に認めてもらおうとしている。	★楽しかったことを保育者に伝え、遊びの中で会話を楽しむ。 ☆保育者や友達と言葉のやりとりをする。
遊びをまねようとする C児（3歳5か月）	○3歳児の遊びや異年齢児の遊びに関心を持ち、まねようとしている。	★友達や異年齢児とかかわって遊ぶことを喜ぶ。 ☆異年齢児と過ごす中で進級することを楽しみにする。

3月 月案　週案的要素

クラスの行事・生活・遊びの計画

第1週
- 月 掃除ごっこ
- 火 幼児の体操を見に行く
- 水 絵を描いて楽しむ（顔・花）
- 木 フラワーペーパー遊び
- 金 子育て支援児との交流
- 玩具・のり・ボタンなど
- 歌・『うれしいひなまつり』
- 絵本・『てぶくろ』

第2週
- 月 身体計測、戸外遊び
- 火 幼児の体操を見に行く
- 水 誕生会、輪つなぎ作り
- 木 3歳児クラスへ遊びに行く
- 金 ままごと遊び
- 玩具・ボール・三輪車
- 歌・『ちいさな畑』『むっくり熊さん』
- 絵本・『おおきくなるっていうことは』

書き方のヒント　いい表現から学ぼう！

ひとりひとりの成長を、記録や言葉で具体的に伝え、成長を喜び合ったり、課題を認め合ったりして、安心して進級に向かえるようにする。

理由　子どもの成長を喜び合う

生活習慣の自立の過程を確認したり、各機能の成長、ルールを守るなどの社会性の育ちや課題なども懇談会で確認したりして、安心して進級に向かえるようにします。

健康・食育・安全	保育者間の連携	家庭・地域との連携
●朝夕と日中との気温差があるので室温に留意する。 ●イチゴや春野菜の生長を楽しみに待つ。 ●進級に向けて使用する玩具を点検しておく。	●異年齢のクラスの担任と連絡を取り合い、交流する日時や遊びを話し合っておく。 ●ひとりひとりの子どもの成長を喜び、来年度への引き継ぎが行なえるように確認しておく。	●ひとりひとりの成長を、記録や言葉で具体的に伝え、成長を喜び合ったり、課題を認め合ったりして、安心して進級に向かえるようにする。 ●年度末、年度初めの案内を渡す。

環境づくり◆と保育者の援助◇	子どもの発達◎と評価・反省・課題✹
◇生活全般について温かく見守り、必要に応じて援助しながら、自分でできるようにする。 ◇本児のペースを大切にし、できたときは十分に褒める。	◎座って落ち着いていると、ボタンも自分で留めようとしている。ていねいに畳むことを知らせ、衣服の後始末を自分でしようとする。
◇保育者がいちばんの聞き役として、子どもが話しやすく、自分の話を整理できるように、「だれと？」「どこで？」など相いづちを打つ。	✹いやなことや気に入らないことも、保育者に気持ちを伝えようとしている。「やめて」と友達に直接言うよう知らせていく。
◇いっしょに遊んだことや手伝ってもらったことなど楽しかったことを思い出し、プレゼント作りに励めるようにする。	◎日ごろの遊びの中でも、いっしょに遊んだり、かかわったりして遊んでもらう姿が見られるようになった。進級への期待も膨らんでいる。

第3週

- 月 お別れ会、避難訓練
- 火 幼児の体操を見に行く
- 水 しっぽ取りゲーム
- 木 戸外遊び
- 金 修了式、5歳児を見送る

玩具・色遊び玩具
歌・『はるですねはるですよ』
絵本・『たまごにいちゃん』

第4週

- 月 戸外で春探しをする
- 火 輪つなぎ作り
- 水 輪つなぎ作り
- 木 運動遊び
- 金 戸外で春探しをする

玩具・押し花遊び・図鑑
歌・『春が来た』
絵本・『はらぺこあおむし』

評価・反省・課題
(P.168でくわしく説明!)

3歳児の保育室へ遊びに行ったり、体操を見学しに行ったりして、進級に期待が持てるようにした。子どもたち自身も「つぎは○○ぐみ」とワクワクしているようすが見られる。また、「もうすぐ○○組だからがんばろうね」と声をかけると、ひとりで身の回りのことをしようと、気持ちを高めている。また、5歳児クラスの友達との交流を通して、"いっしょに遊んでくれてありがとう"という気持ちを伝えることができた。

3月 月案

3月 個人案

	D児（2歳11か月）戸外で友達と遊んでいる	E児（3歳）はしで食べようと挑戦する	F児（3歳1か月）散歩先で自然物にふれる
前月の子どもの姿○	○戸外で友達といっしょに追いかけっこや遊具でいっしょに遊びを楽しんでいる。	○はしやスプーンの持ち方を確認しながら、自分で食べ進めている。 ○3歳児といっしょに遊ぶことを楽しみにしている。	○散歩に出かけたり、園庭で遊んだりしながら小さな虫や花を見つけて楽しんでいる。
ねらい★・内容☆	★戸外で友達や保育者と体を動かして遊ぶことを楽しむ。 ☆『むっくり熊さん』の歌に合わせて体を動かす。	★食べ物の種類により、はしやスプーンに持ち替えて食べる。 ☆3歳児クラスといっしょに食事をする。	★散歩や園庭で春の草花を見つけたり触れたりすることを楽しむ。 ☆タンポポ見つけ遊びをしながら散歩する。
環境づくり◆と保育者の援助◇	◆暖かくなってきた日ざしを感じられるように、体を動かすときは戸外の日なたで遊ぶ。 ◇子どもたちの動きに合わせて、歌のテンポを早くしたり遅くしたりして、うたう。	◆おにいちゃん・おねえちゃんがじょうずにはしを使っているのを見てあこがれを持てるようにする。 ◇ゲームなどを通して、はしでつまむことが楽しくなる遊びを引き続きしていく。	◆保育者や友達といっしょに見られるように、動植物の図鑑や、絵本を保育室に用意しておく。 ◇タンポポの花について知っていることを話すようすに耳を傾け、自然への興味に共感する。
子どもの発達◎と評価・反省・課題✽	✽巧技台や一本橋から降りるのに、ためらい、保育者の顔を見ている。手をつなぐと、降りたり渡ったりしている。安心できるようにそばに寄り添い、徐々に慣れていけるようにする。	✽はしの持ち方が握りばしになっている。また、ほとんどスプーンやフォークを使っている。正しいはしの使い方や注意点を、手紙などで配布し、家庭でも取り組んでもらう。	◎草や花、生き物を見つけると「あっ！」と指さし、見つけたことを喜んでいる。自然に興味を持ち、発見を楽しんでいる。

週案的要素

クラスの生活と遊び（環境配慮）	第1週	第2週
	・衣服の脱ぎ着やかたづけが最後まで自分でできるように、広さや時間を十分に確保しておく。 ・ふとんを干し、エアコン・加湿器のフィルターを掃除する。 ・のりやいろいろな素材にふれて作ることを楽しめるように用意しておく。	・幼児の集会に参加して進級を楽しみに待てるようにしていく。 ・戸外で異年齢児とかかわりながら遊べるように、運動用具を用意しておく。

育ちメモ

3歳未満児の未熟な子どもの生活のために、保育者や保護者が「健康な生活」を守り闘い取ってきました。子どもの「健康な生活」の条件として◎食欲があって食事をおいしく食べられる。◎便通が調

3月 ▶個人案_1

座って排せつしている	約束事がわかる	絵を描くことを楽しんでいる
G児（3歳2か月）	**H児（3歳4か月）**	**I児（3歳3か月）**
○パンツやズボンを全部脱がずに排せつをしている。洋式便器に座って排せつしている。 ○暖かくなってきたので、戸外遊びが多くなってきた。	○順番に並ぶことや約束事があることがわかり、守ろうとしている。	○絵を描くことを楽しみ、イメージしたものを形にしようと楽しんでいる。
★自分からトイレに行き、排せつをできるようにする。 ★春の外気や日ざしにふれて楽しむ。 ☆男児用小便器で排せつする。 ☆しっぽ取りをして体を動かして遊ぶ。	★簡単なルールを守り遊ぶことを楽しむ。 ☆サーキット運動の器具をかたづけるのを手伝う。	★はったり描いたりすることを楽しむ。 ☆保育者といっしょに3月の壁面を飾ったり、好きなものを作ったりする。
◆トイレに行くのが楽しみになるように、立つ場所や便器にかわいいマークを付ける。 ◇立って排せつできたときは十分に褒める。 ◇しっぽ取りの鬼決めを、保育者主導でなく子どもといっしょに決めるなど、ルールを話し合うようにする。	◆3歳児になる自覚が出てきているので、保育者が意識してH児の気持ちをクラスに伝えていく。 ◇保育者も加わり、簡単なルールを伝えたり、友達とかかわりを楽しめたりできるよう援助する。	◆色画用紙（黄・緑）・のり・ハサミを用意しておき、はったり描いたりを楽しめるようにする。 ◇タンポポの花や黄色い花をたくさん作って、保育者といっしょに壁面にはる。
◎戸外で友達といっしょに、追いかけっこや遊具で遊びを楽しんでいる。 ◎自分から男児用小便器の前に立つようになってきた。	◎サーキット遊びでも一本橋に乗る順番を守り、友達の後ろについたり、友達に「うしろにならびや」と声をかけたりする姿があった。	◎のびのび絵を描くことを楽しんでいる。また、歌をうたったり手遊びも楽しんだりしており、表現遊びを楽しんでいく。

第3週	第4週
●3歳児のクラスに遊びに行く機会を多く持つ。 ●保育室の掃除をして、引き渡すことを伝えられるようにする。 ●ルールのある遊びを楽しめるように、いろいろな玩具を用意しておく。	●春が近づいていることに気がつけるように壁面などを変えていく。 ●春を感じられるように、草花に触れる時間を十分に取るようにする。 ●のびのびと全身を使って体を動かせる遊びを楽しめるように用意しておく。

っている。◎よく眠り元気良く起きる。◎体に苦痛がなく動く気力がわく。◎朗らかに明るくいろいろな活動ができる　などを目ざしてきました。

3月 個人案

2月 P.154から

	J児（3歳5か月）友達を誘って遊ぶ	K児（3歳6か月）はしで食べることがうれしい	L児（3歳7か月）戸外遊びが好きな
前月の子どもの姿 ○	○友達を誘って同じ遊びを楽しむ姿が見られる。	○はしを使って食べることを喜んでいるが、中指の場所が異なることが多い。	○戸外で、友達といっしょに追いかけっこや体を動かすことを楽しんでいる。
ねらい★・内容☆	★友達とのつながりを広げてみんなで遊ぶことを楽しむ。 ☆戸外や室内で、かくれんぼうなど簡単なルールのあるゲームをして遊ぶ。	★正しい持ち方ではしを持ち、食事をすることを楽しむ。 ★指先を使う遊びを楽しむ。 ☆はしで食べる。 ☆簡単な折り紙を折って遊ぶ。	★春の草花を見つけたり触れたりして戸外遊びを楽しむ。 ☆「春」に気づき、保育者に知らせる。
環境づくりと保育者の援助 ◆◇	◆最初は保育者が鬼になり、次は子どもと保育者が鬼役、そして子どもたちだけでできるように、と展開する。 ◇保育者もゲームに加わりながらルールをわかりやすく伝えたり、友達とのかかわりを楽しめるよう援助したりする。	◇保育者が手を添えて、「中指をこうするとつまみやすいよ」と教えていく。 ◇折ったチューリップを画用紙にたくさんはれるように、遊びに合わせて用意する。	◆チューリップなど、春の自然に触れられる場所を探しておく。 ◆子どもの言葉に耳を傾けたり、指さすものを同じ目線で見たりして、発見や驚きに共感する。
子どもの発達と評価・反省・課題 ◎※	◎話すことが多くなり、口数も増え、友達や保育者に話し掛けたり、ひとり言をいうことが目だってきている。 ※絵本を通して、言葉を知っていけるようにしていきたい。	◎はしの正しい持ち方を知り、違っていたら自分で直そうとする。 ※必要に応じて手を添えて配慮していくようにする。	◎「みて！こっちにこんなおはながあったよ」「むしさんいた」と、戸外に出ると花や虫など自然物に興味を持っている。 ※春の訪れを肌で感じられるようにしていきたい。

週案的要素

クラスの生活と遊び（環境配慮）	第1週	第2週
	● 衣服の脱ぎ着やかたづけが最後まで自分でできるように、広さや時間を十分に確保しておく。 ● ふとんを干し、エアコン・加湿器のフィルターを掃除する。 ● のりやいろいろな素材に触れて作ることを楽しめるように用意しておく。	● 幼児の集会に参加して進級を楽しみに待てるようにしていく。 ● 戸外で異年齢児とかかわりながら遊べるように、運動用具を用意しておく。

育ちメモ

もうすぐ3歳児クラスへの進級です。ひとりひとりの子どもの成長発達の記録を確かめながら、保育者間で確認や引き継ぎをしてきたことでしょう。ひとりひとりの子どもにも、生活習慣自立過程の

CD-ROM ▶3月 ▶個人案_2

保育者に言葉で伝えようとする	ほかの友達の遊びに関心を持つ	戸外で体を動かす
M児（3歳8か月）	**N児**（3歳9か月）	**O児**（3歳5か月）
○いやなことがあると言葉で保育者に伝えようとしている。	○友達や異年齢児の遊びに関心を持ち、そばで見ていることがある。	○戸外に出て走ったり、体を動かしたりすることを楽しんでいる。
★自分の思いを言葉で伝えようとする。 ☆思いを伝え合いながら幼児クラスの異年齢児と遊ぶ。	★3歳児へのあこがれを持ち、進級の気持ちを高める。 ☆異年齢児と過ごすことを楽しみ、進級を楽しみに待つ。 ☆3歳児クラスに行って遊ぶ。	★戸外で、保育者や友達と体を動かして遊ぶことを楽しむ。 ☆サーキット運動遊びや表現遊びなど、全身を使った遊びをする。
◇遊びの中で必要な言葉を知らせたり、友達や異年齢児とかかわったりして遊べるようにする。 ◇伝えようとする気持ちを大切にし、目を合わせてM児の気持ちを受け止める。	◆違う環境（3歳児の保育室やトイレなど）にも安心して入っていけるようにする。 ◇3歳児の遊びに興味を持ったときは、保育者もいっしょに入り、安心して遊べるようにする。	◆運動遊具を出し、安全点検をしておく。 ◇「暖かくなったから、寒くて小さくなっていた筋肉をのびのびさせるよ」と、ストレッチ体操から始める。
✱いやなことや思いどおりにいかないことがあると泣く姿がある。気持ちを受け止めて、「言葉で伝えてごらん」と、言葉で言うように知らせていきたい。	◎5歳児クラスの友達と給食を食べたり遊んだりして、異年齢児とのかかわりの場を多く持つことができた。	◎足の力がつき、かけっこや三輪車をこぐことを楽しんでいる。三輪車では、前輪に足を掛け、しっかり踏み込んで、前に進めている。

第3週	第4週
● 3歳児のクラスに遊びに行く機会を多く持つ。 ● 保育室の掃除をして、引き渡すことを伝えられるようにする。 ● ルールのある遊びを楽しめるように、いろいろな玩具を用意しておく。	● 春が近づいていることに気がつけるように壁面などを変えていく。 ● 春を感じられるように、草花に触れる時間を十分に取るようにする。 ● のびのびと全身を使って体を動かせる遊びを楽しめるように用意しておく。

表にシールをはって自信を持てるようにしたり、次はこれに挑戦しようと約束したり、進級への期待と意欲を持てるようにしましょう。輝かしい明日のために。

今月のねらい

食事のときにはしを使って自分で最後まで食べられると、うれしそうに空の食器を見せています。戸外へ出るときは上着をひとりで着て靴を履き、保育者に賞賛のほほ笑みをもらって、のびのびと3歳クラスの子どもたちと交流し、進級に期待を持っている姿です。

文例
身の回りのことが自分でできる喜びを感じ、安心して進級に期待を持つ。

健康・食育・安全

2歳児が次年度へ進級する3歳児クラスの環境に慣れるように、部屋で3歳クラスの玩具で遊んだり、トイレを使ったりするのですが、慣れない動線で友達とぶつかったり、敷居につまずいて転んだりすることがあります。事前に予測してけがに注意します。

文例
3歳児のクラスで過ごすときは、慣れない場所での子どもの行動に注意して、けがのないようにする。

これも！おさえておきたい
3月の計画のポイントと文例

本指導計画の月案では、A〜O児に合った今月のねらいなどを掲載しています。より参考にしていただけるように、ここでは、この月によくある、ほかにも押さえておきたいポイントを紹介しています。

CD-ROM　3月 ▶文例

保育者間の連携

3歳児クラスや異年齢クラスの保育室に遊びに行けるように、各クラスの担任と連絡を取り合い、日時を決めておきましょう。また、そのときの活動内容や過ごし方や役割分担などを保育者間で話し合っておきます。情緒不安になりやすい子どもはあらかじめ知らせます。

文例
異年齢児クラスの担任と連携を図り、交流する日時や内容を話し合っておく。

家庭・地域との連携

進級するに当たって必要なものを知らせ、準備してもらいます。また、持ち物、衣類の名前の記入もれがないか、点検してもらうように、クラス便りなどで連絡していきます。ひとりひとりの成長・発達のようすを個人懇談会で話し合い、喜びを共有します。

文例
進級にともない準備するものや、3歳でのデイリープログラムなどを、事前に園便りなどで配布し、安心して進級してもらう。

3月 日の記録

保育を振り返るために、また仕事の証として、日々の記録は欠かせません。ここでは例として、同じ日の月齢の近い6人を抜き出して掲載しています。次の計画に生かしましょう。

CD-ROM 日の記録フォーマット

3月13日（金）

時刻	C児 (3歳5か月)	J児 (3歳5か月)	K児 (3歳6か月)	L児 (3歳7か月)	N児 (3歳9か月)	O児 (3歳5か月)
8	登園 / 小	登園 / 小	登園	登園	登園	登園
9	間食(全) / ままごと	間食(全) / 輪つなぎ	間食(全) / ままごと	間食(全) / ままごと	間食(全) / 輪つなぎ	間食(全) / 輪つなぎ
10	小 / 輪つなぎ / 小	小 / ままごと	小 / 輪つなぎ	小 / 輪つなぎ	小 大 / ままごと	小 / ままごと
11	給(全) / 小	給(全) / 小	給(全)	給(全)	給(全)	給(全)
12	12:20 ↓	12:20 ↓	12:20 ↓	12:20 ↓	12:20 ↓	12:20 ↓
13	↓	↓	↓	↓	↓	↓
14	↓ 15:00	↓ 15:00	↓ 15:00	↓ 15:00	↓ 15:00	↓ 15:00
15	小 / 間食(全) / 小	小 / 間食(全)	小 / 間食(全)	小 / 間食(全)	小 / 間食(全)	小 / 間食(全)
16	延長保育へ	延長保育へ	小 / 延長保育へ	小 / 降園	小 / 降園	小 / 延長保育へ
17						
18						

主な保育の予定

本日のねらい
- 言葉のやりとりを楽しむ。

登園時に留意すること
- 健康観察をていねいに行なう。

環境づくり（歌・絵本・素材・コーナーなど）
保育室を温めておく。
机やテーブルクロスを出し、ままごとの雰囲気を楽しめるようにする。

遊びの予定
ままごと遊びを楽しむ。
のりと色紙で、輪つなぎを作る。

降園時に留意すること
- 園でのようすを伝え、入園進級式についての手紙を渡す。

保育の実際と評価・反省・課題

登園時の健康観察（異常　無・㊲…O児：自宅で、自分で作ったひっかき傷が、鼻付近にある）

養護（生命の保持と情緒の安定）にかかわること
ふとんをかたづける際は、ほこりが舞わないように窓を開け換気をした。

環境づくりについて
ままごとでは、食事をする場所と料理する場所を、テーブルクロスなどでわかりやすく区別できるようにした。「おべんとうできたよー！」と言って、なりきることを楽しんでいる。

保育者の援助について（チームワークを含む）
玩具の取り合いが減り、「あとでかして」「いいよ」という言葉が子どもたちから出ており、J児は、「くちでいえたよ」と教えてくれる。「きちんと言えたね」と認め、おおいに褒めていきたい。

降園時の健康観察（異常　㊲・有…　　　）

小：排尿　大：大便　オ：オムツ交換　く：薬　給：給食　(全)：全食　茶：お茶　↓：睡眠

実践ポイント
自己主張をむき出しに玩具を取り合っていたのが、物を譲り合い、言葉で意志を伝え、ルールを実行していますね。

※ SIDS（シッズ）とは「乳幼児突然死症候群」と呼ばれる、睡眠中突然死する病気です。一定時間ごとに睡眠中の子どものようすを確認しましょう。ここでは15分ごとに複数の保育者でチェックしています。SIDSについて詳しくはP.172をご覧ください。

3月のふりかえりから次年度へ

今月のねらい (P.160参照)
- 進級に期待を持って過ごせるようにする。
- 友達や異年齢児とかかわって遊び、進級を楽しみに待つ。
- 春の訪れを感じながら、のびのびと戸外遊びを楽しむ。

私たちの保育はどうでしょう。
場面を思い浮かべて振り返ってみましょう。

T先生(5年目)　S先生(2年目)

ふりかえりポイント
- ★ ねらいの設定は？
- ◆ 環境構成・援助は？
- ◎ 子どもの育ちは？
- 次月へのつながりは？

例えば…

C児（3歳5か月）の場合

◆5歳児の卒園に向けて、「いっしょに遊んでくれてありがとう」の気持ちを伝える絵のプレゼントをしたわね。

はい。◆「いっしょにかけっこしたの楽しかったよね」「○○ちゃんとても優しかったね」など、思い出を伝えたことで、思い出して描いていましたね。

そうね。◎Cちゃんは、仲よく遊んでいた「Pちゃんにあげる！」と言って描いていたの。Pちゃんに渡したときには、「ありがとう」と言ってもらえてうれしそうだったわ。

卒園していくさみしさも感じながら、「あんなおねえちゃんになるんだ」という期待も膨らむ経験になったでしょうね。

H児（3歳4か月）の場合

Hちゃんは、手を洗うときや、遊びのときなど、順番を守って、並ぶことができています。◆Hちゃんを褒めることで、◎ほかの子どもたちも順番を守ろうとする姿が見られてきました。

◎Hちゃんの姿を周りの子どもたちが認めて、取り入れようとしているのね。まさに人的環境ね。

はい！ Hちゃんをはじめ、「つぎは○○ぐみ」と進級を楽しみにする子どもたちの姿がよく見られます。3歳児クラスのおにいちゃん、おねえちゃんの姿も刺激になっているんだと思います。

そうね。Hちゃんに、3歳児クラスの子どもたちがよい刺激を与えて、進級に期待を持ちながら生活習慣の自立を図れたのね。

園長先生のおはなし　伝えたい!!

キーワード　3歳児クラスへの引き継ぎ

2歳の1年間は各器官の成長・発達は素晴らしく、脳の発達は大人の5分の4ほどにまでになります。生活習慣の自立の過程、身体、心情、社会性などの発達記録を残していますね。それぞれに成長・発達の個人差がありますから、課題の確認も大切ですよね。ひとりひとりの記録をまとめ、3歳児クラスへ引き継ぎをすることは責任のバトンタッチです。

クラス全体では

次年度の指導計画に生かせます！

異年齢クラスとの交流を通して、子どもたちが進級を楽しみにする気持ちをはぐくめましたね。

そうね。それでもやっぱり、新しい環境は不安になるものよ。ひとりひとりの成長をしっかり記録に残したり、話し合ったりして、次年度の担当者にしっかり引き継いでいきましょうね。

今月の評価・反省・課題 (P.161参照)

3歳児の保育室へ遊びに行ったり、体操を見学しに行ったりして、進級に期待が持てるようにした。子どもたち自身も「つぎは○○ぐみ」とワクワクしているようすが見られる。また、「もうすぐ○○組だからがんばろうね」と声をかけると、ひとりで身の回りのことをしようと、気持ちを高めている。また、5歳児クラスの友達との交流を通して、"いっしょに遊んでくれてありがとう"という気持ちを伝えることができた。

第3章

ここでは、指導計画以外のさまざまな資料や計画例を掲載しています。園全体では、共通理解を持って進めていけるようにしましょう。

計画サポート集

- 施設の安全管理 ・・・・・・・・・・・・・・・ P.170
- 健康支援 ・・・・・・・・・・・・・・・・・・・・・ P.172
- 避難訓練 ・・・・・・・・・・・・・・・・・・・・・ P.174
- 食育 ・・・・・・・・・・・・・・・・・・・・・・・・・ P.176
- 子育て支援 ・・・・・・・・・・・・・・・・・・・ P.180

施設の安全管理

保育中の子どもたちの事故防止のために園内外の安全点検に努めると同時に、保育者間で共通理解を図る必要があります。下に示す一例を見ながら、あなたの園をイメージしてみましょう。

施設の安全管理チェックリスト　保育室

共通チェック
- ☑ 破損はないか
- ☐ 危険物は落ちていないか（口に入りそうなもの・とがっているもの）

出入り口
- ☐ 外れやすくなっていないか
- ☐ 開閉はスムーズにできるか
- ☐ 出入りにじゃまなもの・危険物は放置していないか

備品
- ☐ 戸棚、ロッカーなどは倒れやすくなっていないか

窓
- ☐ 窓・戸は外れやすくなっていないか
- ☐ 開閉はスムーズにできるか
- ☐ カーテンは安全につって使用しているか
- ☐ ガラスのひび・窓枠の破損はないか
- ☐ 身を乗り出すことのできるようなものを窓際に置いていないか

出入り口

床
- ☐ 床板の破損はないか
- ☐ 床板は滑りやすくなっていないか
- ☐ 押しピン・針・ガラスなど危険物を放置していないか

園によって保育室内の設備はさまざまです。一例としてご覧ください。

沐浴室
- ☐ 湯騰器は正常か（ガスコック）
- ☐ 浴槽の破損はないか

天井・壁
- ☐ 扇風機は安全か
- ☐ 電灯は安全か
- ☐ 掲示用部屋飾りの押しピンは落ちそうになっていないか
- ☐ 掲示物・時計は落ちそうになっていないか
- ☐ コンセントにはカバーが付いているか

手洗い場
- ☐ 水道のコックは安全で漏水はないか
- ☐ 水道の漏水はないか
- ☐ 排水の状態はよいか

トイレ
- ☐ 水洗の排水状態はよいか
- ☐ 便器、壁などのタイル、戸の破損はないか
- ☐ 床の破損はなく、水などで滑りやすくなっていないか
- ☐ 手洗い場の排水はよく、漏水はないか
- ☐ 水道のコックは正常であるか

サポート資料 ❶

CD-ROM
計画サポート集 ▶ 施設の安全管理チェックリスト

保育室外・園庭

園庭
- □ 遊具の破損はないか（ネジ・鎖 など）
- □ プランターの置き場所や畑は安全か
- □ 周辺の溝に危険物はないか
- □ 溝のふたは完全に閉まっているか、また、すぐに開けられるか
- □ 石・ゴミ・木くず・ガラス破損など、危険物はないか
- □ でこぼこや穴はないか

共通チェック
- □ 不要なもの・危険なものは置いていないか
- □ 危険なものなど放置していないか
- □ ぬれて滑りやすくなっていないか、汚れていないか

避難経路
- □ 危険物などがなく、正常に通行できるか
- □ 非常口の表示燈はついているか

駐車場
- □ 周りの柵や溝のふたが破損していないか
- □ マンホールのふたは完全に閉まっているか
- □ マンホールのふたは、すぐに開けられる状態になっているか
- □ 石・ゴミ・木くず・ガラス破損など、危険なものは落ちていないか

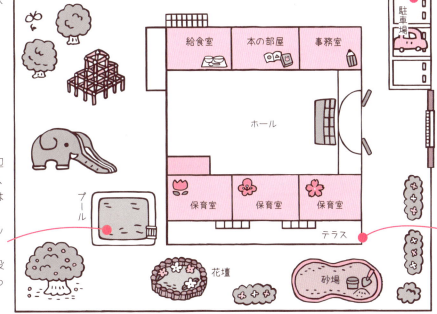

園によって園内の設備はさまざまです。一例としてご覧ください。

プール
- □ プールの周辺に不要な物、危険なものはないか
- □ 遮光用のネットがあるか
- □ プール監視役の体制は整っているか

テラス
- □ 不要なもの・危険なものは置いていないか
- □ ぬれて滑りやすくなっていないか、汚れていないか（雨の日は特に注意しましょう）
- □ 紫外線を遮るテントやグリーンカーテンがあるか

砂場
- □ 砂の状態はよく、砂の中に危険物・汚物（とがっているもの、ネコのふん など）はないか
- □ 遮光用のテントがあるか

廊下
- □ 消火器は指定場所に安全に設置されているか

ホール
- □ 不要なもの・危険なものはないか
- □ 巧技台や体育用具など、安全点検がなされ、安全に保管されているか
- □ 時計や掲示物は落ちないように固定されているか
- □ 床がぬれて滑りやすくなっていないか、汚れていないか

✓ チェックリストの使い方

このチェック項目は月に1回の定期的な点検に向け作成されたものです。付属のCD-ROM内のデータには、貴園の環境に合わせて書き換えていただけるような一欄になっています。貴園に合わせてアレンジする過程で、保育中のヒヤリ・ハッとする場や園独自の設備、災害時の安全も含めて話し合いましょう。また、日常の点検の参考資料としてもお役だてください。

健康支援

子どもの生命の保持とすこやかな生活の確立は、保育の基本となります。子どもひとりひとりの健康状態、発育・発達の状態に応じて、心身の健康増進を図り、疾病等の対応に努めましょう。

健康支援のポイント

❶ 常に健康観察を
常に、子どもひとりひとりの健康状態を把握しておきます。乳児は、体の不調を言葉で伝えられないことが多いのです。常に子どもの健康状態に気を配り、きめ細かな観察を心がけましょう。

❷ 早期発見で適切な処置を
乳児は、症状の進行が早いので、早期発見と適切な処置が求められます。嘱託医など、医療機関とも連携を取り、迅速に対応してもらえるようにしておきましょう。

❸ 保護者や保育者との情報共有を
子どもの健康状態や体質などについてできるだけ、保護者と情報共有しておきます。全職員が見られるように記録に残し、適切な処置を取れるように話し合っておきましょう。ふだんのようすを把握しておくことが、異状のときの正しい判断につながります。

健康観察チェックポイント

子どもの健康状態を把握するために、毎日の健康観察を欠かさず行ないましょう。

特に…

登園時

家庭でのようすを保護者から聞き、健康状態やきげんの良し悪しなどを観察します。体温や与薬のチェックも忘れずに。

午睡前後

SIDS の予防のためにも、健康状態を観察します。午睡中も15分間隔で観察します。

引き継ぎ降園時

別クラスの担当保育者や、保護者に、健康状態や保育中のようすを伝えます。虫刺されやけが、切り傷、擦り傷、打撲などは見落としがちです。

全体
- □ 朝のあいさつが明るく生き生きしているか
- □ 保育者の働きかけにのってくるか
- □ きげんは良いか
- □ 顔色はよいか

目
- □ 輝いているか
- □ 充血していないか

耳
- □ 耳垂が出ていないか

鼻
- □ 鼻汁が出ていないか

おなか
- □ 腹痛を訴えていないか

口
- □ おう吐やせきはないか

ほほ
- □ はれていないか

皮膚
- □ つやがあるか
- □ 清潔であるか
- □ 湿疹(ぶつぶつ)が出ていないか
- □ 乾燥していないか(かさかさ)

ひじ・股関節・足首
- □ 関節に異状はないか
急に引っ張られると、関節脱きゅうが起こります。子ども自身が気づかないことが多いので要注意です。

0歳児は特に注意！

SIDS(乳幼児突然死症候群)

乳幼児が睡眠中に突然、呼吸が止まって死亡してしまう病気です。原因がまだはっきりとしていませんが、生後7か月ごろまでに発症しやすいようです。まれに1歳以上でも発症します。

● 毛布テストの実施を
あおむけに寝かせ、顔の上にガーゼやタオル、毛布などをかぶせ、首を振って払いのけるまでの時間を記録します。この記録が、万が一突然死が起こってしまった場合の証拠資料にもなり得ます。

● 予防のために
- うつぶせで寝かさない　うつぶせ寝はあおむけ寝に比べて発症率が高いというデータがあります。
- 健康状態の確認を大切に　家庭との連絡を十分に取り、記録に残します。
- 睡眠中は定期的に確認を　2歳児は15分に1回、子どものようすを確認しましょう。
- 睡眠時の環境の整備を　硬めの敷ふとん、軽めの掛けふとんに薄着で寝かせます。ベッドの周りにビニール袋などを置かないよう注意しましょう。

サポート資料 ❷

CD-ROM
計画サポート集 ▶ 健康支援年間計画表

「保健計画」に準ずるものとして
健康支援年間計画表

子どもたちの健康管理のために園で取り組む内容の年間計画表の一例です。家庭や嘱託医・専門医と協力して進める内容も記入します。全職員が確認できるようにしておきましょう。

	支援内容	検診・予防措置 (嘱託医・専門医によるものも含む)	家庭連絡
4月	● 新入児の健康診断　● 子どもの身体的特徴の把握 (発育状況、既往症、予防接種状況、体質、特に健康時における状況) ● 生活習慣形成の状況を把握する ● 室内整備、医薬品整備　● 健康観察の徹底	● 予防接種の計画と指導 ● 安全保育の研修 ● 流行病の予防 (麻疹、水痘、耳下腺炎　など) ● 健康診断 (嘱託医)	● 健康生活歴、生活習慣形成状況の実態調査、保険証番号調査 ● 緊急時の連絡、かかりつけの医師の確認
5月	● 目の衛生指導、清潔の習慣づけ、手洗いの励行 ● 戸外遊びを十分に楽しませる　● 外気浴の開始 ● 新入所 (園) の疲労に留意する		● 清潔指導について
6月	● 歯科検診 ● 梅雨時の衛生管理 (食品、特に既製食品) に留意する ● 汗の始末に気を配る ● ふとん、玩具などの日光消毒、パジャマの洗濯励行 ● 気温の変化による衣服の調節をする	● 食中毒の防止 ● 消化器系伝染病の予防 ● 眼疾の予防 ● あせもの予防 ● プール熱の予防 ● 健康診断 (嘱託医)	● 歯科検診結果の連絡
7月	● 暑さに体が適応しにくいので休息を十分に取る。デイリープログラムを夏型に変え、生活のリズムを緩やかにする ● プール開き (水遊び時の健康状態の確認をていねいに行なう) ● 皮膚、頭髪の清潔強化　● 水分補給に注意　● 冷房器具の整備、日よけの完備、室内を涼しげに模様替えする　● 職員の健康診断	● 歯科検診 (専門医) ● 眼疾検査 (専門医)	● 眼の検査報告 ● 夏の生活用具についての連絡 (汗取り着、プール用品、寝具など)
8月	● 冷房器具の扱いに留意する、寝冷えしないように留意する ● プール遊びを実施する (衛生管理に十分に気を配る) ● 夏季の疲労に注意し休息を十分に取る　● 健康観察の強化		● 健康カード提出について、徹底を計る ● 夏の衣服についての連絡
9月	● 疲労の回復を図る、生活リズムを徐々に立て直してゆく ● 体育遊びを推進する、疲れすぎにならないよう注意する	● けがの予防 ● 破傷風の予防 ● しもやけの予防 ● 健康診断 (嘱託医)	● 活動しやすい服装について
10月	● 戸外遊びを推進し、体力増強を図る。疲れすぎに気を配る ● 衣服の調節 (薄着の励行) をする　● 運動用具の点検・整備		● 衣服の調整 (薄着の励行) について
11月	● 暖房開始　● 体温の変動に注意する		● かぜの予防について
12月	● 室内の換気、室温 (15℃より下がらないようにする、温度の急激な変化は避ける)、湿度に留意する　● 検温の徹底	● 応急手当ての研修 (職員、保護者) ●「冬の下痢・ノロウイルス・RSウイルス感染症」について　研修	● 薄着の励行 ●「冬の下痢・ノロウイルス・RSウイルス感染症」について
1月	● 寒さに負けないよう戸外遊びを推進する　● 肌荒れの手当て	● 健康診断 (嘱託医)	
2月	● 生活習慣の自立について、実態を再確認し、指導する ● 健康記録の整理	● 予防接種の徹底指導 ● 健康診断 (嘱託医)	● 生活習慣や健康状態について話し合う
3月	● 健康状態の引き継ぎ		● 個人記録表を渡す

※参考資料　待井和江・川原佐公「乳児保育」

予防接種 (BCG、麻疹、風疹混合など)
● 定期接種…決まった期間内に公費で受けられる
● 任意接種…任意で自費によって受ける
予防接種は、子どもたちを感染症から守るための大切な方法です。それぞれの接種状況を把握し、計画的な接種を保護者に推奨するために、市町村が定める実施内容、推奨時期をこまめに確認しておきましょう。

常に伝えていきたいこと
● 流行病発生時について
● 基本的生活習慣の自立について
● 新たな伝染症について
● SIDS (乳幼児突然死症候群) について
● 栄養 (食事) に関する指導
● 発熱時の家庭連絡について

避難訓練

保育者は、子どもたちの安全・命を守る責任があります。非常災害に備えた、月に一度の避難訓練や日ごろの防災意識が、いざというときの冷静な判断・沈着な動作につながります。

避難訓練のポイント

❶ 不安や恐怖心を与えない

まず、保育者自身が落ち着いて指示を与えることが大切です。非常ベルを怖がるときは、園内放送や言葉で伝えます。避難車は常に活用して、子どもに慣れさせておくなど、子どもたちが混乱しない方法を考えます。

❷ 職員間の話し合いを大切に

想定しておくべき事態や避難方法など、職員間で意見を出し合い、共通認識を持てるようにしましょう。避難訓練後、今回はどうだったか、改善できるところはあるかなどを振り返り、万一に備えて準備します。

❸ 地域の諸機関と連携を

地域の医療機関や消防署、警察署、区役所などの統治機関、また、地域住民と協力し、緊急時に地域一体となって、子どもたちを守る体制を整えておきましょう。緊急避難時の経路も話し合っておくといいですね。

3歳未満児の防災って？

● 日ごろの意識と指導が大切です！

地震や火災など、命にかかわる災害は、いつ起こるかわかりません。日ごろから防災意識を持って、いざというときに備えましょう。

0歳児

緊急時を想定し、だっこ（おんぶ）ひもや、避難車を利用しやすいところに置いておき、すぐに逃げられるようにしておきましょう。避難経路の確認も大切です。

1・2歳児

だっこ（おんぶ）をする、避難車に乗る、防災ずきんを着けて逃げるなど、ひとりひとりの子どもの避難のしかたの判断をしておきます。また、ふだんから戸外に出るときは靴を履く、保育者の話をしっかりと聞くなどの習慣をつけておきましょう。リング付き誘導ひもを作り、避難訓練で使用し、慣れておくという方法もあります。

● 家庭と共通認識を！

緊急時の園の対応、避難先（経路を含む）連絡方法、迎えの所要時間、兄弟間の順序など、確認できるようにし、共通認識を図ります。連絡先が変わったら、必ず報告してもらうよう呼びかけましょう。

● 非常時、持ち出し袋の準備を！

緊急時に備えて準備しておきましょう。

保育室用

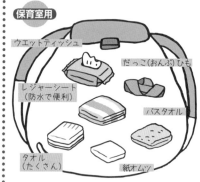

- ウエットティッシュ
- だっこ(おんぶ)ひも
- レジャーシート（防水で便利）
- バスタオル
- タオル（たくさん）
- 紙オムツ

その他
- トイレットペーパー
- 着替え
- ビニール袋
- ゴミ袋
- ホイッスル
- おかし
- ペットボトル
- 哺乳瓶　など

事務室用

- ラジオ
- 懐中電灯
- 関係機関一覧表
- 園児名簿

その他
- クラフトテープ
- 救急用品
- 軍手
- ヘルメット
- 携帯電話
- フェルトペン　など

定期的に見直しを

粉ミルクや食料品など、交換が必要なものは、定期的にチェックします。残量の確認もしておきましょう。

持ち出しやすい場所に

玄関やベランダなど避難時に持ち出しやすい場所に、箱などを用意して置いておきましょう。防災ずきんも同じ場所に置いておくとよいです。

※参考資料『保育施設のための防災ハンドブック』（経済産業省）

サポート資料 ❸

CD-ROM
計画サポート集 ▶ 避難訓練年間計画表

避難訓練年間計画表

定期的な避難訓練の年間計画の一例です。貴園の想定しうる災害に備えて作成してください。

予定		内容		ねらい	
月日	時刻	設定	火元	子ども	保育者
4/23(火)	10:30	火災	給食室	●避難訓練について知る	●火災の通知後は保育者の指示をよく聞き速やかに避難場所に避難する。 ●消火班は消火器設置場所を点検し初期消火の訓練を行う。
5/21(水)	10:00	火災	給食室	●ベルの音に慣れる	●非常ベルを鳴らすことを予告しておく。避難後も保育者の指示をよく聞くよう知らせる。 ●消火班は消火器設置場所を点検し初期消火の訓練を行う。
6/18(水)	10:30	火災	給食室	●ベルの音に慣れる	●ベルの音に慣れ、保育者の指示を聞いて行動するよう言葉をかける。 ●消火班は消火器設置場所を点検し初期消火の訓練を行う。
7/16(水)	10:30	地震 (引火なし)		●避難訓練について知る	●事前に地震時の避難方法を知らせておく。保育者の指示をよく聞き従うよう促す。 ●消火班は消火器設置場所を点検し初期消火の訓練を行う。
8/27(水)	10:30	地震		●地震時の避難方法について知る	●地震の大きさにより避難方法が異なることを知らせ保育者の指示をよく聞くよう促す。 ●消火班は消火器設置場所を点検し初期消火の訓練を行う。
9/17(水)	10:30	火災	調乳室	●指示をよく聞いて行動する	●出火場所により避難経路が変わることを保育者間で確認し合い子ども達にも知らせる。 ●消火班は初期消火の訓練を的確に行う。
10/22(水)	15:30	火災	調乳室	●指示をよく聞いて煙の避け方を知る	●煙を吸わないよう姿勢を低くしながら避難することを知らせる。 ●消火班は消火器設置場所を点検し初期消火の訓練を行う。
11/12(水)	15:30	地震		●指示をよく聞いて避難方法を守る	●通報があると即座に机の下に隠れて落下物を避けることを知らせる。 ●消火班は消火器設置場所を点検し初期消火の訓練を行う。
12/17(水)	15:30	消火訓練		●指示に従い、二次避難場所に避難する	●消火班は消火器設置場所を点検し、消火の訓練を行う。
1/21(水)	15:30	地震		●指示に従い落ち着いて避難する	●避難ベルが鳴ったら次の指示をよく聞くよう促す。 ●消火班は消火器設置場所を点検し初期消火の訓練を行う。
2/16(水)	15:30	火災	事務所	●緊急時に落ち着いた態度で行動する	●緊急事態が発生した場合、場所・活動内容に関わらず指示に従い、落ち着いて避難する。 ●消火班は消火器設置場所を点検し初期消火の訓練を行う。
3/18(水)	15:30	火災	事務所	同上	同上

放送事項

非常ベルを鳴らした後、「地域の皆様にお知らせいたします。只今のベルは避難訓練の実施によるものです」と放送すること。
その後「園児の皆さんにお知らせいたします」と言ってから、以下のように火災または地震など目的に応じた放送をする。

火災…「只今より避難訓練を行います。〇〇から出火しました。先生の指示に従って▲▲に避難してください」

地震…「只今より避難訓練を行います。地震が発生しました。揺れがおさまるまで先生の指示に従ってください。揺れがおさまりました。速やかに▲▲に避難してください」

操作手順

非常起動
↓
火災
↓
放送する場所
↓
通常の一斉放送
↓
チャイム
↓
マイク
↓
復旧

実施上の留意点

① 非常ベルと指示を聞き分ける
② 子どもに不安や恐怖感を与えないよう落ち着き働きかける(点呼)
③ 緊急連絡表を持ち、風向きなどを考慮し避難経路を経て指定場所に誘導する
④ 火元を点検する
⑤ 災害原因に応じて扉を開閉する
⑥ 避難誘導後、人員点呼をして責任者に報告する

避難訓練の実施状況や参加人数、評価・反省も記録しておきましょう。

※資料提供　奈良・ふたば保育園

食育

食育は、園において大切な保育の内容として位置づけられます。子どもたちの豊かな食体験を保障し、実態に合わせてよりよく変えていくために計画をたてて取り組む必要があります。ここでは、2歳の食育に関する計画の例を2つ紹介します。テーマ毎の計画と年間の計画の2つの形態です。立案の参考にしてください。

2歳児の立案のポイント

❶ いろいろな食材や調理形態に触れる
食材は軟らかさ、硬さなどいろいろな口触りの違いがあり、また焼く、揚げる、煮るなど調理方法で、ドロドロ、パリパリ、など食感が変わります。初めて食べるときの印象をよくし経験させましょう。

❷ いろいろな食具を使う
食具はその社会の文化です。スプーンは手首のグリップの使い方がポイントです。砂遊びのプリン作りで手首を返すことが経験できます。はしはスポンジをつまむ遊びや、描画によって身につきます。

❸ 楽しい食事タイムに
食事は楽しく食べてこそ栄養として身につきます。食育のねらいにもありますが、仲よしの友達と共体験できるように、保育者が仲立ちとなって、いっしょに食べる環境づくり・気配りを心がけましょう。

食育ってなに？

食育の目標と目ざす子どもの姿
園における食育の目標は、現在をもっともよく生き、かつ、生涯にわたって健康で質の高い生活を送る基本としての「食を営む力」の育成に向け、その基礎を培うことです。楽しく食べる子どもへの成長を期待しつつ、次の5つの子ども像の実現を目ざします。

① お腹がすくリズムの持てる子ども
② 食べたいもの、好きなものが増える子ども
③ いっしょに食べたい人がいる子ども
④ 食事づくり、準備にかかわる子ども
⑤ 食べ物を話題にする子ども

以上の姿を目ざし、食事の時間を中心としつつも、入所している子どもの生活全体を通して進める必要があります。

3歳未満児の食育って…?
3歳未満児においては、その発達特性から見て、項目別に食育に関する活動を区分することが難しい面があることに配慮して、計画を作成することが重要です。また、ひとりひとりの生育歴や、発達及び活動の実態に合わせた配慮を行ないます。特に、全職員の協力、家庭との連携を密にして、24時間の生活を通して食の充実が保たれるように、取り組む必要があります。生活リズムや食べ方を身につけていく大切な時期です。「食べたい」という意欲を育て、食事を楽しむ気持ちを大切にしましょう。

食文化の出会いを通して
行事食や旬の食材から季節感を味わえるように、体験の機会を増やしましょう。気持ち良く食事をするマナーを

遊ぶことを通して
思い切り遊ぶことで、子どもは空腹になります。よく遊んでしっかりご飯を食べるようにしましょう

人とのかかわり
大好きな人といっしょに食べることで、愛情や信頼感をはぐくんでいきましょう

食べることを通して
食べ物をおいしく食べられるよう、興味・関心を引き出しましょう

料理づくりのかかわり
見て、嗅いで、音を聞いて、触って、味見して料理への関心が持てるようにしていきましょう

自然とのかかわり
身近な動植物との触れあいを通して、自然の恵み、命の大切さを気づかせていきましょう

Ⓒ 川原佐公

サポート資料 ❹

テーマに沿った 2歳児の食育計画・参考例1

2歳に適した食育のテーマをもとに立案した食育計画です。全職員や家庭が共通した認識を持って取り組みましょう。

目標 ①いろいろな食品や調理形態に慣れ、なんでも食べられる。
②みんなといっしょに、楽しく食事や間食がとれる。

	食事のマナーを身につけよう	望ましい食事のとり方を知ろう	いろいろな食べ物に親しもう	楽しく食事をしよう
ねらい	● 基本的な食習慣を身につけながら、食事の流れやマナーがわかるようになる	● 自分のものがわかり、食べ物を進んで食べようとする。また、しっかりかんで、よく味わう	● いろいろな食材や食品、調理形態に親しむ	● みんなといっしょに楽しく食べる
食育のテーマ	● 決まった時間に食事をする ● 手伝ってもらい自分で手を洗おうとする ● スプーンやフォークがじょうずに使える ● 食具を持っていない手でお茶わんを支える ● 正しい姿勢で食べる ● 食後に歯みがきをする	● 自分のものがわかる ● もっと欲しい、もういらないの意思表示ができる ● こぼさないように食べる ● しっかりかんで食べる	● いろいろな食べ物があることを知る ● 薄味で食材の味が生かされた料理が食べられる ● 食べ物の名前や味を知る ● 旬の食材にふれる	● 食事やおやつに関心を持って食べる ● 残さず食べようとする ● 落ち着いて食べる ● 行事食を通して年間の行事や食文化にふれる ● 「おいしい」とうれしそうに言う
園での働きかけ	● 食事時間は30分をめやすにする ● 手洗いを補助する ● みんなそろってあいさつをして食べる ● 食事時間や遊びを通して食具の持ち方を知らせる ● はしの使い方を伝える ● 遊び食べせず、前を向いて食べる ● 食後のぶくぶくうがいをする	● 自分で食べられたら"褒める" ● 保育者が食べるようすを見せ、手本を見せる ● 床に落ちたものは食べないように伝える ● しっかりかむように声をかける	● 本や遊具を使用し、食べ物に親しむ ● いろいろな食品を使用し、薄味で多様な味付けの給食にする ● 献立の食材の名前や味を伝える ● 収穫した食材や、給食に使用する食材にふれる	● ひとりひとりの適量を把握し、食べきる喜びを感じられるように配慮する ● 落ち着いて食べられる雰囲気づくりをする ● 行事食を食べ、楽しむ ● 楽しい雰囲気で食べられるように声がけする
家庭での働きかけ	● 朝食を準備する ● 家族そろってあいさつをして食べる ● 子どもに合ったはしをそろえる ● 食後に歯みがきをする	● 空腹で食事ができるように食前に食べ物を与えない ● 食べる場と遊ぶ場を区別する ● しっかりかんできれいに食べているところを見せる ● 水分補給は水かお茶で行なう	● 主食・主菜・副菜のそろった食事を準備する ● 親の好みで食材を選ばず、バランスよくそろえる ● いろいろな食材にふれさせる（子どもといっしょに買い物に行く　など） ● 旬の食材を料理に取り入れる	● 「食事ですよ」の声がけをする ● 食事作りを見せる ● 無理せず気長に食事に付き合う ● 行事を家族で楽しむ ● 「おいしいね」の声をかける ● 食卓に花を飾るなど、楽しい雰囲気づくりをする

※資料提供　奈良・ふたば保育園

食育

育ちに添った 2歳児の食育計画・参考例2

1年を4期に分けて立案した年間計画です。本書の指導計画の内容と関連するものではありませんが、1年間を見通す計画としてご参考ください。

	4月、5月	6月、7月、8月
食に関する発達過程	● スプーンやフォークを使って食べようとするが、1回にすくう量の加減がまだまだできず、こぼしたり、いらだったりする。 ● かみ切る力があるが、菜っ葉類のかみ切りが難しく、飲み込みにくい。 ● いつまでも口にためていることがある。 ● 食前、食後のあいさつを、言葉でするようになる。 ● 乳歯の虫歯に注意が必要な時期になる。	● 目と手の協応能力が高まり、スプーンやフォークの使い方が少しずつ巧みになり、こぼす量が減ってくる。 ● はしに関心を持ち出す。 ● かみ切る力はまだ強いとはいえず、食べるのに時間がかかるものがある。 ● 食べにくいものがあると、甘えて食べさせてもらいたがるようすが見られる。 ● 食前、食後のあいさつを、大きな声でするようになる。 ● 食後の歯みがきを、保育者に援助されながらするようになる。
ねらい	● スプーン、フォークを使って、自分で食べる楽しさを味わう。 ● 菜っ葉類をしっかりかんで食べる。 ● 保育者といっしょに、食前、食後のあいさつを言葉に表してする。	● スプーン、フォークを使ってよくかんで、最後までひとりで食べようとする。 ● はしに関心を持ち、使い方を知り、使って食べてみる。 ● 夏の旬の野菜に関心を持ち、触れたり、味わったりする。 ● 身近な栽培や野菜の収穫に関心を持つ。 ● 食前、食後のあいさつを声を出してする。 ● 食後の歯みがきを忘れないでする。
内容	● 全身を使ってよく遊び、よく眠りおなかをすかせて、食事を楽しんで食べる。 ● 豆ご飯や菜飯をよくかんで食べ、味を知っておいしく食べる。 ● 食べる量を調節してもらいながら、苦手な食材を少しずつ食べる。 ● 保育者や友達といっしょに楽しんで食事をする。 ● 食後のくちゅくちゅうがいを忘れずにする。	● スプーン、フォークを使って、自分で食べる。 ● 食事の量を加減してもらい、よくかんで食べ、食べ終える喜びを知る。 ● 収穫した野菜の名前を聞き、友達といっしょに喜んで食べる。 ● 七夕や、お祭りの行事の食事に関心を持ち、楽しんで食べる。 ● 食前、食後のあいさつを、みんなで声を出してする。 ● 食後の歯みがきを、保育者などといっしょにして、気持ち良さを知る。
行事食	● こどもの日のランチ　● かしわもち	● 七夕寿司　● チクワライス

環境づくりを保育者等の援助・配慮	● 食欲や食事の好みや偏りが現れやすい時期なので、個別の心身の状態を把握しておき、無理に食べさせないようにし、食べる場所や盛り付けを工夫して自分から食べたい意欲を大切にする。 ● 食事のときには、保育者等もいっしょにかむ姿を見せたり、よくかむことで、いろいろな味が出ることを感じさせ、かむことに意識を持たせるようにする。 ● 梅雨期や夏季は食中毒予防や食欲低下に対応するために、酢や梅干しを使った調理を工夫する。 ● 菜っ葉類は、細かく刻んでかみやすくし、口の中に残っていないか注意して食べさせる。 ● 豆ご飯のときは、豆が喉に詰まることのないように、柔らかく煮た豆を使う。 ● 2歳なりの菜園の世話ができるように、扱いやすいジョウロを用意したり、収穫物を入れる小さなかごを用意し、野菜ができた喜びを共感する。 ● 収穫した野菜の名前を知らせたり、直接触って感触や香りを体験させ、関心を持たせていっしょに食べるようにする。
家庭地域との連携	● 以前から食物アレルギーのある子どもについては、嘱託医、栄養士の指導を受けつつ進めた除去食や、代替食の経過を伝え、今後の対応について家庭との連携を図っていく話し合いをしていく。 ● 食習慣の自立の過程を話し合い、こぼしながら自分でも食べたがったり、食具を使いたがったりする姿を受け止め、介助しすぎないように注意をしてもらう。 ● 間食は大切な捕食であることを理解してもらい、家庭でも、手作りのものを食べさせてもらうよう、レシピを配る。 ● 乳歯の大切さを伝え、食後のうがいや歯みがきをしてもらう。

※参考資料　川原佐公『食事摂取基準2010・食育計画様式集』（株式会社サーヴ）

サポート資料 ❹

	9月、10月、11月、12月	1月、2月、3月
	●全身運動が活発になり、空腹感がわかり食欲が増すようになる。 ●食べるのに時間がかかるので食べさせようとすると、「じぶんで」と拒否し、最後まで食べようとする。 ●スプーンを横向きにして口に運んでいたのが、スプーンを真っすぐにして、口の真ん中に運ぶようになる。 ●左手を食器にそえて持って食べられるようになる。 ●収穫したいろいろな野菜に関心を持つ。	●食材の味の違いがわかるようになり、好きな食べ物と、苦手な食べ物ができてきて、好きなものの名前を言って要求したり、苦手はものをがんこに食べようとしなかったりする。 ●握りばしではなく、正しいはしの使い方を知り、使って食べようとする。 ●季節の行事にともなう食事に興味を持ち、喜んで食べるようになる。 ●簡単な形の弁別能力がつき、食器を分類してかたづけるようになる。
	●はしとスプーンを併用して自分で食べる。 ●いろいろな種類の野菜や料理されてものを味わう。 ●食べたい量を加減してもらい、よくかんで食べ、食べ終えた喜びを知る。 ●調理をしてくれる人への感謝の気持ちを持つ。 ●食後指示されなくても歯をみがく。	●好きな物を偏って食べたり、苦手は物を受け付けなかったりしないで、バランスよくいろいろな食材を食べる。 ●はしの正しい使い方を少しずつ身につけ、はしを使って食べる。 ●食器に残った食べ物を、食べ残ししないように、はしを使って寄せて食べる。 ●季節の行事に参加し、その時期ならではの食事を、友達といっしょに楽しんで食べる。 ●食後、自分の使った食器を、形に合わせてかたづけをする。
	●おなかをすかせ、食べたい量を保育者に告げ、盛り付けてもらったものを全部食べる。 ●必要に応じて食器を手に持って食べる。 ●収穫した野菜類を、友達といっしょに、喜んで食べる。 ●異年齢児といっしょのイモ煮会に参加し、年上の友達に介助されながら、クッキングを楽しむ。 ●戸外でクッキングの体験をする中で、調理してくれる人とかかわり、感謝の思いを抱く。 ●食前食後や食事中に汚れた手や口を、おしぼりでふく。 ●保育者に見守られて、自分で歯みがきをする。	●苦手な食べ物を保育者に励まされたり、友達がおいしそうに食べているのを見たりして、少しずつ食べてみようとする。 ●はしの使い方を覚え、少しずつ正しいはし使いで食べる。 ●クリスマスやお正月や、節分、ひな祭りの行事に参加し、いろいろな食事を友達といっしょに楽しんで食べる。 ●食器のかたづけなど、自分でできる手伝いを喜んでする。 ●満腹感の心地良さや、みんなと食事をする幸福感を味わう。
	●お月見団子 ●クリご飯 ●焼きイモ ●クリスマスランチ ●きなこもち	●七草がゆ ●節分巻き寿司 ●ひなちらし寿司

園における食物アレルギー対応10原則（除去食の考え方等）

食物アレルギーは乳幼児に多く、疾患の状態は育ちにつれて変化します。アレルギー児や保護者が安心し、安全に保育を実施するために、それぞれが役割を認識し、組織的にこまめに対応することが重要です。

① 食物アレルギーのない子どもと変わらない安全・安心な、保育園での生活を送ることができる。
② アナフィラキシー症状が発生したとき、全職員が迅速、かつ適切に対応できる。
③ 職員、保護者、主治医・緊急対応医療機関が十分に連携する。
④ 食物除去の申請には医師の診断に基づいた生活管理指導表が必要である。（診断時＋年1回の更新）
⑤ 食物除去は完全除去を基本とする。
⑥ 鶏卵アレルギーでの卵殻カルシウム、牛乳アレルギーでの乳糖、小麦での醤油・酢・麦茶、大豆での大豆油・醤油・味噌、ゴマでのゴマ油、魚でのかつおだし・いりこだし、肉類でのエキスなどは除去の必要がないことが多いので、摂取不可能な場合のみ申請する。
⑦ 除去していた食物を解除する場合は親からの書面申請で可とする。
⑧ 家でとったことがない食物は基本的に保育園では与えない。
⑨ 共通献立メニューにするなど食物アレルギーに対するリスクを考えた取り組みを行なう。
⑩ 常に食物アレルギーに関する最新で、正しい知識を職員全員が共有し、記録を残す。

子育て支援

子育て支援計画では、地域性や、園の専門性を十分に考慮して計画をたてましょう。ここでは、地域における子育て支援の年間計画例を紹介します。

子育て支援の6つの基本

★ **子育て親子の交流**
親子間や子育て家庭間の交流の場の提供や交流の促進に努めます。
● 子育て広場の開催・保育体験　など

★ **子育て不安等についての相談**
子育てなどに関する相談に応じたり、援助や指導を行なったりします。
● 電話相談・面談相談　など

地域における 子育て支援年間計画表

ねらい
子育ての負担感の緩和を図り、安心して子育て・子育ちができる環境を整備するため地域の子育て機能の充実を図る。
＊年齢や発達に合わせたいろいろな遊びの場を提供して、子育て家庭が育児のノウハウを知るきっかけをつくる。
＊園児や子育て支援事業に参加の子どもたちとの交流の中で異年齢児とのかかわりを深める機会を持つ。親同士の交流を深められるように仲介する。

		子育て親子の交流	子育て不安等についての相談	子育て関連情報の提供
支援の内容		● 「親子で遊ぼ　わくわく広場」（フリー参加） 園の専門性を活かし遊びを紹介する中で、子どもの発達などを知らせる。 ● 「いっしょにあそぼ」（フリー参加） 家ではなかなか体験できない運動会・水遊び・もちつきなどを親子で体験する。 ● 「うきうき広場」（会員限定） コーナー遊びで園児との交流を図る。 ● 「子育て広場」（会員限定） 表現遊び・製作遊び・運動遊び・読み聞かせ・身体計測など。	● 電話相談 随時相談に応じる（子どもの発達・しつけ・遊び場・一時預かりなどについて）。 ● 面談相談 随時相談に応じる（相談に応じて対応する。子育てが楽しくできるように遊び場の紹介をする）。 ● 遊びの広場に相談コーナーを設ける。 ● 登録参加者にもそのつど相談に応じる。 ● 遊びを通してその遊びからの子どもの発達を知らせる。	● ブログ 遊びの広場紹介・絵本の紹介・健康について・リフレッシュ体操など。 ● 子育て通信（ハガキ短信） ● ポスター掲示 ● チラシ配布 ● 新聞折込チラシ月2回 ● メール配信
保育者の援助・準備など	1期 4・5・6・7・8月	● 遊びを紹介する中で子どもたちの発達などに関心が持てるように知らせたり、家でも親子でふれあえるヒントが与えられるようにしたりする。 ● 初めての参加の方へは親同士の友達の輪ができるように仲介する。 ● 参加方法やマナー・約束事（遊具やはんこなどの使い方）などを知らせる。友達づくりができるように仲介し、遊びに誘う。	● 遊びの広場では遊びの紹介だけではなく、子育てについての悩みなどの相談も受ける。また、遊びの中で子どもの発達なども知らせる。アンケートなど（どんな疑問や希望を持っているか）。	● ブログで遊びの広場の実施紹介をして、より多くの地域の親子に参加してもらう。 ● 遊びの広場で紹介するなど、ブログを見てもらえるようアピールする。 ● 子育て支援事業のチラシなどを置かせてもらう（市民ホール・保健センター）。 ● 毎週1回メールにて、イベント案内のメールを配信する。
	2期 9・10・11・12月	● 親子の遊びを楽しめるように紹介する。 ● 親同士の交流が楽しくできるようにし、子育ての喜び・苦労などを共感し合えるようにする。 ● 園児との交流を深めていき、異年齢児とのふれあいを通し刺激を受け合うことができるように仲介する。 ● 年齢や発達に応じた遊びを紹介するいろいろな子育ての相談に応じられるようにする。友達と積極的に交流ができるように支援する。	● 遊びの広場では遊びの紹介だけではなく、子育てについての悩みなどの相談も受ける。	● ブログで遊びの広場の実施後、紹介をして関心を持ってもらえるようにする。参加し、友達の輪を広げ、子育てを共に楽しくできるようにする。 ● ブログに感想や意見のコメントをして参加してもらえるように促す。
	3期 1・2・3月	● 子育てが楽しいものになるように相談ができ、子どもの成長にも関心を持てるようにする。 ● 地域の親子の方々が園に来られても気軽に遊びの中に入れるように人的・物的環境を整える。 ● 自分たちでの活動がしやすいように、部屋を貸したり遊びのヒントを出したり相談に乗ったりする。 ● 毎回遊具の点検をしてかたづけや使い方のマナーも知らせていく。	● 友達の交流を深めその中でもみんなで相談し合えるように促す。同じ悩みを持っているなどもわかり子育てに意欲を持ってもらう。 ● 楽しく子育てができるようにする。	● 友達を誘ったり約束をしたりしながら、遊びの広場に積極的に参加してもらえるようにする。

サポート資料 ❺

（指針・教育・保育要領に沿って項目を摘出しています。）

★ **子育て支援関連情報の提供**
地域の子育て支援に関する情報を、実情に合わせて提供します。
● ポスター提示・チラシ配布・メール配信 など

★ **講演会等の実施**
子育てや子育て支援に関する講演会などの催しを実施します。
● 子育て講演・保育者による実技講習 など

★ **子育て人材の育成・援助**
子育て支援にかかわる地域の人材を積極的に育成、活用するように努めます。
● 保育サポーターの育成や協力依頼 など

★ **地域との交流・連携**
市町村の支援を得て、地域の関係機関や団体、人材と、積極的に連携、協力を図ります。
● 老人会の方々への講師依頼 など

評価反省課題
来園者はほとんど決まった方であったが、後半は少しずつHPやブログなどを見て子育て広場にも参加する方がいた。もっと広がってほしいと思う。そのためにチラシ配布や宣伝を積極的にしていきたい。その中で交流を仲介したり、話をする機会を設けたりして、ひとりで悩まず情報を少しでも共有できるようにしていきたい。また、「うきうき広場」での園児との交流も、もっと伝えていきたい。

講習会等の実施	子育て人材の育成・援助	地域との交流・連携
● 子育て講演（対象　保護者） 食育・写真・健康・体操（自彊術）・絵画 ●「いっしょにあそぼ」（対象　保護者と子ども） 伝承遊び・絵・親子リトミック・ベビーダンス　など	● 保育サポーターサークル サポーター依頼の報告（月の予定・もちつき　などの参加依頼） ● 子育て中の保護者 子育て中の保護者の交流を深める。親子遊びを伝えたり、子どもを預かり合い、リフレッシュできる機会をつくったりする。	● 市町村・栄養士 ● 専属カメラマン ● 保健師 ● 地域高齢者の方々　老人会 ● 地域読み聞かせボランティアの方
● 子どもの食育について関心を持ってもらう。また、疑問などあれば聞けるように援助する。 ● 日ごろ家庭ではできないものを企画して、親子で楽しんでもらえるようにしていく。 ● 親には昔からの伝承行事や、園での行事などにも関心を持ってもらう。	● チラシ依頼 ● 遊びの広場などの計画をたてておき、日程を報告する。積極的に参加してもらえるようにしていく。 ● 部屋を空けておき、交流しやすいようにしておく。	● 講師依頼（講演会）　栄養士（食育について） ● カメラマン（子どもの写真撮影依頼） ● 保健師に年間依頼（子どもの発達について） ● 老人会に、伝承遊びを親子に教えてもらう依頼（お手玉・折り紙・こま回しなどを教えてもらう中で老人の方との交流を深める） ● 地域読み聞かせボランティアに、手遊びや絵本の読み聞かせ依頼
● 食事について楽しめるようにする。 ● 積極的に自分でも進めて、感想なども聞いていく。 ● 日ごろ家庭ではできないものを企画して、親子で楽しんでもらえるようにしていく。 ● 親には昔からの伝承行事や、園での行事などにも関心を持ってもらう。 ● 家でも楽しんでもらえるようにする。	● 活動報告を聞く。 ● 講演などのサポートを依頼してサポーターと地域の方をつなげていけるようにする。 ● 遊びの計画をたて親子で楽しめるように進めていく。	
● 親がリフレッシュしてもらえるようにし、交流を深めてもらう。また、自分たちで活動していけるようにする。	● 活動を広げていけるようにする。 ● 必要に応じ、家庭に、保育サポーターを紹介する。 ● 子育てを支援し合えるように助言して、お互いにリフレッシュできるようにする。	

※資料提供　奈良・ふたば保育園

子育て支援

サポート資料

子育て家庭に向けて、園の機能を開放することは、地域の子育て拠点として、園で取り組むべき大切な支援内容です。ここでは、子育て広場開催日の1日の流れを紹介します。担当者でなくても、全職員が協働するために、作成し、チームワークを密にするために活用するとよいでしょう。

CD-ROM
計画サポート集
▼
子育て支援
▼
1日の流れ予定表

1日の流れを表した例

子育て広場の開催日

時刻	主な活動	担当保育者の動き
8:25		● メール・ブログの確認 返信メールやコメントをする
8:30		● ミーティング 他クラスとの連携 ○ その日の予定確認 ○ 予定人数報告など
		● 環境整備 ● 保育室の準備確認 （受付セット準備含む） ● メールの確認
9:45 10:00	登園 ● 受付 ● 保育者が親子遊びを設定する 『おはようのうた』をうたう 朝のあいさつをする 出欠調べ （返事をしたり自己紹介をし合ったりする） 手遊びやふれあい遊びを楽しむ 各広場の親子遊びをする （運動遊び・製作遊び・歌遊び・ふれあい遊び 　絵本読み聞かせ・誕生会・身体計測　など）	● 受付 ○ 親子それぞれの名札を付けてもらう ○ 子どもの健康状態を把握する為 健康チェック用紙に記入してもらう ○ 出席カードを各自に作りスタンプを押してもらう ○ 初めての参加の方にブログなどの写真掲載許可をもらう （用紙にサインをしてもらう） ● 親子の方々に親子遊びを紹介する
10:55	かたづけ	
11:00	● あいさつ （以降フリータイムになり順次降園する人もいるためみんなで帰りのあいさつをしておく） （名札は指定のカゴに戻す）	ブログ掲載の写真撮影 ● 子育て中の親の話を聞く
	● フリータイム（各コーナーでの遊び） ○ 親子で好きな遊びをする 　ままごと 　輪投げ 　手作りサイコロ・お手玉 　絵本 　汽車と線路 　ブロックや積み木 　トンネル・おうち　など ○ お母さんたちのおしゃべりタイム ● 順次降園する	● 次回の来園を勧める ● 親同士の交流の仲介をする ● ブログの作成をする ● 子育て相談の記録をする ● 今日の子育て広場の出席者の集計をする ● 次回の子育て広場の準備
16:00 16:35		● 保育室の掃除をする ● ミーティング ○ その日の連絡事項の報告 ○ 明日の予定を報告

職員間のチームワークのポイント

全職員間のミーティングで、その日の予定や使用場所などを確認し合います。子育て支援担当の保育者からは、上記に加えて、参加予定人数や初参加者の有無などの参加状況を伝え、共通認識を図ります。

準備のポイント

親の名札には
○ ○○町
○ 名字（姓）　を記入。
子どもの名札には
○ 子どもの姓名の記入
○ 年齢別に台紙の色を変える
○ 子どもがわかりやすいようにシールをはる
などして工夫します。

環境のポイント

参加者が自由に遊んだり、交流したりできるようなリラックスした雰囲気づくりを心がけます。要望に応じて、子育てに関する相談の場を設けたり、状況に応じて各コーナーの遊びの見守りやブログの作成を行なったりします。

※資料提供　奈良・ふたば保育園

CD-ROMの使い方

ここからのページで、CD-ROM内のデータの使い方を学びましょう。

❗ CD-ROMをお使いになる前に必ずお読みください

付属のCD-ROMは、「Microsoft Office Word 2010」で作成、保存したWordデータを収録しています。お手持ちのパソコンに「Microsoft Office Word 2010」以上がインストールされているかご確認ください。
付属CD-ROMを開封された場合、以下の事項に合意いただいたものとします。

● 動作環境について

本書付属のCD-ROMを使用するには、下記の環境が必要となります。CD-ROMに収録されているWordデータは、本書では、文字を入れるなど、加工するにあたり、Microsoft Office Word 2010を使って紹介しています。処理速度が遅いパソコンではデータを開きにくい場合があります。
○ハードウェア
　Microsoft Windows 10 以上
○ソフトウェア
　Microsoft Office Word 2010 以上
○CD-ROMを再生するにはCD-ROMドライブが必要です。
※ Mac OSでご使用の場合はレイアウトが崩れる場合があります。

● ご注意

○本書掲載の操作方法や操作画面は、『Microsoft Windows 10 Professional』上で動く、『Microsoft Office Word 2010』を使った場合のものを中心に紹介しています。
　お使いの環境によって操作方法や操作画面が異なる場合がありますので、ご了承ください。
○データはWord 2010以降に最適化されています。お使いのパソコン環境やアプリケーションのバージョンによっては、レイアウトが崩れる可能性があります。
○お客様が本書付属CD-ROMのデータを使用したことにより生じた損害、障害、その他いかなる事態にも、弊社は一切責任を負いません。
○本書に記載されている内容に関するご質問は、弊社までご連絡ください。ただし、付属CD-ROMに収録されているデータについてのサポートは行なっておりません。
※ Microsoft Windows, Microsoft Office Wordは、米国マイクロソフト社の登録商標です。
※ その他記載されている、会社名、製品名は、各社の登録商標および商標です。
※ 本書では、TM、®、©、マークの表示を省略しています。

● CD-ROM収録のデータ使用の許諾と禁止事項

CD-ROM収録のデータは、ご購入された個人または法人・団体が、営利を目的としない掲示物、園だより、その他、家庭への通信として自由に使用することができます。ただし、以下のことを遵守してください。
○他の出版物、企業のPR広告、商品広告などへの使用や、インターネットのホームページ（個人的なものも含む）などに使用はできません。無断で使用することは、法律で禁じられています。なお、CD-ROM収録のデータを変形、または手を加えて上記内容に使用する場合も同様です。
○CD-ROM収録のデータを複製し、第三者に譲渡・販売・頒布（インターネットを通じた提供も含む）・賃貸することはできません。
○本書に付属のCD-ROMは、図書館などの施設において、館外に貸し出すことはできません。
（弊社は、CD-ROM収録のデータすべての著作権を管理しています）

● CD-ROM取り扱い上の注意

○付属のディスクは「CD-ROM」です。一般オーディオプレーヤーでは絶対に再生しないでください。パソコンのCD-ROMドライブでのみお使いください。
○CD-ROMの裏面に指紋をつけたり、傷をつけたりするとデータが読み取れなくなる場合があります。CD-ROMを扱う際には、細心の注意を払ってお使いください。
○CD-ROMドライブにCD-ROMを入れる際には、無理な力を加えないでください。CD-ROMドライブのトレイに正しくセットし、トレイを軽く押してください。トレイにCD-ROMを正しく乗せなかったり、強い力で押し込んだりすると、CD-ROMドライブが壊れるおそれがあります。その場合も一切責任は負いませんので、ご注意ください。

CD-ROM 収録データ一覧

付属の CD-ROM には、以下の Word データが収録されています。

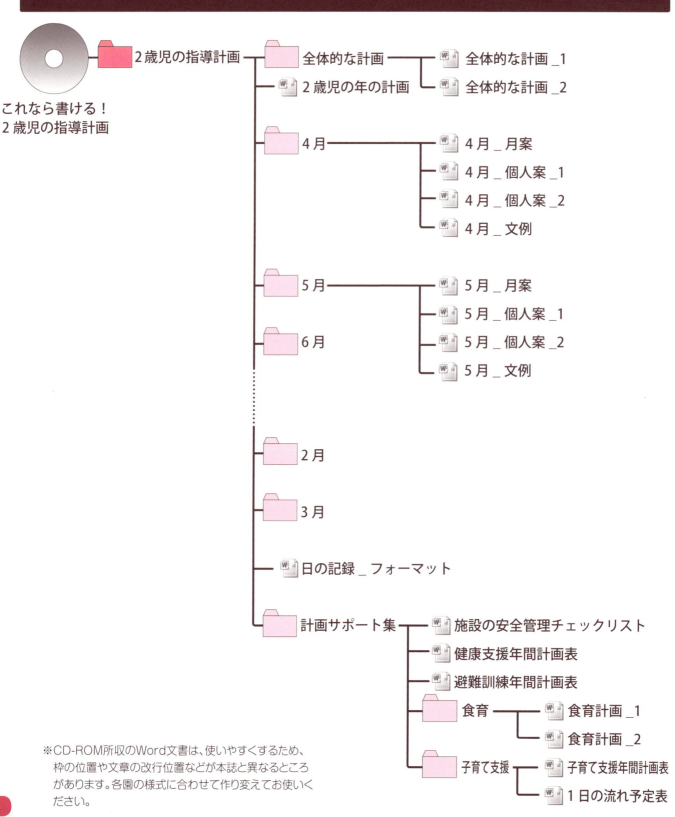

※CD-ROM所収のWord文書は、使いやすくするため、枠の位置や文章の改行位置などが本誌と異なるところがあります。各園の様式に合わせて作り変えてお使いください。

付属のCD-ROMのWordデータを使って
指導計画を作ろう

『Word』を使って、指導計画を作ってみましょう。付属のCD-ROMのWordデータはMicrosoft Office Word 2010で作成されています。ここでは、Windows 7上で、Microsoft Office Word 2010を使った操作手順を中心に紹介しています。

(動作環境についてはP.183を再度ご確認ください)
※掲載されている操作画面は、お使いの環境によって異なる場合があります。ご了承ください。

CONTENTS

Ⅰ データを開く・保存・印刷する ……………………… P.186
　1 Wordのデータを開く / **2** データを保存・印刷する

Ⅱ 文字を打ち換える …………………………………… P.187
　1 文字を打ち換える / **2** 書体や大きさ、文字列の方向、行間、文字の配置を変える

Ⅲ 枠を調整する ………………………………………… P.189
　1 枠を広げる・狭める / **2** 枠を増やす・減らす

基本操作

マウス

マウスは、ボタンが上にくるようにして、右手ひとさし指が左ボタン、中指が右ボタンの上にくるように軽く持ちます。手のひら全体で包み込むようにして、机の上を滑らせるように上下左右に動かします。

クリック
カチッ

左ボタンを1回押します。ファイルやフォルダ、またはメニューを選択する場合などに使用します。

ダブルクリック
カチカチッ

左ボタンをすばやく2回押す操作です。プログラムなどの起動や、ファイルやフォルダを開く場合に使用します。

右クリック
カチッ

右ボタンを1回押す操作です。右クリックすると、操作可能なメニューが表示されます。

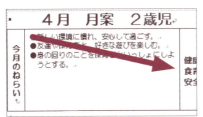

ドラッグ
カチッ…ズー

左ボタンを押しながらマウスを動かし、移動先でボタンを離す一連の操作をいいます。文章を選択する場合などに使用します。

元に戻る・進む

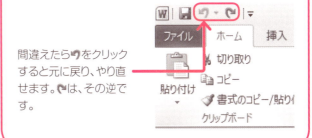

間違えたら ↩ をクリックすると元に戻り、やり直せます。↪ は、その逆です。

Ⅰ データを開く・保存・印刷する

使用するデータをCD-ROMから抜き出し、わかりやすいように名前を付けて保存します。
使用する大きさに合わせて印刷サイズも変えることができます。

1 Wordのデータを開く

1. CD-ROMをパソコンにセットする
パソコンのCD-ROM（またはDVD）ドライブを開き、トレイにCD-ROMを入れます。

2. フォルダーを開く
自動的に「エクスプローラー」画面が表示され、CD-ROMの内容が表示されます。画面の右側にある「2歳児の指導計画」フォルダーをダブルクリックして開きます。

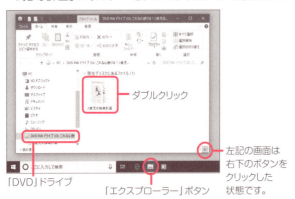

「DVD」ドライブ　　「エクスプローラー」ボタン
左記の画面は右下のボタンをクリックした状態です。

3. ファイルをデスクトップにコピーする
使用するWordファイルをデスクトップにドラッグします。

4. ファイルをダブルクリック
デスクトップにコピーしたWordファイルをダブルクリックしましょう。

4月_月案

5. Wordのデータを開く
「Word」が起動して、下の画面が現れます。

2 データを保存・印刷する

1. 「名前を付けて保存」する
「ファイル」タブ→「名前を付けて保存」をクリックし、現れた画面で保存先（「ドキュメント」など）を指定します。わかりやすい名前を付け、最後に「保存」をクリックします。保存したファイルを開くには、画面の左下にある「スタート」をクリック。項目の中から「ドキュメント」（データを保存した保存先）を選択します。

2. 印刷する
プリンターに用紙をセットし、「ファイル」タブ→「印刷」をクリックします。現れた画面で、設定をお使いのプリンターに合わせ、「印刷」をクリックします。
※CD-ROM所収のデータはすべて、A4サイズの設定になっています。適宜、用紙サイズの設定を変えて拡大縮小してお使いください。

※下記の画像が出てくるときは、「はい」をクリックします。

Ⅱ 文字を打ち換える

担当クラスのようすや、担当クラスの子どもたちに合わせて文字を打ち換えましょう。
書体や大きさなども変えるなどしてアレンジしてみてください。

1 文字を打ち換える

1. 変更したい文章を選択する

変更したい文章の最初の文字の前にカーソルを合わせてクリックし、ドラッグして変更したい文章の範囲を選択します。

ここにカーソルを合わせて、変更したいところまでドラッグします。

ここでマウスをはなすと、クリックしたところから、ここまでの文章が選択されます。

選択された文字の背景の色が変わります。

2. 新しい文章を打ち込む

そのまま新しい文章を打ち込みます。

2 書体や大きさ、文字列の方向、行間、文字の配置を変える

1. 文章の「書体」や「大きさ」を変える

文章を好きな書体（フォント）に変えたり、大きさを変えたりして、読みやすくしてみましょう。
まず、「1 1.変更したい文章を選択する」の方法で、変更したい文章の範囲を選択します。
次に、リボン※の「ホーム」でフォント・フォントサイズの右側「▼」をクリックし、書体とサイズを選びます。

※Word 2007以降は「メニューバー」と呼称せず、「リボン」と名称変更されています。

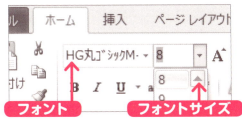

フォント
フォント名が英語のものは、日本語を表示できません。使うことのできるフォントの種類は、お使いのパソコンにどんなフォントがインストールされているかによって異なります。

フォントサイズ
フォントサイズは、数字が大きくなるほどサイズが大きくなります。フォントサイズが8以下の場合は、手動で数値を入力します。

2. 文字列の方向を変更する

変更したい文章を選択し、【表ツール】の「レイアウト」タブの「配置」から希望の文字列の方向を選択します。

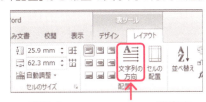

横書き　縦書き

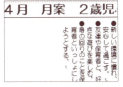

II 文字を打ち換える

3.「行間」を調整する

行間を変更したい文章の範囲を選択します。次に、「ホーム」タブの「段落」の右下の「🔽」をクリックすると、「段落」のメニューが表示されます。

「インデントと行間隔」を選んで「行間」の1行・2行・固定幅など希望の「行間」を選びます。
行間設定の種類により、「行間」を任意に設定できます。固定値を選んだ場合は、「間隔」のところに、あけたい行間の数字を打ち込みます。

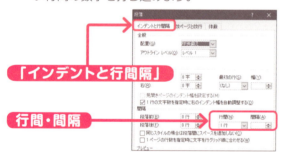

「インデントと行間隔」

行間・間隔

4. 文字の配置を調整する

枠の中の文字を枠の中央に表示させるには、【表ツール】の「レイアウト」の「配置」から「「両端揃え（中央）」」を選びます。他にも「両端揃え（上）」「両端揃え（下）」などがあります。

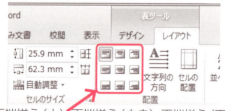

両端揃え（上）・両端揃え（中央）・両端揃え（下）

両端揃え（上）

両端揃え（中央）

両端揃え（下）

ヒント

「複写（コピー＆ペースト）」、「移動（カット＆ペースト）」の2つの操作をマスターすると、より簡単に文字の編集ができます。

複写（コピー＆ペースト）

複写したい文章の範囲を選択し、「ホーム」の、「クリップボード」グループの「コピー」をクリックします。
キーボードの「Ctrl」キー＋「C」キーを同時に押してもよい。

貼り付けたい文章の位置を選択して、カーソルを移動します。「ホーム」の「クリップボード」グループの「貼り付け」をクリックすると、文章が複写されます。
キーボードの「Ctrl」キー＋「V」キーを同時に押してもよい。

※貼り付けた先と書体や大きさが違う場合は、P.187を参考に、調整しましょう。

移動（カット＆ペースト）

移動したい文章の範囲を選択し、「ホーム」で、「クリップボード」グループの「切り取り」をクリックします。
キーボードの「Ctrl」キー＋「X」キーを同時に押してもよい。

移動したい位置をクリックして、カーソルを移動します。「クリップボード」グループの「貼り付け」をクリックすると、文章が移動されます。
キーボードの「Ctrl」キー＋「V」キーを同時に押してもよい。

枠を調整する

枠を広げたり狭めたりして調整してみましょう。
自分で罫線を引いたり消したりすることもできます。

1 枠を広げる・狭める

適当に枠をずらすと、それぞれに応じて行の高さや列の幅も変わってきます。行の高さや列の幅を変えることで枠を広げたり狭めたりしてみましょう。

1. 表の枠を上下左右に広げる、狭める

画面上の枠にマウスを合わせ表示画面上で、カーソルを合わせると ↔ や ↕ が出ます。

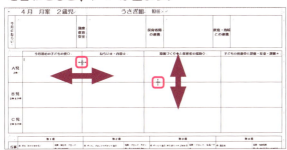

マウスをクリックしたまま上下左右に動かして変更します。このように、上下の高さ、左右の幅が変更できます。

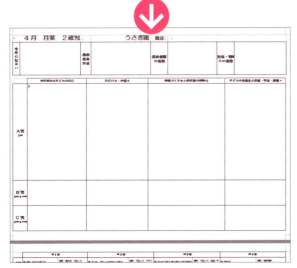

を狭めて調整してください。

ヒント

罫線をずらす時、近くの罫線とつながってしまうことがあります。その場合、表の形が崩れることがあります。

その時は、1度セルを分割（P.190のヒント参照）し、隣のセルと統合（P.190の1参照）させます。

この枠を分割させました。
（列数＝2、行数＝2）

上を結合させます。　　　下を結合させます。

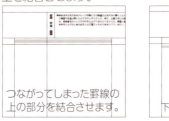 

つながってしまった罫線の上の部分を結合させます。　下の部分を結合させます。

そして、罫線をずらしていきます。

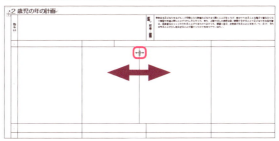

189

Ⅲ 枠を調整する

2 枠を増やす・減らす

表の中の枠を増やしたり減らしたりするときにはセルの結合・分割を使います。

1. 枠を結合して、枠の数を減らす

この3つの枠を1つに結合して、横枠（列）を1つにしてみましょう

まず、マウスで結合したい枠の範囲をクリックしてドラッグし、選択します。

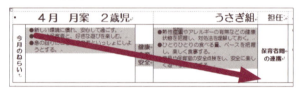

キーボードの「DEL」（「Delete」）キーを押し、文字を消去します。枠は残り、文字が消えた状態になります。

※「Back space」キーを使うと、セルまで消えてしまうので注意しましょう。

次に、再び結合したい枠の範囲を選択し、【表ツール】の「レイアウト」の「結合」から「セルの結合」をクリックします。

下のように、横枠（列）の数が1つに減りました！

ヒント

ここをクリックすると、1つ前の操作に戻ります。

打ち間違えたり、表の形が崩れたりした場合、元に戻して、再度やり直してください。

ヒント

枠を分割して、枠の数を増やすこともできます。

この枠を横に3分割して、横枠（列）を3つに（縦枠（行）は1つのまま）してみましょう

まず、マウスで分割したい枠をクリックして、【表ツール】の「レイアウト」の「結合」から「セルの分割」をクリックします。

 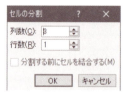

「列数」を「3」、「行数」を「1」と入力し、「OK」をクリックします。

下のように、横枠（列）の数が3つに増えました！

この結合、分割を使って、作りたい指導計画の様式になるように、枠組をどんどん変えていきましょう！

2. 枠の結合・分割で枠の数を変更する

> この枠の数を変えてみましょう

まずは、P.190の1.と同様の方法で、マウスで変えたい枠の中の文字を選択し、「DEL」（「Delete」）キーで文字を消去します。

続いて、P.190の1.と同様の方法で、マウスで結合したい枠の範囲をクリックして選択し、セルを結合します。

結合されました。

次に、P.190のヒントと同様に分割したい枠をクリックして、【表ツール】の「レイアウト」の「結合」から「セルの分割」をクリックし、横枠と縦枠の数を入力して分割します（ここでは、「列数」を「4」、「行数」を「2」とします）。

枠を作り変えられたら、P.189「枠を広げる・狭める」の方法で枠の幅を変えていきましょう。

【監修・編著者】
川原　佐公（かわはら　さく）
元・大阪府立大学教授
元・桜花学園大学大学院教授

【執筆協力者】
田中 三千穂（奈良・ふたば保育園園長）

【原案】
奈良・ふたば保育園

※所属、本書掲載の資料は、執筆当時のものです。

STAFF
本文整理・執筆協力：永井一嘉・永井裕美
本文イラスト：北村友紀・坂本直子・なかのまいこ・町田里美・みやれいこ・やまざきかおり
本文デザイン：太田吉子
企画編集：安部鷹彦・山田聖子・北山文雄
校正：堀田浩之（飯田女子短期大学）
CD-ROM制作：NISSHA 株式会社

※本書は、『これなら書ける！　2歳児の指導計画（2016年3月、ひかりのくに・刊）』を、2018年3月施行の保育所保育指針、幼保連携型認定こども園教育・保育要領の内容に沿って、加筆・修正したものです。

▼ダウンロードはこちら

CD-ROM 収録のデータは、URL・QRコードより本書のページへとお進みいただけますと、ダウンロードできます。
https://www.merupao.jp/front/category/K/1/

※ダウンロードの際は、会員登録が必要です。

改訂版 これなら書ける！
2歳児の指導計画

2019年2月　初版発行

監修・編著者　川原佐公
執筆協力者　　田中 三千穂
発行人　　　　岡本 功
発行所　　　　ひかりのくに株式会社
　　　　　　　〒543-0001　大阪市天王寺区上本町3-2-14
　　　　　　　TEL06-6768-1155　郵便振替00920-2-118855
　　　　　　　〒175-0082　東京都板橋区高島平6-1-1
　　　　　　　TEL03-3979-3112　郵便振替00150-0-30666
　　　　　　　ホームページアドレス　http://www.hikarinokuni.co.jp
印刷所　　　　NISSHA 株式会社

©2019 Saku Kawahara　　　　　　　　　　　Printed in Japan
乱丁、落丁はお取り替えいたします。　　　ISBN978-4-564-60925-1
　　　　　　　　　　　　　　　　　　　　NDC376　192P　26×21cm

本書のコピー、スキャン、デジタル化等の無断複製は著作権法上での例外を除き禁じられています。本書を代行業者等の第三者に依頼してスキャンやデジタル化することは、たとえ個人や家庭内の利用であっても著作権法上認められておりません。